Theorie
des Expressionismus

Herausgegeben von Otto F. Best

Philipp Reclam jun. Stuttgart

Universal-Bibliothek Nr. 9817 [3]
Alle Rechte vorbehalten. © Philipp Reclam jun. Stuttgart 1976
Gesetzt in Petit Garamond-Antiqua. Printed in Germany 1976
Satz: BHW Stuttgart. Druck: Reclam Stuttgart
ISBN 3-15-009817-3

Zur Genese eines Begriffs

> Der Expressionismus ist ebensoviel und
> ebensowenig wert wie jedes Schlagwort.
>
> *René Schickele, 1916*

> Das Schlagwort [...] ist weder flach
> noch tief; flach oder tief ist immer nur
> die Ideologie, die dahintersteht.
>
> *Kurt Hiller, 1919*

1911 April bis Spätsommer: Im Zusammenhang mit der 22. Ausstellung der »Berliner Sezession« wird der Begriff »Expressionismus« zur Bezeichnung der Bilder junger französischer Maler (u. a. Braque, Derain, Dufy, Picasso, Vlaminck) gebraucht; von Rezensenten übernommen.

1911 Juli: Kurt Hiller überträgt als erster den Begriff auf die jungen Dichter und schreibt in *Literatur und Wissenschaft*, der monatlichen Beilage zur *Heidelberger Zeitung*: »Wenigstens erschienen uns jene Ästheten, die nur zu reagieren verstehen, die nur Wachsplatten für Eindrücke sind und exakt-nuancensam arbeitende Deskribiermaschinen [...] als ehrlich inferior. Wir sind Expressionisten. Es kommt uns wieder auf den Gehalt, das Wollen, das Ethos an.«

1911 August: Wilhelm Worringer antwortet im *Sturm* auf einen Angriff C. Vinnens und bedient sich in seiner Verteidigung der französischen Impressionisten und der Fauves des Begriffs »Expressionismus«.

1911 Dezember: Bezeichnung für moderne junge Malerei im allgemeinen; findet sich in dieser Bedeutung in einem Aufsatz von Paul Ferdinand Schmidt *Über die Expressionisten* in der Zeitschrift *Die Rheinlande*.

1911 Dezember: Ernst Barlach gebraucht den Begriff in einem Brief an Reinhard Piper, der ihm ein Exemplar von Kandinskys *Über das Geistige in der Kunst* geschickt hatte.

1912 Ausstellung von »Expressionisten« in der Galerie »Der Sturm«, Berlin, und der Sonderbundausstellung rheinischer Künstler in Köln.

1913 Kurt Hiller in seinem Buch *Die Weisheit der Langenweile*: »Man stellt sich unter ihm [dem Impressionismus] heut weniger einen Stil vor als eine unaktive, reaktive, nichts als ästhetische Gefühlsart, der man als allein bejahbar eine wieder moralhafte entgegensetzt (Gesinnung, Wille, Intensität, Revolution); und man neigt dazu, den Stil, den diese neue Gefühlsart erzeugt, wegen seiner konzentrierten Hervortreibung des voluntarisch Wesentlichen Expressionismus zu nennen.«

1914 Ernst Stadler nennt das Adjektiv »expressionistisch« in seiner Kritik von Carl Sternheims *Komödien aus dem bürgerlichen Heldenleben* ein »viel mißbrauchtes Wort«.

Einleitung

Die Idee von ›Wandlung‹ und ›neuem Menschen‹ ist so alt wie der Traum vom Paradies. Bereits in der Bibel findet sie sich, zählebig überwintert sie bei Lenins Nachfahren. Sie besitzt lebensbewahrende Kraft und stirbt um so rascher, je ernsthafter man sich um ihre Verwirklichung bemüht. In diesem Sinn kann sie als eindringlicher Gegenbeweis gelten für die landläufige Vorstellung, Theorie und Praxis seien lediglich zwei Seinsweisen, Aggregatzustände, die sich beliebig vertauschen lassen. Als Wunschvorstellung ist die Idee vom neuen Menschen freilich in gleichem Maße Ausdruck von Mißbehagen wie von Hoffnung. Ein heuristisches Prinzip, das die Gedanken von Weltende und Paradies verklammert, den Protest mit dem Glauben, der ihn befeuern soll. Wirklich zu versöhnen ist die Spannung zwischen dem Bewußtsein der Zeitlichkeit und der Idee der Ewigkeit nur im Kunstwerk. Als Sache hat es teil an zeitlicher Bedingtheit, Bedingungslosigkeit gewinnt es als Symbol. Dies meint Schiller, wenn er in einem Brief an den Freund Körner sagt, auch die Kunst tendiere nur als Idee zum Vollkommenen, in jeder ihrer empirischen Manifestationen sei sie nicht frei von Mängeln. Dieser aus Empirisch-Relativem und Ideell-Absolutem sich fügende Doppelcharakter ermöglicht der Kunst, ihre Zeit kritisch zu fassen und zugleich Idee zu sein, die über sie hinausweist. Zu ihrem Wesen gehört es indessen, daß jeder der beiden Aspekte Betonung erfahren kann: das Empirische zugunsten des Ideellen, das Existentielle zugunsten des Formalen, und umgekehrt. Neben Mallarmés Dichter als »Gefäß des Absoluten und der Idee«, Peter Weiss' Registrator mit einem überscharfen Sensorium oder, einfacher, Parabel neben Dokumentationsstück.

Eine Folge des diffizilen Spannungsverhältnisses von ›Sache‹ und ›Sinn‹, die zusammen die »Symbolstruktur« der

Kunst ausmachen (Käte Hamburger), von Inhalt und Gehalt ist die Nicht-Mittelbarkeit der Kunst, die Variabilität ihrer Deutung. Daraus resultiert zwangsläufig ein Problem für jede Kunstbewegung, die in die Breite wirken, zum Träger einer Gesinnung, einer geistigen Bewegung werden will. Nur in einer Symbolsprache, die von ihm verstanden wird, vermag sie die Zeitgenossen zu erreichen. So muß der Künstler, der, um mit Kurt Hiller zu sprechen, »Eth« sein will, mit einem eindeutigen, zeitbezogenen Symbol-Kanon operieren und, da er Kunst intendiert, zugleich über ihn hinausgehen in die Vieldeutigkeit und Zeitlosigkeit. Der Wunsch, gehört und verstanden zu werden, bestimmt also den Anspruch dessen, der nicht nur Kunst, sondern auch Weltverbesserung (durch Kunst) im Sinn hat. Ein ethisches und ein ästhetisches Problem werden aneinandergekettet. Offenbarung und Geheimnis.

Ein letzter oder, neben dem Surrealismus, überhaupt der letzte große Versuch, über die Formulierung der als den Menschen bedrohend empfundenen Kräfte, über die künstlerische Fixierung der Spannung zwischen einer in den Normen von Verwaltung, Gesellschaft und technischem Spezialistentum erstarrten Welt und dem Ärgernis der Idee, der Kunst hinauszugelangen und in Protest und Revolte neue ›absolute‹ Werte, eine neue Form und einen ›neuen‹ Menschen zu fordern, wurde von den Vertretern des ›Expressionismus‹ unternommen. Es war der Aufbruch einer Jugend, deren Krisenbewußtsein, Leiden an der Zeit durch den Ersten Weltkrieg handgreifliche Bestätigung erfuhr. Sie suchte die elementare Frage nach Sinn und Erfüllung menschlicher Existenz durch Postulierung eines neuen Menschenideals zu beantworten, das wieder von religiösen und kosmischen Ideen getragen sei. In einer ästhetisch progressiven Kunst sollten diese progressiven Ideen artikuliert werden, Ausdruck des inneren Menschen. Solche Koppelung von Kunst und Leben richtete das Kunstwerk nach außerästhetischen Zielen aus, stellte es in den Dienst der Aktion, des Programms. Kunst wird zum »Werkzeug der Ethik und Mittel der Religion« (Paul Kornfeld). Ihr Thema: der Mensch, ihr Ziel: dessen Wandlung. Programm einer Revolution, die Ideologie wie Ästhetik umfaßt, ihre Aufgabe in Gesellschaftsreform wie ›Kunstwende‹ sieht. Um dies zu erreichen, muß der Mensch sich wieder ›ent-objektivieren‹, herauslösen aus der verwalteten Gesellschaft, die von Technik und Industrie bestimmte Dingwelt wieder als sein Gegenüber sehen, um sich selber als Mitte der Welt zu begreifen. Durch die eigene Wandlung wandelt er die Welt. Annahme der Verantwortung für diesen Planeten, Kampf für seine Erneuerung in Harmonie und menschlicher Solidarität findet ihren Ausdruck in Aufruf und Aktionsprogramm. Der Dichter mit seiner ekstatisch-zarathustrischen Schau fühlt sich berufen, das Neue zu verkünden, den Menschen aufzurütteln. Kunst wird zum Agitationsmittel, sie wird zum programmatisch-propagandistischen Wandlungs- und Erlösungsruf. Dies bedeutet, daß sie sich auf Gedeih und Verderb der Aktion verbindet. Deren Scheitern im Aufruhr gegen die Realmächte muß auch das Ende ihres Anspruchs, das Zerbrechen ihres Ideals bringen.

Aufbruch, Kampf, Gegenentwurf galten also künstlerischen und zugleich propagandistischen Zielen, umfaßten Elfenbeinturm wie Forum. Statt sich als Antwort auf die Herausforderung durch die Zeit ins Gehäuse der eigenen Welt, ins Schweigen des Esoterischen, in die »innere Wirklichkeit«, wie es bei Gottfried Benn heißt, zurückzuziehen oder alle Maßstäbe aufzuheben und sich dem freien Spiel zuzuwenden, suchten nicht wenige Vertreter der sogenannten ›expressionistischen Generation‹, das Alltägliche nicht nur mit den ihnen eigenen Mitteln gestaltend zu interpretieren, sie wollten auch seine Wirklichkeit verändern. Die Forderung nach ästhetischer Neuerung verband sich mit Gesellschaftskritik, politischen Ideen und utopischem Entwurf. Um die Totalität zu erreichen, mußte sie zwangsläufig ›inhaltlich‹ werden, das im Symbol Unnennbare nennbar machen und das mit der einen Hand Gewonnene mit der anderen wieder austeilen. Die Sache erschien in hellem Licht, Kunst wurde Botschaft, schließlich Trägerin von Ideologie. Primitivierung der ästhetischen Aspekte war eine der Folgen. Das Postulat, wonach Kunst Reflektor und Ankläger in einem sein soll, übersieht den in ihm selbst liegenden Widerspruch. Deshalb Hinwendung zur Wirklichkeit, der hochfliegende Aufruf zu ihrer Verbesserung, rhetorisch, Wirkung, Aktion suchend, bestimmt von Gesinnung und künstlerischem ›Meinen‹ auf der einen Seite, doch Abwendung von der Wirklichkeit, Rückzug und ›Kunst‹ auf der anderen. Zwei Formen des Protestes, der Antwort auf die Zeit, zwei Arten der ›Vision‹, unvereinbar.

Sobald die Frage gestellt wird, was denn nun konkret unter der als ›Expressionismus‹ bekannten literarischen Revolution zu verstehen sei, zeigt sich Verwirrung. Gibt es einen ›expressionistischen Stil‹, der Ergebnis und Ausdruck einer entsprechenden Bewußtseinslage wäre? Oder eine ›expressionistische Bewußtseinslage‹ und als deren Ergebnis einen entwicklungsgeschichtlich relevanten Stil? Expressionismus als ethische Gesinnung oder als ästhetische Verwirklichung? Die Literaturgeschichte versucht, Ausdrucksformen auf feste Begriffe zu bringen, sie muß es, so sie das bieten will, was der Benutzer von ihr zu erwarten pflegt. Nur: sind ihre Begriffe in diesem Fall auch erfüllt und nicht nur durch ständige Wiederholung verbürgt?

Gewiß, noch wird die Zeit zwischen 1910 und 1925 mit ›expressionistisch‹ überschrieben, als Epoche des Expressionismus in der Literaturgeschichte aufgeführt. Es mehren sich indessen die Zweifel, ob das, was als ›literarische Bewegung‹ seinen festen Platz hat, nicht nur eine noch präzisere, zurückhaltendere Definition verdiente, sondern vielleicht sogar überhaupt eine andere Bezeichnung. In seinem Forschungsbericht *Expressionismus* schrieb Richard Brinkmann 1960: »Ein dichtungsgeschichtlich erfüllter Begriff des Expressionismus löst sich in weiten Bereichen der Forschung langsam aber sicher auf. Was konkret bleibt, ist im allgemeinen ein Kollektiv-Begriff dieses Namens für ideologische und soziologische Phänomene, die durch die sozialen und politischen Tatsachen und durch die ganze Atmosphäre der Zeit bedingt zu sein scheinen, wie sie ihrerseits diese Atmosphäre mitbedingen.« Demnach hätte Georg Lukács mit seiner außerästhetischen Deutung des Expressionismus nicht einmal so unrecht und wäre unter einem Expressionisten ein Künstler zu verstehen, dessen Schaffen vom Expressionismus die ›ideologische‹ Färbung erhielt, nicht die eigentlich künstlerische Prägung. Oder hätte, wie Walter Muschg sagt, »das geistige Zentrum der Bewegung« »jenseits des Ästhetischen« zu liegen. Denn der Wille zur Wandlung, zur Veränderung der Welt ist kein Stilkriterium und definiert schon gar nicht Kunst. Sollte tatsächlich auch bereits für den Expressionismus, wenn wir den mithin fragwürdigen, aber handlichen Namen beibehalten, seine Gültigkeit haben, was eines der größten, entscheidendsten Probleme der Kunst unserer Zeit ist? Die Unvereinbarkeit von ideologiebestimmter Aktion und künstlerischem Entwurf?

Schlagen wir, die wir uns im letzten Viertel des Jahrhunderts befinden, heute eine Literaturgeschichte auf, einen jener summierenden, um Sichtbarmachung der Kontinuität bemühten Überblicke, uns über Ausdrucksform und Zielsetzung des ›Expressionismus‹ zu informieren, von dessen Zeit der Virulenz uns inzwischen mehr als ein halbes Saeculum trennt, so finden wir klare, sauber gereihte und scheinbar absolut zuverlässige Angaben vorbereitet: Jahreszahlen werden genannt, 1910–1925 meistens, Namen, Werke, Äußerungen von Vertretern der Epoche, Kronzeugen sozusagen, mit Begriffsbestimmungen von Kritikern, Sammlern, Theoretikern. Schlagwörter, griffige Klischees bieten sich an, die alles und nichts sagen. Mit anderen Worten, die Auskünfte, die wir im allgemeinen erhalten, sind so eindeutig wie die Motivketten, die vor Gericht gefügt zu werden pflegen, wenn der Täter sein Unternehmen nicht

überlebte. Proteste, Einsprüche bleiben freilich nicht aus,
wenn der vermutlich Tote doch Gelegenheit erhält, zum
bestechend schlüssigen Protokoll Stellung zu nehmen, oder,
so man das Bild auf das zur Diskussion stehende Problem
überträgt, wenn die Literaturgeschichtsschreibung einen derer, die ihr Stoff und Aufgabe lieferten, mit den von ihr
erarbeiteten Ergebnissen konfrontiert. Von hier aus gesehen ist es nicht weiter erstaunlich, wenn Kasimir Edschmid,
der als einer der Theoretiker des Expressionismus und einer
der Hauptvertreter expressionistischer Erzählkunst gilt, in
seinem 1961 erschienenen Rückblick *Lebendiger Expressionismus. Auseinandersetzungen, Gestalten, Erinnerungen*
meint: »Es gibt deshalb kaum etwas Peinlicheres oder Ko-
mischeres zu lesen als die Selektionsergebnisse jener kritischen Nachgeborenen, die sich mühen, einige Jahrzehnte
danach die Epoche des literarischen Expressionismus zu
deuten, zu verwirren, zu zerhacken und wieder zu entwir-
ren – im gleichen Atem und mit der gleichen Leidenschaft,
die Unproduktive häufig besitzen [...] Sie haben diese
Zeit nicht miterlebt, sie kennen die Maßstäbe nicht, die
damals galten, sie haben die Atmosphäre nicht gespürt, weder in der Kameraderie noch in der Leistung, weder im
Humanen noch im Artistischen, weder im Anspruch noch
im revolutionären Angriff. Aber sie haben Methode,
schlechte oder gute, doch dies ist einerlei. Nichts läßt sich
weniger genau mit Methode abmessen als der Expressionismus, der, seit der Romantik, der erste große Aufbruch einer Jugend war, den Deutschland kennt.« Sieht man von
dem etwas gereizten Ton ab, den alt-erfahrene Praktiker
jüngeren Theoretikern gegenüber nun einmal gelegentlich
anschlagen, so wendet sich Edschmid zwar gegen die »Kar-
dinalfehler der Beurteiler des Expressionismus«, was aber
unter dieser »Bewegung« eigentlich zu verstehen sei, vermag offenbar auch er nicht zu sagen. Sie sei ein »Phänomen« gewesen, faßt er zusammen, »das eine Sache des
Gefühls, der ethischen Haltung, der neuen Form, des Weg-

werfens verbrauchter Worte und Empfindungen und darüber hinaus das Forum neuer, tätiger, nicht philiströser, sondern hochgespannter Menschlichkeit war«. Nun, der kritische Leser dieses Versuchs einer Beschreibung wird zu konstatieren haben, daß Kasimir Edschmid und seine kritischen Archivare aneinander vorbeireden. Während jener von einer Totalität des Erlebens ausgeht, in der Kunst und Existenz, Aktion und Gesinnung eins sind, sehen diese lediglich die Kunst, das, was sich an keine Bedingungen knüpft. Es ist jedoch zweierlei, die Intentionen einer dichterischen Bewegung zu erkennen und zu erörtern, aufgrund ihrer Programme und Äußerungen – und aus den repräsentativen Werken ihr Wesen zu destillieren. Man fühlt sich an die ›Erlebnis‹-Theorie und -Praxis des Sturm und Drang und, vor allem, der Romantik erinnert, als der Blick für reine, objektive künstlerische Leistung durch Lauern auf (subjektive) Wirkung getrübt wurde und es bis zum wirkungsstarken, aber kunstarmen Dilettantismus nur mehr ein Schritt war. Fraglos sind Begriffe wie ›ethische Haltung‹, ›Menschlichkeit‹ usw. nur von geringer Leistungsfähigkeit, wenn es um Definition eines anscheinend doch vorwiegend literarischen Phänomens gehen soll. Und diese ›neue Form‹, auf die Edschmid hinweist, hat es sie gegeben?

Betrachten wir zunächst noch ein zweites Beispiel: die Einleitung, die Gottfried Benn für den Band *Lyrik des expressionistischen Jahrzehnts. Von den Wegbereitern bis zum Dada* (1955) schrieb. Nachdem Benn in seinem Essay einen knappen Überblick über die verschiedenen ihm bzw. seinem Verlag (Limes) damals erreichbaren und wichtig erscheinenden Begriffsbestimmungen von Expressionismus gegeben hat, sachlich, skeptisch, formuliert er die Frage: »Also was ist der Expressionismus? Ein Konglomerat, eine Seeschlange, das Ungeheuer von Loch Ness, eine Art Ku-Klux-Klan? Oder trifft vielleicht zu, was 1934 ein berühmter Balladendichter, der bis 1933 etwas hatte zurücktreten müs-

sen, in einem Verlagsalmanach wörtlich schrieb: ›Das Milieu
dieser expressionistischen Generation bilden Deserteure,
Zuchthäusler und Verbrecher, die mit enormem Spektakel
ihre Ware heraufgetrieben haben, wie betrügerische Börsia-
ner eine faule Aktie, von zuchtloser Unanständigkeit.‹« Mit
anderen Worten, auch Gottfried Benn vermag nicht zu sagen, was Expressionismus sei, ja, er steht nicht an, die Frage
zu stellen: »Gab es ihn überhaupt?« Die Gedichtsammlung,
in deren Einleitung sich diese Worte finden, bietet Antwort.
Sie ist eindeutig, weist aber dennoch keinen Ausweg aus dem
Dilemma.

»Gläubige einer neuen Wirklichkeit und eines neuen Absoluten« seien die Dichter der »expressionistischen Generation« gewesen. Und die Leistung dieser Generation habe
darin bestanden, sagte Benn 1933 in seinem *Bekenntnis
zum Expressionismus*, daß sie »diesen kläglich gewordenen
Kreis liberalistischen Opportunismus verließ, die reine Verwertungswelt der Wissenschaft hinter sich brachte, die analytische Konzernatmosphäre durchbrach und jenen schwie-
rigen Gang nach innen ging zu den Schöpfungsschichten, zu
den Urbildern, zu den Mythen, und inmitten dieses grauenvollen Chaos von Realitätszerfall und Wertverkehrung
[...] um ein neues Bild des Menschen rang.« Vision als
künstlerisches Prinzip und als utopiebezogene Forderung.
Dichterische Sprache und alltägliche Wirklichkeit sind so
weit auseinandergebrochen, daß sich die Welt der dichterischen Sprache selbst absolut setzt, zum Medium der individuellen inneren Sicht wird. Absolutes gegen (wissen-
schaftlichen) Begriff. »Dem Verfall der Wirklichkeit sich
entgegensetzend, sucht das dichterische Ich seinen Triumph
in der versprachlichten Unbedingtheit der Vision«, faßt
Wolfdietrich Rasch es zusammen. Die Realität muß »von
uns« geschaffen werden, forderte Edschmid, und Kaiser
stellt fest, daß aus der »Vision der Mensch mündig« und
zum Dichter werde. Das Verhältnis zur Wirklichkeit wird
bestimmt von der Einbildungskraft – die neue Wirklich-

keit ist eine Sprachwirklichkeit, ein »hermetischer Bereich«.
Läßt sich ein solches Bemühen um das Absolute, Unnennbare, um Verflüssigung der Begriffe, Einschmelzung von
dinglicher Wirklichkeit in Sprache und Dichtung mit dem
marktschreierischen Postulat vom neuen Menschen verbinden? Auch wenn man davon ausgeht, daß sich in der In-
thronisation des Prinzips der Vision eine Protesthaltung
offenbaren mag, öffnet sich gerade durch die Verbindung
von hermetisch-lyrischer Formung mit Provokation und mit
Wandlung forderndem Protest ein Widerspruch. Das Kunstwerk ist für das Forum so ungeeignet wie für die Kanzel.
So sieht Benn denn auch das Verbindende innerhalb des
Schaffens derer, die als expressionistische Generation gelten, in gemeinsamer Wirklichkeitsfeindschaft, in gemeinsa-
mem Weltgefühl, das deren Voraussetzung und Folge ist.
Definiert man nun, soweit im Einklang mit Benn, die Begriffe Vision–Protest–Wandlung als Grundcharakteristika
des Expressionismus, so bleibt selbst damit die Frage nach
einem expressionistischen Stil noch immer offen. Das Aufbegehren gegen die gegebene Wirklichkeit, die Bemühung
um ihre Überhöhung zu einer hermetischen Sprachwirklichkeit, absolut und autonom, lassen sich bereits für die
Zeit vor 1910 nachweisen; seit Nietzsche waren sie als
stilbildende Möglichkeit vorhanden, von Vertretern der
expressionistischen Generation wurden sie im Protest radi-
kalisiert, »bald gestützt durch die Bestätigung ihrer Auf-
lehnung im Weltkrieg, den sie als Zusammenbruch der
bekämpften Wirklichkeitswelt, als Offenbarwerden des inneren Verfalls erlebt« (Wolfdietrich Rasch). In seinem Aufsatz *Die Lyrik des Expressionismus*[1] weist Edgar Lohner
zudem darauf hin, daß »die Bestimmungsmerkmale jenseits nationaler Eigentümlichkeiten als gesamteuropäische
Erscheinungen in einem übernationalen Raum zu suchen
sind«. Die Lyrik des Expressionismus stehe in der Konti-

1. In: Expressionismus als Literatur. Hrsg. von Wolfgang Rothe. Bern
u. München 1969. S. 107 ff.

nuität der »modernen Lyrik«, die von Baudelaire, Rimbaud und Mallarmé ihren Ausgang nahm. Das bedeutet, um mit Hugo Friedrich zu sprechen, daß das »Gedicht [...] nicht mehr an dem gemessen werden [will], was man gemeinhin Wirklichkeit nennt, auch wenn es sie, als Absprung für seine Freiheit, mit einigen Resten in sich aufgenommen hat«[2]. Dieser Verlust des naiven Realkontakts führt dazu, daß die Kunst untauglich wird, Botschaften zu vermitteln, Gesinnung zu tragen. An die Stelle der Allerfahrung tritt Icherfahrung, zwischen Ich und All drängt sich die Chiffre oder der Zerrspiegel des Grotesken. Ein Riß wird sichtbar, Kunstwillen, ästhetisches Postulat von ethischem, von menschheitlicher Gesinnung trennend. Wenn sich bei dieser Bestimmung nach streng künstlerischen Kategorien der Expressionismus nur mehr als Episode, als Phase fassen läßt, wäre zu fragen, ob wir es wirklich mit einer künstlerischen Erscheinung eigenen Charakters zu tun haben. Ist es möglich, daß wir, die Nachgeborenen, verstrickt in einen historischen Ablauf, den bereits Vertreter des Expressionismus vergeblich zu regulieren suchten, erst Abstand gewinnen mußten, um sachlich respektvoll zwischen Gesinnung und künstlerischer Leistung, Gemeintem und wirklich Neuem zu unterscheiden? Die pietätvolle Gebärde verhüllt, sie verstellt den Blick, statt, wie es kritisches Fragen vermag, den Blick auf Lebendiges zu lenken.

Der Begriff des Expressionismus als einer Literaturrevolution wird ernsthaft in Frage gestellt, so man die Analyse auf das eigentlich Künstlerische, das sich in der Sprache und ihrer Struktur darstellt, konzentriert und sich dazu bereitfindet, den ideologischen Ballast, die ethischen und metaphysischen Elemente beiseite zu lassen und auf effektvoll-pathetische Gesinnungsäußerungen kühl zu reagieren. Abgesehen von den Gedanken Herwarth Waldens, des Herausgebers des *Sturm* und Schöpfers der sogenannten ›Wort-

2. Hugo Friedrich: Die Struktur der modernen Lyrik. Von Baudelaire bis zur Gegenwart. Hamburg 1956. S. 11.

kunst-Theorie‹ (*Einblick in die Kunst*; *Das Begriffliche in der Dichtung*), die ihrerseits beeinflußt ist von Vorstellungen Kandinskys, und sporadischen Hinweisen bei Gottfried Benn (*Epilog und lyrisches Ich*) finden sich keine eigentlichen gründenden theoretischen Bemerkungen zur Lyrik des Expressionismus. Wenn weder die ›Praxis‹ von Stilmerkmalen dazu ausreicht, ihn zu definieren, noch die ›Theorie‹ seiner künstlerischen Forderungen, wie ist es dann überhaupt möglich, ihn zu fassen? Das unmittelbar weiter oben Gesagte bezog sich, wie auch aus der Berufung auf Benn hervorgeht, vornehmlich auf den Bereich der Lyrik. Wie steht es mit den anderen beiden Gattungen?

Gehört zum Wesen des Gedichts, aus Sprache eigenlebendige Welt zu schaffen, die nur noch Sprache ist, als symbolische Form von offener symbolischer Struktur sich restloser Deutung entziehen und nicht mehr ›erlebbar‹ sein kann, so läßt sich das objektivierende Drama mit seiner Spannung auf Künftiges hin, auf den Umschlag von Wollen in Tat, Lösung von Gegensätzlichem wohl im Grunde ohne weitreichende Reformation, ohne Zweckentfremdung in den Dienst einer Idee und eines Programms stellen. Sie heißen der ›neue Mensch‹, gewonnen durch Wandlung und Erlösung. Die ›neue Form‹? Der Strindbergschen Stationentechnik verpflichtet, an Formstrukturen von Oper und Oratorium gemahnend, dient sie vornehmlich der Demonstration einer programmatischen Intention am Beispiel eines ›Protagonisten‹. Dessen Läuterung, Wandlung oder Erlösung bzw. deren Unmöglichkeit, expressiv-plakativ zur Anschauung gebracht, sind das zentrale, einheitliche Grundstruktur schaffende Thema. Pathos, Suggestivgebärden tragen dieses Feier und Verkündigung bietende, Wort- und Aktionstheater verbindende ›Programmdrama‹, in dem die Problem- und Ideengehalte personale Einkleidung, Verdichtung zum ›Typischen‹ erfahren. Dichtung, die die Stelle von Religion einzunehmen sucht, als Weihespiel Gemeinschaft stiften will, tendiert zum totalen Gestus. Sie ist nicht nur in weltanschaulicher Hinsicht rückbindend, auch in formaler von Kontinuität bestimmt. Kokoschkas und Kandinskys Leistungen als Wegbereiter eines Dramas des Expressionismus, als Schöpfer von neuen Formen und Strukturen sind bekannt, wenn auch bislang in ungenügendem Maße gewürdigt. Doch wo haben ihre abstrakten Wort-Bild-Kunstwerke, das »Wort-Ton-Bildspiel« (Kokoschka) und das »Bild-Ton-Wortspiel« (Kandinsky), wie Horst Denkler diese komplexen Bühnenkunstwerke nennt[3], Schule gemacht? Lediglich im bereits erwähnten *Sturm*-Kreis um Herwarth Walden wird das Neue, das Experiment aufgegriffen und weiterentwickelt. Von einer Breitenwirkung kann keine Rede sein, da ihre rätselvolle, der Fixierung im Begrifflichen sich widersetzende Vielschichtigkeit sich mit Vorstellungen wie Breite, Wirkung nicht verbinden läßt, nicht dazu taugt, als Versinnlichung von Programmpunkten zu dienen. Man fühlt sich an August Stramms Schicksal erinnert, dessen Bedeutung für den Expressionismus sich umgekehrt proportional zur Nennung seines Namens verhält.

Für die Masse expressionistischer Dramatik, als deren wichtigste Ausdrucksform Walter H. Sokel »Suggestivexpression« und metaphorische oder parabolische Demonstration begreift, gilt demnach Ähnliches wie für die Lyrik des Zeitabschnitts. Gesinnung, der Wunsch zur Veränderung der Welt, Ideologie schaffen noch keinen Stil, in dem die als neu verkündete Kunst ihre Beglaubigung erfahren würde. Die Darbietung von ›Wandlung‹ oder von Nichtwandlung, als Gegenbild, auf der Bühne mag als ›Protagonistendrama‹ von mitreißendem Effekt sein, aber bestimmendes Element ist eben doch die laut- und gefühlsstarke Wirkung, pathetisch, rhetorisch, lyrisch, nicht aber der Wille zum Absoluten in der Kunst, zu dessen Siegeln das Geheimnis gehört, das vereinzelnd wirkt. Wo davon die Rede sein könnte, es sei nur im Bereich des Dramatischen an einige Werke von

3. Horst Denkler: Das Drama des Expressionismus. In: Rothe, Expressionismus (s. Anm. 1), S. 135.

Georg Kaiser und Carl Sternheim erinnert, ist die Distanz
der Theorie zum allgemeinen ›Programm‹ des Expressionismus zu groß, als daß sie völlig mit ihm identifiziert
werden könnte. Was sich sagen läßt: das Drama des Expressionismus hat sich in Widerspruch, Opposition zum
Drama des Realismus entwickelt, es stellt eine Radikalisie-
rung von Vorgegebenem dar, beruft sich seiner ethisch-
ideologischen Zielsetzung entsprechend auf ältere formge-
schichtliche Überlieferung des deutschen Dramas (Klaus
Ziegler). Es als ›modern‹ zu bezeichnen, ihm zu bestätigen,
daß es, obwohl außerdramatischer Demonstration dienend,
die charakteristischen Probleme der Lebenswirklichkeit seiner Zeit adäquat erfaßt und auf eine nicht nur zeitbedingte
Weise gestaltet habe, würde dem Zeitgenossen von heute
schwerfallen.
Die Bilanz, die an dieser Stelle gezogen werden könnte,
sieht, so man dabei bleibt, die Fragestellung auf das Ästhetische, auf Form, Stil und Struktur zu begrenzen, recht
bescheiden aus. Es fällt auf, daß die Vertreter der expressionistischen Generation offenbar nur geringe Neigung ver-
spürten, sich theoretisch zu äußern. Vergeblich hält man,
von den bereits erwähnten Ansätzen abgesehen, nach Poe-
tiken Ausschau, aus denen sich eine ›Theorie des Expressionismus‹ ableiten ließe. Dieses Manko ist um so erstaun-
licher, als die Äußerungen sonst Legion sind, bestätigt aber
andererseits die eingangs dargelegten Bedenken, wonach es
um eine Totalität ging, in welcher der Kunst nur *ein* Platz,
ein Stellenwert zukam. Seltsamerweise trifft diese Zurückhaltung in puncto Theorie gerade für die beiden Gattungen in erster Linie zu, in denen der Expressionismus den
reinsten Ausdruck gefunden und die bedeutendsten Leistungen hervorgebracht haben soll. Sie gilt weniger für die Erzählkunst: Die Leistungen des Expressionismus auf dem
Gebiet der Epik stehen in keinem Verhältnis zu ihrer geringen epochalen Wirkungsbreite, entsprechen jedoch ihrem
noch immer nicht völlig überschaubaren Folgenreichtum. In

der expressionistischen Erzählprosa lassen sich, wie W. H.
Sokel nachgewiesen hat[4], zwei Grundhaltungen unterscheiden, die durch eine tiefere Gemeinsamkeit verbunden sind:
ein durch Erzähltechnik und -perspektive sich definieren-
des Erzählprinzip, das naturalistisch-objektivierend ist, und
ein vom ›Weltanschaulich-Ideellen‹, von Denken und Spiel
mit Ideen bestimmtes Erzählprinzip, in dem die ›schöpferische Willkür‹ vorherrscht. Ist die eine Erzählhaltung getragen von Anschaulichkeit und Gebärde, von Bildlichkeit
und Verzicht auf Einmischung des Erzählers (Döblin sowie
Heym, Edschmid), so die andere von Vorstellung und Gedanke (Einstein sowie Lichtenstein, Benn, Ehrenstein, Sack).
Beiden gemeinsam ist die Ablehnung von Psychologie und
Kausalität zur Erklärung von Mensch und Welt sowie die
Tendenz zur Kürze, d. h. zur Verknappung der Sprache.
Diese Verknappung tritt in Erscheinung im ersten Fall —
sprechen wir, vereinfachend, von Döblin-Schule — als El-
lipse, d. h. als Aneinanderreihung, Bilderflucht, »Kinostil«,
wie Döblin, von der Psychiatrie ausgehend, ihn bezeichnet.
Die Einstein-Schule sucht die »aphoristische Verallgemei-
nerung« und tendiert zur Parabel. Beide Grundtendenzen,
die szenisch-anschauliche Döblins und Einsteins parabolisch-
aphoristische, machten Epoche.
Es bleibt also trotz des Mangels an fundierten Äußerungen
zu theoretischen Fragen des Expressionismus festzustellen,
daß es Beiträge zu einer expressionistischen Erzähltheorie
gegeben hat. Vergleichbar Geschlossenes auf den Gebieten
von Lyrik und Dramatik läßt sich, von den Ausnahmen
abgesehen, nicht nachweisen. Postulat und Entwurf einer
›Gesamt‹-Theorie des Expressionismus gilt dem Ethischen,
der Weltanschauung, in deren Dienst die Kunst und ihre
Anschauung zu treten haben. Die Stelle der Theorie einer
ästhetisch progressiven Kunst nimmt jene der progressiven
Idee vom ›neuen Menschen‹ ein, als programmatisch-propa-

4. Walter H. Sokel: Die Prosa des Expressionismus. In: Rothe, Expressionismus (s. Anm. 1), S. 153 ff.

gandistischer Wandlungs- und Erlösungsruf. Statt ästhetischer Verwirklichung – ethische Gesinnung.

»Wir haben die Kunst, damit wir nicht an der Wahrheit
zugrunde gehen«, schrieb Nietzsche einmal (Nachlaß der
achtziger Jahre) und weist damit hin auf die entscheidende
Rolle, die das »Widerstandserlebnis« bei der Entstehung
von Dichtung spielt, das Zurückgeworfenwerden des Künstlers auf sich selbst durch die Spannung zur Gesellschaft,
zu den Tatsachen der äußeren Wirklichkeit. So ist es vielleicht zu erklären, daß die Welt der Großen wie Heym,
Trakl, Benn von Zweifel an der Sprache, Zweifel an Ich
und Wirklichkeit, von einer Rückwendung zur inneren
Wirklichkeit bestimmt ist. Sie zogen sich auf sich selbst zurück und stellten der Gesellschaft, die sie als bedrohend,
nicht mehr faßbar empfanden, ihre eigene mehr oder weniger verrätselte Welt entgegen. Selbst Einstein und Döblin
lassen sich, bei entsprechender Einschränkung, hier nennen.
Dem Protest gegen die Gesellschaft, Kritik an ihr durch
verhärtende Abwendung von ihr, dem Rückzug auf den
Bereich der Kunst, steht die lösende Gesellschaftsutopie gegenüber, die zu leisten sucht, woran die Heilsversprechun-
gen der Religionen scheiterten. Das eine fordert zu sprach-
licher Bewältigung im Rückzug, in der Besinnung auf die
eigenen Mittel, das andere zur Heilspropaganda, zum befreienden Sprung nach vorn heraus.

Zum Widerspruch von Gesellschaftskritik und Gesellschaftsutopie tritt der bereits erwähnte von Ästhetik und Aktion.
Nicht erst seit der Jahrhundertmitte gilt, daß die Substanz
der Sprache vergesellschaftet, im leer Begrifflichen erstarrt
ist, aber nach wie vor Teil der den Autor umgebenden Welt
bildet. Noch im Protest muß er deshalb, wie eingangs erwähnt, Teil von ihr sein, so er von vielen gehört werden
will, Protest nicht als schützende Hülle, vor allem, sondern als etwas, das Wirkung sucht. Freiheit, die dem Dichter zugleich das Medium seiner Selbstverwirklichung erhält, ist nur mehr zu verwirklichen im Rückzug auf das

Ich. In seinem Vollzug kann sich als Gegenbild Kritik, Protest artikulieren. An dieser Sachlage hat sich wenig geändert inzwischen. Der andere Weg, Verschmelzung einer ethischen Idee mit künstlerischer Intention, Eintreten für messianische Aktion ideologisiert die Kunst. Indessen: Imagination, die auf den Marktplatz getragen wird, verkommt dort meistens. Der verschlagene Brecht ist kein Gegenbeweis. Peter Weiss hat diesen Widerspruch in seinem *Marat/Sade* anschaulich gemacht, und die weitere Entwicklung des Autors Weiss spricht eine unmißverständliche Sprache. Hieraus ergibt sich die Alternative, daß dem schreibenden Individuum nur zwei Wege offenstehen: Erneuerung der Sprache durch Veränderung der Wirklichkeit vom Außersprachlichen her, aber mit Hilfe einer Sprache, die dieser Wirklichkeit gemäß ist, also Propaganda, oder umgekehrt die Erfindung einer neuen Sprache, Grammatik ohne Rücksicht auf die äußere Wirklichkeit. Der letztere Weg erweist sich angesichts der zunehmenden Entfremdung von Autor und Gesellschaft heute wohl als der einzig mögliche. Er schließt das Forum aus. Konsequenterweise.

Dennoch mögen solche Überlegungen zu seiner inneren Widersprüchlichkeit nicht ausreichen, das ›Sterben‹ des Expressionismus zu erklären. Verständlich machen könnte es die seltsame Tatsache, daß ein Großteil dessen, was als typisch expressionistisch angesehen wird, die unermüdlich aufgezählten Klischees am reinsten verkörpert, in künstlerischer Hinsicht nicht eben zu den überzeugendsten Hervorbringungen gehört. Solches meint Musil[5], wenn er sagt, daß der Expressionismus »im geistigen Wesen banal« geblieben und »nicht über die Evokation ohnedies schon bekannter Ideen« hinausgekommen sei. »Was er mit Vorliebe tut, ist eine Art ›Ideen anbellen‹, denn in der Tat ist die – mit zwei Ausrufzeichen statt einem Fragezeichen versehene –

5. Robert Musil: Symptomen-Theater I. In: Der Neue Merkur. Hrsg. von Efraim Frisch u. Wilhelm Hausenstein. München 1922, Jg. VI, Bd. 1, S. 181.

Anrufung großer Menschheitsideen, wie Leiden, Liebe, Ewigkeit, Güte, Gier, Dirne, Blut, Chaos usw., nicht wertvoller als die lyrische Tätigkeit eines Hundes, der den Mond anbellt, wobei ihm das Gefühl in der Runde antwortet.« Das ist sicherlich entschieden zu scharf und ablehnend gesagt. Doch von hier aus gewinnt Golls Äußerung[6] Gewicht, Verständlichkeit, »daß der ganze Expressionismus (1910–1920) nicht einer künstlerischeren Form, sondern einer *Gesinnung* Name war. Viel mehr Sinn einer Weltanschauung als Objekt eines Kunstbedürfnisses«. Die Verbindung von Kunstanschauung mit Weltanschauung, wobei das, was sich als Kunstanschauung gab, wie sich zeigte, im Grunde eher Weltanschauung war, ließ die Kunstanschauung mit der Weltanschauung sterben. »Was aller Orten gemunkelt, belächelt, geahnt wird, bestätigt sich: wieder stirbt eine Kunst an der Zeit, die sie verrät.« Der Expressionismus sei eine »schöne, gute, große Sache« gewesen, sagt Goll, und nun begebe sich »der gute ›Mensch‹ mit einer verzweifelten Verbeugung in die Kulisse«. Es ist der gleiche ›neue Mensch‹, der von Paulus über Nietzsche bis zu den messianischen Lehren unserer Tage immer wieder beschworen wird. Die Destruktion des ›alten‹ Menschen, die Illusion einer neuen Heilsmöglichkeit (Humanitätsidee, Sozialismus, Solidarität usw.) und die schließliche Entdeckung der Absurdität in der geistigen Existenz des Individuums sind Aspekte der gleichen Erfahrung. Nur daß heute, nach Dadaismus und Surrealismus, das Erlebnis der Katastrophe, Grunderfahrung der Expressionisten, nicht mehr mit der Idee vom ›neuen Menschen‹ beantwortet wird – einer Idee, die davon ausgeht, daß der Mensch gut sei, nicht Tod, vielmehr Leben schaffe –, sondern mit einer Kunst, die nur mehr Chiffre oder Dokument ist. Der revolutionäre Impuls, befeuert von Skeptizismus der gesellschaftlichen Entwicklung gegenüber, wandte sich schließlich nach innen, weg vom Licht des Establish-

6. Vgl. S. 226.

ments und dessen Hang, die Sprache total zu vergesell-
schaften – er setzte sich um in Esoterik. »Der Meister wohnt
jenseits aller Relation zum Augenblick und zum Zufall«,
sagte Mallarmé über Whistler, »ein Denkmal der Einsamkeit, das zur Traurigkeit führt, er hat nicht teil am scheinbaren Fortschritt der Menschen«. Der Satz gilt noch heute,
gilt mehr denn je zur Kennzeichnung künstlerischer Not.
Die Alternative: der Dadaismus formulierte sie, und auch
sie erwies sich als dauerhaft. Es ist die Zurücknahme des
Absoluten, das der Expressionismus dem bürgerlichen Rela-
tivismus entgegenzusetzen versucht hatte, in die reine Kunst,
indem er es wieder seiner inhaltlichen Fixierung entband.
An seine Stelle trat »die Idee der kreativen Irrationalität
und die Idee des schöpferischen Spiels [...] (gegenüber einer Zeit des durch die Technologie geschaffenen Massen-
menschen und einem geniezerstörenden überaus wirksamen
Zwangssystem)« (Richard Huelsenbeck[7]). Damit ist das
Absolute wirklich erreicht: als Nichts, als höchste Freiheit.
Die Aporien der Avantgarde, die auf der Tendenz beruhen,
sich selbst (gewaltsam) an die Stelle dessen zu setzen, wogegen man protestiert, kämpft, und ein neues Establishment
zu schaffen, sind versöhnt. Der Messianismus verzichtet auf
den messianischen Anspruch und sichert solcherart sein Fort-
bestehen.
Dieser Versuch einer Bilanz bietet kein Fazit. Wie wenig
dergleichen formuliert werden kann in unserem chaotischen
Jahrhundert mit seinem Unmaß an Verschüttetem und Ver-
gessenem, wurde erst jüngst wieder durch Sammlung und
Veröffentlichung der Texte, die in ihrer Gesamtheit die für
eine marxistische Realismuskonzeption wichtige ›Expressionismusdebatte‹ der Jahre 1937/38 konstituieren[8], auf beson-

---

7. Dada. Eine literarische Dokumentation. Hrsg. von Richard Huelsenbeck. Reinbek bei Hamburg 1964. S. 9.
8. Die Expressionismusdebatte. Materialien zu einer marxistischen Realismuskonzeption. Hrsg. von Hans-Jürgen Schmitt. Frankfurt a. M.
1973. (edition suhrkamp 646.)

ders krasse Weise deutlich gemacht. Zu dieser ausgreifenden, auch unter dem Namen ›Realismusdebatte‹ bekannt gewordenen Polemik kam es vor dem Hintergrund der Realismusdiskussion der dreißiger Jahre in der Sowjetunion und im Rahmen der Bemühungen um eine marxistische Aufarbeitung des literarischen Erbes, wie die Bündnispolitik der Volksfrontbewegung sie einschloß. Ausgetragen wurde sie in der Moskauer Exilzeitschrift *Das Wort*. Gottfried Benns Parteinahme für den NS-Staat hatte Bernhard Ziegler (Alfred Kurella) zu der provokativen Behauptung veranlaßt: »[...] wes Geistes Kind der Expressionismus war, und wohin dieser Geist, ganz befolgt, führt: in den Faschismus.«[9] Das starke Echo lieferte »eine Art ›Inventur‹ der Meinungen wenigstens eines Teils der antifaschistischen deutschen Emigration über die jüngste Vergangenheit unserer Kunst und Kulturentwicklung« (Bernhard Ziegler[10]). Ziegler hatte zwei Thesen formuliert: »[...] die eine setzte ein Gleichheitszeichen zwischen dem Geist, aus dem der Expressionismus entsprang, und dem Geist, der zur Ideologie des Faschismus wurde; die andere behauptete, daß uns noch viel vom Expressionismus in den Knochen stecke.«[11] Das Fazit der Debatte: die erste These ist »widerlegt«, die zweite »bestätigt worden«. In diesem Sinn ist Zieglers *Schlußwort* vom Juli 1938, das noch einmal zusammenfassend Akzente setzt und eine Bewertung aus der Position des »authentischen Berichterstatters« gibt, selber ein Beweis für die Lebendigkeit des Expressionismus. In seiner Einleitung zu dem Band *Die Expressionismusdebatte. Materialien zu einer marxistischen Realismuskonzeption*, der das gesamte Material der Debatte und der wichtigsten sich auf sie beziehenden Beiträge erschließt, schreibt Hans-Jürgen Schmitt: Aus der Analyse dieser Debatte »erhellt sich nicht nur [...] die Bedeutung der Realismuskonzeption für

9. ebd. S. 50.
10. ebd. S. 231.
11. ebd. S. 231.

die Literaturentwicklung heute, sondern auch die Auswirkung des Expressionismus insgesamt«.[12] Eines Expressionismus freilich, von dem Ernst Bloch überspitzt sagt, sein »Erbe« sei »noch nicht zu Ende, denn es wurde noch gar nicht damit angefangen«.[13] Blochs Feststellung kann, paradoxerweise, kaum für die bürgerliche Gesellschaft gelten.

Die Expressionismus-Forschung ist in vollem Gang und noch weit davon entfernt, gültige Endergebnisse zu präsentieren. Trotzdem dürfte das Erscheinen dieses Bandes, dessen Einleitung die einführenden Darstellungen der Parallelbände *Gedichte des Expressionismus, Einakter und kleine Dramen des Expressionismus* und *Prosa des Expressionismus* um einen fragenden, der poetologischen Zielsetzung angemessenen Aspekt ergänzen möchte, nicht verfrüht sein. Im Gegenteil. Die Texte, die vorgelegt werden, ausgewählt aus einer Fülle von Material, laden den Leser dazu ein, sich ein eigenes Bild von der überaus diffizilen Sachlage zu machen und sich ergänzend zu den zahlreichen Grundlagenarbeiten weiterdenkend zu orientieren. Es ließ sich nicht vermeiden, daß in der Sammlung die ›sekundären‹ Äußerungen überwiegen; das heftige, bisweilen leidenschaftliche Engagement von ›Theoretikern‹ bestätigt gleichfalls, daß es um mehr (in quantitativem Sinn) ging als um Kunst und daß Pro und Contra oft genug als Gesinnungsfrage gesehen wurde. Der Band kann sich auf nicht unerhebliche Vorarbeiten stützen, von denen die wichtigsten im Anhang genannt sind. Sein Aufbau folgt thematischen und chronologischen Gesichtspunkten, wobei es der Übersicht wegen unumgänglich war, die chronologische Folge gelegentlich aufzulösen.

Stellt sich, wäre abschließend zu fragen, dieses vor rund einem halben Jahrhundert Geschriebene wirklich dar als ein »Sammelsurium von Tendenzen, Namen und Compagnons«, wie Ludwig Marcuse 1960 konstatierte? Nun, ob man den

12. ebd. S. 26.
13. Vgl. S. 254.

Begriff des Expressionismus hinfort als widerspruchsvoll
abtut, ob man ihn als Kollektivbegriff gelten läßt und säu-
berlich zwischen ethischen und ästhetischen Komponenten
trennt – der Tatsache, daß es ihn wirksam gegeben hat, daß
er eines der impulsreichsten Ereignisse in unserem Jahrhundert gewesen ist und, wie immer man sich stellen mag, auch
Ansätze zur Bildung eines Epochalstils gebracht hat, wird
niemand sich verschließen können. Wobei ins Gedächtnis zu
rufen wäre, daß diese Überlegungen zur ›Theorie des Expressionismus‹ nur *einem* Teil der expressionistischen Ge-
samtbewegung galten – dem literarischen Expressionismus.

I. Postulate und Definitionen

ALFRED DÖBLIN

Von der Freiheit eines Dichtermenschen

Die Tatsache dieser Bewegung, die man ruhig Expressionismus nennen kann, ist nicht zu bezweifeln. Ein, zwei Jahre
vor dem Krieg hatte ich Gelegenheit, französische, russische, italienische Künstler der jetzt dominierenden Generation zu sprechen; zu meinem Erstaunen, dessen Heftigkeit
ich mich noch entsinne, äußerten sie, die mit deutschen Verhältnissen gerade so unbekannt waren wie ich mit ihren,
Wünsche, Urteile, Pläne über Kunst und Verwandtes, die
verblüffend mit einigen in Deutschland umgehenden über-
einstimmten. Es war und ist eine Bewegung, eine atmo-
sphärische Welle, wie ein wanderndes barometrisches Maxi-
mum oder Minimum. Keine Richtung, durchaus im Gegenteil: Gärung ohne Richtung; etwa Zeitströmung im Sinne
von Brandes[1], nicht einmal so bestimmt und gezielt wie etwa
ganz allgemein »Romantik«. Einen wirklich bezeichnenden
Namen kann das Ganze nicht, oder noch nicht, haben;
spricht man von Expressionismus, so bezeichnet man den
Wagen nach einem Rad; möglich ist, daß mit Expressionismus sich schon ein wesentlicher Einzelwille der Bewegung
formuliert. Was voranging, so in der am meisten auffälli-
gen Malerei, in Kubismus, Futurismus, aber noch früher, ja
vielleicht längst vorher im Impressionismus, jawohl Impressionismus, gehört zu der gleichen Geisteswelle, die
durchweg bei ihren Trägern oder Befallenen durch eine
zunehmende Steigerung des Lebensgefühls, ein leidenschaft-
liches Sichbesinnen sich charakterisiert, durch eine berserker-

1. Georg Brandes (1842–1927), dän. Kritiker, Wegbereiter eines neuen
Realismus in Skandinavien.

haft entschlossene Stellungnahme im Formalen und Inhaltlichen, Drang zu intensiver ungebrochener Äußerung.

Vielleicht hängt diese Bewegung, nicht nur zeitlich, mit
anderen Bewegungen im Leben der europäischen Nationen
zusammen: mit dem Erstarken der ganzen Volkskörper im
letzten Jahrzehnt, dem Anschwellen des Nationalgefühls;
wirtschaftliche Parallelvorgänge sind wahrscheinlich. Ich
habe das Gefühl, daß diese Bewegung aus keiner Not, sondern einem Überfluß stammt; Stolz ist ihr charakteristi-
sches Grundgefühl.

Es ist keine Bewegung der Jugend, ich meine kein plötz-
liches Auftreten einer neuen Jugend in der Kunst, »die
nicht von Joseph wußte«[2]. Die Herren, deren Personalien
mir bekannt sind, sind zum Teil zwischen zwanzig und
dreißig, welche zwischen dreißig und vierzig und schon darüber. Weder Franz Marc noch der sehr befallene August
Stramm waren Knaben. Nun ist es zweifellos, daß diese
und andere schon vorher, früher charakteristische Züge auf-
wiesen, jedoch der Durchbruch, die Ausbreitung, das Boden-
finden, damit das Hervortreten an die Öffentlichkeit ist
erst in diesem Jahrzehnt ermöglicht. Jetzt konnten die einzelnen zu einer Welle zusammenschlagen, sich verstärken,
indem sie rechts und links Bereitschaften verwirklichten.
Und dieser Prozeß und sein Durchschlagen ist erst im Beginn, seine Ausbreitung auf andere Gebiete ist sehr wahrscheinlich und steht bevor.

Die Persönlichkeit hat sich ihrer Haut zu wehren gegenüber einer geistigen Bewegung. Personen sind die Träger
der Bewegung, ihre Macher, sind die Beweger, andere geraten in das Fahrwasser, ahnungslos oder bewußt, treiben
mit ihm. Von dieser Welle werden einzelne kaum bespült,
andere waten knietief hinein, andere schwimmen darin

2. Anspielung auf 1. Mose 37 ff.

stoßweise nach eigenem Antrieb, andere werden wegge-
schwemmt, liegen nach Abflauen der Flut platt auf dem
Strand. Von solcher Bewegung erfahren viele eine Reini-
gung, viele eine Stärkung, viele eine Richtung. Sie folgen,
wie einmal Hegel sagt, den Seelenführern, denn sie fühlen
die unwiderstehliche Gewalt ihres eigenen inneren Geistes,
der ihnen entgegentritt.

Das muß noch genauer gesagt werden, möglichst unbildlich
oder mit anderen Bildern. Das fesselnde Renkontre von
geistiger Bewegung und Charakter. Zunächst ist festzuhal-
ten: eine Bewegung ist keine Mache oder das Arrangement
einer Gruppe Interessenten. Vielmehr, aus zahlreichen zunächst dunklen Ursachen sozialer politischer menschlicher
Art wächst sie, hier flammt es, dort flammt es bei Feinfüh-
ligen, Scharfhörigen, Hellsichtigen auf, durch sie kommt
die Maschine zu ihren ersten Kolbenstößen und Umdrehun-
gen. Und so sich voranschiebend, unsicher ratternd, mehr
dampfend als sich bewegend, ist sie außerhalb bestimmter
oder überhaupt einzelner Menschen eine allgemeine öffentliche Angelegenheit, aber was mehr als das ist, unabhängig
von den Plänen und dem Vorhaben von Menschen. Ein aus
bestimmten Situationen und Konstellationen fließendes breites Spannungs- und Kraftgefälle. Ein Außerhalb des Menschen wie eben ein Milieumerkmal. Dies ist überaus wichtig,
denn damit entfallen viele Angriffspunkte. Bewegungen
sind prinzipiell zunächst einmal zu erkennen; damit ist
schon alles geschehen. Daß ein Konservativer nicht die Notwendigkeit des Zentrums, des Liberalismus oder gar der
Sozialdemokratie anerkennen wird, ist ihm nachzufühlen,
er bedarf dieser Partei nicht zu seiner Existenz, aber daraus folgt nicht die fehlende Existenzberechtigung der Parteien. Der Eitelkeitsfrage ist damit der Boden entzogen,
denn da die Bewegung kein Privateigentum ist, kann sich
jeder von ihr aneignen, was er will und wieviel er will.
Man kann sich auch ohne Entschuldigung von dieser Table

d'hôte zurückziehen und Dîner à part[3] bevorzugen. Wie es
Goethe mit der Romantik gemacht hat, bald so bald so, ist
bekannt. Was Theodor Fontane im Alter getan hat, war
kein Schade für ihn. Es muß jeder wissen, wie ihm zumute
ist.

Die der Bewegung mit Leib und Seele verschrieben sind,
werden ihre Märtyrer. Sie werden von der Bewegung auf-
gebraucht und bleiben nachher liegen, krüppelhaft, inva-
lide. Hier kann man in der Tat sagen: sie werden ver-
schluckt von der Idee, nur werden sie wieder ausgespien,
nachdem ihr Bestes und Brauchbarstes resorbiert ist. Sie
hatten außerordentlich feine Organe für die Not ihrer Zeit,
sie dienten leidenschaftlich ihrer Zeit, trieben eine Art hohen Journalismus, sie begleiteten den Tag als seine Priester
oder vielleicht als Vorreiter, um an einer bestimmten Weg-
strecke abgedankt zu werden. Was sie leisteten: ein meist
bald verschollenes Werk, das höchst signifikant für die
Sache war, scharf ein paar Jahre vorwärts leuchtete, bei
dessen Betrachtung man später rasch das dünne wesenlose
Menschlein erkennt, das daran zappelt, aufgehängt erstickt
an seiner Momentbegabung. Was ihnen fehlte? Oh an sich
nichts, keinem Menschen fehlt etwas, nur, die Ursache dieses Verlaufs war das Dünne, Wesenlose der Persönlichkeit.
Wesenhaft nämlich ist dieser Mensch nur gewesen in seiner
Zeitspanne, aus ihr floß sein Wesen, zugleich mit ihr war
er hin, verbrannt, verpufft, verronnen. Das Tempo des
Menschen aber, der nicht Märtyrer der Zeit, sondern ihr
Herr ist, ist ein durchaus eigentümliches; ein Organismus
wächst, entfaltet sich, altert aus sich heraus, rücksichtslos,
keine Zeit hält damit, mit dieser Sonderbarkeit, Schritt.
Und wie sollte sie auch. In unserem Leben sind Jahrmillionen zusammengezogen der Erd- und Menschengeschichte,
was können mich sechzig Jahre lehren? Oder bloß zehn. Wie

3. gemeinsame Tafel – Separattafel.

könnten »Bewegungen« anders als flüchtig über uns schwimmen; ein wirklich umwälzendes Geschehen ist auf keine Weise möglich. Wir sind gut gesichert gegen Einbruchsdiebstahl und Verführung. Man will nicht, man kann auch nicht aus seiner Haut heraus.

Die Bindung der Bewegung an die Persönlichkeiten ist ganz und gar nicht zwingend. Und hier beginnt ein besonderes, sehr fesselndes Kapitel. Es ist das Kapitel, das Ruhmreiches erzählt, denn es behandelt die Trennung Nietzsches von Wagner, das traurig ist, wenn es erzählt, wie von den Bewegungen Menschen wie von Hefe aufgetrieben und dann fallen gelassen werden. Die Zeit ist danklos, treulos, erbarmungslos. Gegen die Zeit gibt es keine Rettung als unser angeborenes adern- und darmdurchflossenes Altenteil, anderthalb Meter hoch, sechzig, siebzig Kilogramm schwer. Ja die Entscheidung letzter Stunde liegt bei der Persönlichkeit. An dieser Stelle ist es Zeit, Fanfaren zu blasen. Es ist das Kapitel von der menschlichen Freiheit.

Es braucht keiner Furcht haben, es verliert sich niemand, auch nicht an eine Bewegung. Etwas Abwechslung ist immer erwünscht. Und viel mehr kommt bei dem Zauber hier doch nicht heraus.

Wenn eine Bewegung viel getan hat, hat sie archäologisch gewirkt: sie hat eine Verschüttung in uns beseitigt.

Die Bewegung macht ein Ritzchen: tut nicht weh, tut nicht weh. Homer bewegt dabei nicht den Kopf, und nur das liebe Kindchen schreit.

Die Zeit dringt verschieden tief in unsere Poren ein. Man glaube nur nicht, daß die blanke glatte Hingabe an die Zeit die Regel und das Gewöhnliche wäre. Die wenigsten Menschen erleben ihre Zeit, das muß hart festgestellt werden, die meisten Menschen sind geschäftlich tätig und haben keine Zeit für ihre Zeit. Woraus nun nicht folgt, daß sie das Haupt in die Sterne erheben. Vielmehr, aber man weiß schon, was ich sagen will: sie sind überhaupt nicht vorhanden in einem gewissen Sinne. Die Gegenwart senkt sich verschieden tief in die künstlerischen Individuen, dies ist kein einfacher Vorgang wie zwischen Zeus und Danae. Es gibt im Menschen recht viele, sehr unterschiedliche Strömungen; für literarische Zwecke kann man diesen Tatbestand nicht brauchen, jetzt haben wir keinen Grund ihn zu verheimlichen. Wie die Erde einen Kern von Nickeleisen hat, sechstausend Kilometer tief, drüber einen Mantel von Magnesium, Silicium fünfzehnhundert Kilometer tief, darüber eine ganz schmale Schicht Silicium, Aluminium, Basalt, Diabas, der Boden unserer Erde, dann wehend unsere Stickstoffatmosphäre, überragt von Wasserstoff in zweihundert Kilometer Höhe, so geschichtet und noch schlimmer verschoben und verschachtelt die erdgeborenen Individuen. Wir haben Fältelungen in uns, die auf die Eiszeit zurückgehen, andere, die mit Christi Geburt datieren; wir stammen durch Vater und Mutter von sehr weit her, die kreuz und quer ab, das sind Dutzende Quellen, aere perennius[4]. Aber in dies dunkle Triebwerk von Erinnerungen und Instinkten greift unsere Erziehung. Unsere Umwelt, unser Umgang gruppiert hier, macht es wie bei einer Gesellschaftsphotographie: läßt den im Dunkeln, setzt den in scharfes Licht, schiebt den vor, den daneben. Um unseren Reichtum zu zeigen, müssen Ereignisse herankommen. Die Bewegung als Reiz, Versuchung, Aufspaltung. Als Schlüssel zum Geldschrank.

Und da ist die Rolle der Bewegung für das Leben der Individuen schon klar; sie ist nicht mehr und nicht weniger wie sonst ein Ereignis von Belang. Über den Prozeß Stein-

4. überdauernd, stark.

heil[5] seligen Angedenkens können wir eine Umwälzung, eine Erdrevolution im Wasserglase so zu sagen erfahren, oder über dem Buch so und so von Tolstoi oder über dem Urteil in einem Prozeß, über einer Zeitungsnotiz, einer kindlichen Bemerkung, einer Reifbildung an einer Holzlatte.

Die Entscheidung letzter Stunde liegt bei der Persönlichkeit. Es gibt Menschen, die eine solche Spannung ihrer Vitalität durchstrafft, daß sie gänzlich unfähig sind, aufzumerken, ihrer Zeit bewußt zu werden, Einflüssen zu unterliegen. Produkte fließen aus ihnen kontinuierlich, aus ihnen schlägt es dauernd von Urteilen, Hinweisen, Anregungen, Förderungen. Sie sind eisern gepanzert, halb taub, halb blind. Ihre Kraftquellen kommen tief herauf. Sie sind umdüstert von den Gewalten ältester Zeiten, können nur wirken, sich ausstrahlen. Ihre persönliche Entwicklung ist wichtiger als alle Bewegung, welche dem gegenüber nur ein Hilfsmittel ist, etwa wie der Ersatz eines großen Staatsmannes durch ein Parlament. Sie berührt keine Bewegung, was sollte sie bei ihnen? Etwas aufdecken? Vulkane oder Sterne aufdecken? Sie können selbst Reihen von Bewegungen auslösen.

Die Bewegung ist mit einer Egge zu vergleichen, die den Boden aufreißt; das heißt, sie befruchtet nicht. Befruchten ist ein irreführendes Bild; die Persönlichkeit zentriert und orientiert sich an dem Geschehen. Die Bewegung revidiert, bietet mutig Ladenhüter aus. Daher die Rückwärtsentdeckkungen: Rampsenit der Zwölfte als Novität.
Sie wirkt wie das bekannte Salzkörnchen in der Mutterlauge, um das die Kristallisation, aber die der Mutterlauge, stattfindet.
Einseitigkeit, Monomanie der Bewegung. Die Gäule bekommen Scheuklappen, Selbstfahren verboten.
Eine Massenerscheinung, Erscheinung an Massen. Es gibt noch Aristokraten.

5. Näheres hierüber konnte nicht eruiert werden.

Ein Heilungsprozeß, der zu einer neuen Gesundheit führt.
Es gibt noch Gesunde.
Ein Wachstumsprozeß. Er geht Erwachsene nichts an.
Eine Epidemie. Unbeschadet daß manche schon aus den Masern heraus sind.

Unzeitliche aus Not: sie sind innerlich gefesselt, ihr Organismus erschöpft sich in Störungen, Reibungen. Sie kommen nicht zu sich, geschweige zu andern.

Reiz und Auslösung. Es werden manche in die falsche Zeit hineingeboren, erleben staunend Bewegungen mit, deren Reize an ihnen vorbeigleiten. Ein dumpfes suchendes quälendes Gefühl in ihnen: sie können nicht. Sind verbiestert. Die Raffaels ohne Arme, die Fehlgeburten. Mit der Demokratie allein ist es nicht getan; wie kommt der Tüchtigste, wenn das Malheur es nicht will, zu seiner höchsten Potenz? Wer geht politisch gegen das Malheur vor?

Ceterum: die ganze Menschenbetrachterei ist überflüssig. In der Kunst dreht es sich um das Opus. Der Künstler ist nur die Möglichkeit zum Opus, wir reden von den Fakten. Die Merkmale der Größe beim mazedonischen Alexander und Napoleon sind nicht schwer zu finden; das Ungeheure, das sie leisteten, springt hervor, man kann es negieren, man muß es erleiden, man hört: die und die Völker ausgerottet, umgepflanzt, Grenzen in dem und dem Maße verschoben, so und so viele hunderttausend Tote. Hier nun die Kunst, das Reich der Werte, jenseits des Zentimetermaßes, der Arithmetik, der Waagschale. Werte: das ist, was zwischen Menschen von Mensch zu Mensch geht. Das Opus ein Gewirr ethischer und ästhetischer Werte. Die Güte dieses Übertragungsapparates bemißt sich nach dem, was er überträgt, und wie er übertragen kann. Ein physikalisches Instrument, das psychische Spannungen beherbergt wie ein Kopf.

An sich ist ein Buch, Bild ein Raumfüllsel, – gänzlich ohne diese psychische Spannung. Nicht einmal ein Übertragungsapparat: nämlich dazu gehört einer, der sich etwas übertragen läßt. Das ist peinlich; Michelangelos Deckenmalerei ist Anstrich ohne den Herrn Müller und seine beiden Töchter, die sich die Sache besehen. Es ist peinlich, aber es hilft nichts. Michelangelo hat nicht an den Herrn Müller bei seiner Arbeit gedacht, aber von dem Augenblick an, wo er seinem Werke den Rücken kehrte, war es auf Herrn Müller angewiesen, als auf seinen nunmehrigen Pflegevater. Will dieser Herr nicht, so verkommt das Kind. Und so geschieht es bekanntlich: Dinge von ehemaliger Kostbarkeit verschwinden von der Bildfläche wie nichts, ohne Recht zu tragischer Grimasse zu haben. Was es ist, ob der Übertragungsapparat nicht funktioniert, ob die übertragenen Werte nichts taugen, beurteilt einzig Seine Majestät Herr Müller, es hängt von seinem Belieben ab.

Solche Zeitperiode ist ein weißer Elefant, pompös über und über behängt mit Dingen, die ihm Spaß machen, die es fressen und saufen kann, mit denen es sich und andere belustigt. Manchmal sitzt einer oben, mimt den Lenker. Die Bestie trabt gigantisch vorwärts, langt sich mit dem Rüssel heran, was sie mag, wirft ab, was ihr nicht paßt, schabt sich an Bäumen, Felsen wie eine Laus den Michelangelo ab. Man hat leicht, ironisch »Herr Müller« sagen! Es läßt sich großartig sagen: das Kunstwerk ist ein organisches Gewächs. Ist es leider nicht, dann brauchte es nicht nach dem genannten Herrn zu rufen, um auf seinen, nämlich dessen Beinen zu stehen. Ist eine totale Null, von Haus aus belangloser als ein Kretin, nicht mal soviel wert wie eine Leiche, ja dies, woran Flaubert bluttriefend sechs Jahre lang feilte.[6] Und in welcher Zeit wird ein Kind gezeugt von einem Betrunkenen und einer Betrunkenen? Das Opus

6. *Madame Bovary*, Roman von Gustave Flaubert, 1857 erschienen.

ist einfach von dem Range einer alten Hose, günstigsten-
falls einer neuen, und es können Debatten entstehen über
den Wertunterschied von Bratkartoffeln und einem Beet-
hovenquintett. Kein Wunder, wenn man das Großhirn ohne
nennenswerten Schaden aus dem Kopf entfernen kann, dagegen bei dem Versuch, nichts zu essen —

Man weiß, daß in der katholischen Kirche nur der geweihte
Priester die Vollmacht hat zu absolvieren, die Pforte zum
Himmel zu öffnen. In der Kunst hat Herr Müller diese
Vollmacht. Dies sind die Massen der Zeitgenossen, ein viel-
gestaltiges Gebilde. Sie sind tief gestaffelt wie ein römi-
sches Karree und eine spanische Armada. Zähflüssig sind
sie wie das Magma, auf dem unsere Erdrinde schwimmt.
Sie werden wie das Individuum von hundert sich fremden,
aneinander-, durcheinanderziehenden Strömungen durch-
wogt, — das ist das Leben der Massen. Hundert Instinkte
brauchen Sättigung, Strömung, jene Instinkte, die die Werte
spenden, von welchen alles abhängt, unsere Zeitgötter, die
verblichene Marlitt, der glatte ewige Raffael, Munch der
Gespenstige, Zend-Avesta[7], Räuberpistolen, Frömmigkeit,
Atheismus, Zoterei. Im Hause meines Vaters sind viele
Wohnungen. Noch einmal müssen Fanfaren geblasen werden zum Lobe dieser Massen und der menschlichen Freiheit.
Einmal nämlich fallen mir die Zähne aus, meine Haare
werden weiß werden, knickebeinig werde ich gehen, falls
ich nicht vorher ins Gras gebissen habe. Dann wird sich,
was ich produziere, vergeblich umsehen nach einer Bewegung, die schon längst guten Morgen gesagt hat und um
die Ecke geschwunden ist, nicht ohne einen angenehmen
Duft hinterlassen zu haben. Meine armen lumpengestampf-
ten Kinder werden ins Weinen geraten. Aus dem Kreise
des Herrn Müller wird einer an sie herantreten und wird
sie fragen, wie es ihnen geht. Sie werden zusammen dinie-

7. ›Heilige Schrift‹, Religionsbuch der Zoroastrier, noch heute bei den
Parsen Indiens im Gebrauch.

ren, Bratkartoffeln mit Schinkenstückchen; wenn noch Krieg ist, Kohlrabi mit Wuchertunke. Es wird anders sein als in früheren Zeiten, aber es wird auch sein.

FRIEDRICH MARKUS HUEBNER

Der Expressionismus in Deutschland

1. Allgemeines

Es ist üblich geworden, die neue Kunst des Expressionismus durch seinen Vorgänger und sein Gegenteil, den Impressionismus, gedanklich zu bestimmen und geschichtlich abzuleiten. Das Verfahren ist ein Spiel mit zwei Schlagworten; es erlaubt Parallelen und Vergleiche zu ziehen und gescheite Einfälle aus dem Zusammenstoß der vorgeblichen Gegensätze aufsprühen zu lassen, aber die Erkenntnis, die am Ende übrigbleibt, ist wie für den Impressionismus so für den Expressionismus nicht nur lückenhaft, sondern von Grund aus schief und fehlgreifend, denn die beiden Größen, die man gegeneinander abspiegelt, lassen sich zuletzt in eine eigentliche Vergleichsbeziehung nicht setzen: der Impressionismus ist eine Stillehre, der Expressionismus eine Norm des Erlebens, des Handelns, umfassend also der Weltanschauung. [...]

Der Expressionismus verhält sich gegenüber der Natur feindselig. Er aberkennt ihre Übermacht; er zweifelt an ihrer »Wahrheit«. Er stellt fest, daß auch die Wissenschaft nur ein Versuch der Ausdeutung ist, daß sie nicht unumstößliche Erkenntnisse, sondern äußerst einwandzugängliche Hypothesen liefert. Die Instrumente, die sich der Mensch erfindet, und mit denen er das Leben zu greifen, die Wahrheit zu sieben hofft, sind ebenso viele Werkzeuge, mit denen er sich hinter das Licht führt. Die Natur ist nicht ein

objektiv Unveränderliches und nichts Größeres als der
Mensch. Sie bietet sich dar für jede Art von Vorstellung;
sie ist das Nichts und wird erst zu Form und Gestalt durch
den Menschen, der sie mit Sinn beseelt. Sie ist der unendlich biegsame und knetbare Urstoff, in welchem alle Möglichkeiten schlummern.

Der Expressionismus glaubt an das All-mögliche. Er ist die
Weltanschauung der Utopie. Er setzt den Menschen wieder
in die Mitte der Schöpfung, damit er nach seinem Wunsch
und Willen die Leere mit Linie, Farbe, Geräusch, mit
Pflanze, Tier, Gott, mit dem Raume, mit der Zeit und mit
dem eigenen Ich bevölkere. Der Mensch beginnt wieder, wo
er vor Jahrmillionen begann. Er darf so frei und so unbe-
fangen sein, wie das Kind, welches eben geboren wird und
das sich sein Glück, zu leben, nicht trüben läßt durch Fragen nach den Bedingungen seiner Vererbung und seines irdischen Hierseins. Das Problem der individuellen Freiheit,
dieses Kernproblem des Denkens und des Wollens, sucht er
nicht zu durchgrübeln, nicht zu beantworten, nicht zu syste-
matisieren, sondern er sucht es kurzweg aufzuheben durch
ein schöpferisches Handeln.

Diese Lebensgesinnung ist, wie gesagt, nicht ein Ergebnis
des Krieges, sondern sie war bereits 1914 mit aller Umriß-
deutlichkeit vorhanden. Sie wuchs aus dem Pessimismus eines Schopenhauer, dessen transzendente Einsicht: »Die Welt
ist unsere Vorstellung« sie übernahm, ohne sich freilich an
die asiatisch-buddhistische Schlußfolgerung: »Der Wille
zum Leben ist bös und muß überwunden werden«, zu halten; vielmehr vermählte sie sich an diesem Punkte mit dem
tragischen Optimismus Nietzsches, der dem Leben, gerade
weil es unablässig die Buntheit der Illusionen schafft, ein
hymnisches Lied singt. War unter dem Einflusse Nietzsches
diese Lebensgesinnung eine Weile in Gefahr, sich völlig
diesseitig einzukleiden und die Sendung des schöpferischen,
des starken Individuums brutal-imperialistisch auszulegen,
so ward ihr durch Rußland, durch Erscheinungen wie Dosto-

jewski und Tolstoi jene dritte Kraft zugetragen, die ihr noch fehlte: die mystische des intellekt-befreiten Glaubens.

2. Die Entwicklung bis zum Kriege

Wenn man sich gewöhnt hat, das Wort »Expressionismus« fast ausschließlich als einen Stilbegriff der Kunst und nicht als einen allgemeinen Lebensbegriff anzuwenden, so kommt das daher, daß in der Kunst das neue Wollen seine ersten sichtbaren Zeichen gab und daß es gegenüber diesen so neuartigen Werken vornehmlich der Malerei nötig wurde, ein Kennwort zu prägen. Seitdem die Malerei den Anfang machte, sind die Schriftsteller mit expressionistischen Gedichten, Romanen, Dramen, sind die Musiker mit expressionistischen Opern, die Denker mit expressionistischen Philosophien, die Politiker mit expressionistischen Staatsreformvorschlägen hervorgetreten. In allen diesen Werken handelt es sich nicht um Willkür und Modespielerei, sondern so gezwungen und gesetzhaft wie selten vereinigen sich hier die Anstrengungen aller Geister in einer einzigen Richtung und diese Richtung ist die einer neuen Sittlichkeit.

Stilversuche und nichts als solche liegen vor in den Erscheinungen des Kubismus und des Futurismus. In ihnen sucht die Malerei das analytisch arbeitende Verfahren des Impressionismus zu verdrängen durch ein synthetisches. Der Raum beim Kubismus, die Bewegung beim Futurismus wird nicht mehr nach der Erscheinung sondern nach dem Wesen begriffen; an die Stelle des mit Farbenvaleurs arbeitenden Sensualismus tritt die Abstraktion. Das sittliche Element, das sich immerhin auch im Kubismus und im Futurismus vorfindet, verbirgt sich hinter einem rein formalen Problem. Es betrifft die Stellung des Beschauers zum Bilde, eine Stellung, die bei der impressionistischen Malerei sich im gegenüberliegenden Abstand zum Bilde befunden hatte; Bild und Beschauer formten eine Zweiheit; das eine hatte den anderen nötig; der entscheidende Eindruck kam als Augenblicksbegegnung zustande. Im Kubismus und im Futurismus wird der Beschauer optisch – noch nicht seelisch und sittlich – in die Tiefe des Bildes vom Maler mit hineingezogen; das Bild und der Aufnehmende formen eine Einheit; der Aufnehmende ist unmittelbar am Entstehungsprozesse des Werks beteiligt. Damit kündigt sich, wie gesagt erst formal, die Linie an, in der sich die Entwicklung fortbewegt, jene Entwicklung, die allmählich den Menschen wieder in die Mitte setzt von allem: von Werk, von Welt, von Denken, von Handeln.

Die ersten deutschen Zeugnisse der neuen Kunst entstanden in Dresden, wo zu Beginn des 20. Jahrhunderts sich junge Maler in der Vereinigung »Die Brücke« zusammengefunden hatten. Kurz darauf flackerte das Feuer in München auf, und schon hier wird das nahe Verhältnis des Expressionismus zu Rußland anschaulich. In München wirkten die Russen Kandinski, Bechtejeff und Frau Werefkin, die Polen Jawlenski und Stückgold; zu ihrem unmittelbaren Freundschaftskreise gehörte Franz Mark. Kandinski fand in Reinhard Piper den verständnisvollen Verleger für seine theoretischen Schriften: »Das Geistige in der Kunst« und den »Blauen Reiter«; in diesen Schriften formulierte er hellseherisch die ganze grundsätzliche Umwälzung, erklärte er den Feldzug gegen die »wirkliche Natur«. Was seiner Schreibart an verstandesmäßiger Umrissenheit abging, das war ersetzt durch das Glühende und Reine der Überzeugung. Viel verspottet, wirkten Kandinskis Anschauungen doch mit ungeahnter Schnelligkeit in die Breite. Die einzige ernsthafte Künstlergruppe in München, die »Sezession«, ein Gebilde aus der Zeit des anstürmenden Impressionismus, teilte sich in zwei gegnerische Lager; es entstand die »Neue Sezession«, die ihre gesonderten Ausstellungen veranstaltete und wo die expressionistische Malweise sich immer ausschließlicher zur Führerin machte.

Inzwischen war es auch in der Dichtkunst lebendig gewor-

den. Auch hier sind die slavischen Einflüsse sofort spürbar.
Hatte sich zwar zuerst eine Gruppe in Berlin, geführt von
dem Lyriker Georg Heym und vertreten von den Wochen-
blättern »Der Sturm« und »Die Aktion« in den Dienst des
neuen Ausdrucks gestellt, so empfing dieser, durch Berlin
allzu verstandesmäßig begriffen, seine höhere Weihe erst
durch das Auftreten gewisser Dichter aus Böhmen, die, wie
Franz Werfel und Max Brod, aus der sprachlichen Schule
des großen deutschen Prager Lyrikers Rainer Maria Rilke
hervorgegangen, den poetischen Expressionismus unmittelbar auch mit sittlichen Gefühlselementen anfüllten. Werfel
verkündete von Anfang an die für den Expressionismus
kennzeichnende Haltung der christlich gefärbten Nächsten-
liebe zu allem was lebt und webt und die Freiheit des
Menschen gegenüber den Objekten durch die Gnade des
schöpferischen Aktes.

Im Roman hatte den Expressionismus technisch aufs voll-
kommenste Heinrich Mann vorweggenommen, der nach
impressionistischen Anfängen mit dem Buche »Die Göttin-
nen« das Musterbeispiel einer nicht naturalistischen, sondern geistig geborenen epischen Form schuf; seine Ethik
hält freilich noch im vorhergehenden Zeitalter; auch wo er
Gesellschaftskritiker ist wie in seinen letzten Büchern, zeigt
er nicht jene Lösungen der Liebe und des Erbarmens, die
z. B. aus dem Ethiker Dostojewski schon einen echten Expressionisten machen.

Das Drama hatte sich der naturalistischen Wissenschaftlich-
keit des 19. Jahrhunderts am innigsten ergeben; Ibsen war
der anerkannte Meister und den Gerhart Hauptmann,
Arno Holz, Hermann Sudermann schien vieles geglückt,
wenn sie mit möglichster Genauigkeit auf der Bühne einen
psychologischen Fall zergliedert, irgendein soziales Milieu
naturgetreu dargestellt hatten. Von 1910 ab erschien auf
dem Spielplane der deutschen Bühnen mehr und mehr Ibsens Gegenfüßler August Strindberg, für den nicht nur eine
andere Gebärden- und Sprechkunst als bei Ibsen und Björn-

son, sondern auch eine veränderte, aus der Phantasie sich nährende malerische Szenendekoration nötig wurde. Zugleich mit Strindberg kam der Deutsche Frank Wedekind zu Worte, dessen Dramen »Lulu«, »Erdgeist«, »Büchse der Pandora«, noch in der Zeitspanne des Naturalismus geschrieben, jetzt bei dem veränderten Publikumsgeschmacke außerordentliche Erfolge erzielten und zum Vorbilde für eine ganze Schar schreibender Dramatiker wurden. Just vor Kriegsanfang wurde in München die Aufrichtung der ersten, rein expressionistischen Bühne ins Auge gefaßt.

In der Philosophie bereitete für die neue Denkweise Georg Simmel[1] den Boden vor, der zwar kein selbständiges System schuf, vielmehr zu jeder Art Sitten- und Erkenntnislehre der Vergangenheit sich gleichmäßig skeptisch verhielt, der aber mit seiner Herausarbeitung der Begriffe »Form«, »Ich«, »Leben«, sich unendlich instinktreich erwies und der, sei es als Vortragender auf dem Katheder, sei es als Schreibender in seinen Büchern, die Materie des Denkens wieder aufs heftigste verlebendigte; er ließ die philosophische Materie sich gewissermaßen selber verkünden; er verschwand mit seiner Person hinter dem Prozesse der schaffenden Intuition; auch er setzte, zwar nicht ethisch, aber doch dynamisch den Menschen wieder in die Mitte seiner Gehirnfunktionen.

Realpolitisch suchte die neue Gesinnung sich in gewissen Protesten gegen den landesüblichen Schulunterricht durchzusetzen; freie Schulgemeinden und Landerziehungsheime gewannen, von den Kultusministerien mißgünstig genug betrachtet, mehr und mehr Zulauf. Wenn in den staatlichen Mittel- und Hochschulen der junge Mensch zum Untertan des Wissens gedrillt wurde, so predigten diese Neupädagogen gerade die Bedingtheit des Lehrstoffes und die Unbedingtheit der jungen Menschenseele. Statt des Lernens forderten sie das Erleben; der Mensch sollte nicht Kennt-

1. Georg Simmel (1858–1918), Philosoph und Soziologe, Vertreter einer pragmatischen Wahrheitstheorie.

nisse, nicht Fähigkeiten, sondern sollte sich, seine verborgene und unsterbliche Seele entwickeln.

Im allgemeinen Gedankenleben der Nation ging diese Entwicklung gepaart mit einem Neuerwachen des Interesses für die religiösen Probleme und für das religiöse Erlebnis in seiner Ursprungsgestalt, für die Mystik. Die östlichen Mystiker Chinas und Indiens wurden namentlich durch die Fürsorge des Verlags Eugen Diederichs, Jena, um billiges Geld zugänglich gemacht; die europäischen Mystiker des Mittelalters: Ekkehard, Angelus Silesius, Suso erschienen in Auswahl- und Gesamtausgaben; die Naturmystik des finnischen Kalewala-Lieds, die namentlich von Martin Buber in Obhut genommene jüdische Mystik, die großartige Weltversunkenheit des noch lebenden Alfred Mombert[2], dies alles zog bildend und bereichernd in die geistige Beschäftigung des Volkes ein.

3. Die Jahre 1914 bis 1918

Die Jahre 1914 bis 1918 bedeuteten für den Expressionismus ein verborgenes Sammeln der Kräfte. Zeitschriften wie die »Aktion« verneinten den Krieg und die Politik dieser Jahre vollständig; wo die neue Kunst sich der vom Kriege aufgeworfenen Menschheitsprobleme bemächtigen wollte, griff die Zensur ein und erzwang auf diese Weise Schweigen; nur dem und jenem Schriftsteller, z. B. Leonhard Frank, gelang es, sein Manuskript ins neutrale Ausland, in diesem Falle nach der Schweiz zu bringen,[3] wo die »Weißen Blätter« (Zürich) unter René Schickeles Leitung eine Gaststätte aller Verfolgten waren und wo der Verlag Rascher & Co. die Reihe seiner »Europäischen Bücher« herausbrachte.

2. Alfred Mombert (1872–1942), frühexpressionistischer Lyriker und Dramatiker.
3. Die Erzählung *Die Ursache* erschien 1915, die Novellensammlung *Der Mensch ist gut* 1918.

Es gibt kein expressionistisches Werk, das während dieser
vier Jahre an die Öffentlichkeit gebracht wäre und das
sich zum Kriege bekannt hätte: so gegensätzlich ist in ihrem tiefsten Wesen die national-individualistische Ideologie des 19. Jahrhunderts und die humanitär-sozialistische
der neuen Zeit. Formal bestanden keine Unstimmigkeiten –
die Werke, welche allenthalben nach 1918 herauskamen
und Kriegsvorgänge, sei es als Schilderung, sei es als Re-
flexion behandelten, sie zeigen, daß gerade der Krieg ein
außerordentlich ergiebiges Thema für den Expressionismus
ist, denn welches Massenerlebnis führt so nahe an den Tod
und an das Leben heran wie er? Der Expressionismus wächst
und nährt sich aus der Chaotisierung der menschlichen Beziehungen; die ungeheure Auflockerung, welche der Krieg
auch in den alltäglichen Seelen erzeugte, schuf alle organischen Vorbedingungen für das Entstehen der neuen Kunst;
diese Kunst aber stellte sich ja gerade schützend vor den
Menschen, der, im 19. Jahrhundert von der Natur erdrückt,
aufgehört hatte, dem Dämon in sich zu lauschen; sie will
die Erhaltung des Lebens und der Freiheit und des Rechts;
sie ist notwendig international, dieses jedoch nicht im Sinne
einer künstlerischen durch die Länder ziehenden Mode, derart, daß in einem bestimmten Augenblicke die Malerateliers
von Paris, Rom, Berlin und Stockholm alle den gleichen
Stilüberzeugungen huldigen und daß allenthalben der Markt
für die gleichen Werke die höchsten Verkaufspreise erzielt;
vielmehr packt der Expressionismus den europäischen Menschen tiefer und entscheidender; er führt die Geister unendlich brüderlich zusammen und macht aus Europa zum ersten Male eine einzige, fast religiös wie im Mittelalter geschlossene Gefühlszone.

Die Verbindungen des deutschen Expressionismus mit dem
Auslande begannen eben vor dem Kriegsausbruche sich fest
und handgreiflich auszubauen. Hierbei half freilich keines
jener bestallten Institute, die aus der Pflege internationaler
Geistesbeziehungen bisher ihre Aufgabe gemacht hatten,

keine Universität, kein Museumsvorstand, keine Theaterdirektion, sondern diese nahen und freundschaftlichen Beziehungen verzweigten sich fast so geheim wie in vergangenen Zeiten die Anhängerausbreitung einer Glaubenssekte. Die Fäden zu Rußland wurden bereits erwähnt; zu Italien liefen sie durch die Hände von deutschen Schriftstellern, die wie Jacques Hegner und Theodor Däubler zu Florenz ansässig waren; mit Frankreich war man durch René Schickele, den Elsässer, verbunden und durch die große Anzahl deutscher Maler, die nach Paris gingen, um dort mit Matisse, Picasso, Léger, Dérain Freundschaften zu schließen. So traf man denn in den deutschen expressionistischen Zeitschriften ebenso viele Ausländer wie Deutsche, in den deutschen Kunsthandlungen sogar beinahe mehr Fremde (van Gogh, Gauguin, Cézanne, Boccioni, Munch) denn Einheimische.

Während des Krieges sind diese Fäden fast überall zerrissen. Notdürftig unterhielten ein paar Deutsche in der Schweiz, in Belgien, in Holland die Berührung mit den Schaffenden des Auslandes, da aber diese, aus den gleichen Gründen wie die Deutschen, ihrer Arbeit entweder durch den Krieg entzogen waren oder dieselbe infolge der Zensuraufsicht dem Publikum nicht zeigen konnten, so war die beibehaltene Verbindung wie ein leerer, ausgetrockneter Wasserlauf; kein Element strömte mehr befruchtend herüber und hinüber.

Der Abschluß des Krieges brachte in Deutschland einen fast tumultarischen Ausbruch der zu lange zwanghaft zurückgehaltenen Kräfte. Es tauchten nicht eigentlich neue Persönlichkeiten auf, denn alle, die seit 1910 in der gleichen Richtung arbeiteten, kannten einander und wußten von ihrem Tun. Aber dem Publikum schien es plötzlich wie Schuppen von den Augen zu fallen; auch das Publikum prägte seinem Gedächtnisse nun die seit langem bedeutsamen Namen ein; das Publikum schien von einem plötzlichen Heißhunger befallen nach gerade dieser neuen Kunst.

Praktisch drückte sich das aus in den hohen Preisen, die für Gemälde von Kokoschka, Kirchner, Heckel trotz der militärischen Niederlage bezahlt wurden, in den mehrfachen Buchauflagen, welche sogar Lyriker wie Johannes R. Becher und Theodor Däubler erzielten, ganz zu schweigen der Bücher von den Romanschriftstellern Heinrich Mann und Kasimir Edschmid, in dem Zulauf, der an den Theatern von München, Frankfurt, Berlin herrschte, wenn Stücke von Walter Hasenclever, von Carl Sternheim, von Georg Kaiser, von Paul Kornfeld gespielt wurden, und schließlich in den Straßenplakaten, mit denen die staatlichen Machthaber, sei es für die Wahlen zur Nationalversammlung, sei es gegen den russischen Bolschewismus in den deutschen Städten zur Revolutionszeit arbeiteten: bis zu dieser Plakatkunst herab triumphierte das neue Formgefühl. Jetzt begriff das Publikum plötzlich ganz unmittelbar philosophische Schriften wie Vaihingers »Philosophie des Als-Ob«, wie Ernst Blochs »Geist der Utopie«, wie Oswald Spenglers »Der Untergang des Abendlandes« und die Ereignisse, die auf den einzelnen Menschen einstürzten und ihm zuschrien: Entscheide dich! ließ viele zu den Schriften der philosophischen Mystiker wie zu der zeitgemäßesten Literatur greifen. Das Gefühl wurde deutlicher, daß nicht nur eine Kultur, nicht nur eine Weltanschauung in Gefahr waren – denn inmitten der Schrecken des vierjährigen Weltkrieges waren alle diese Werte in ihrer trostlosen Abhängigkeit und Bedingtheit erkannt worden – sondern in Gefahr war vor allem, so fühlte man, das Ich selber, nämlich das enge, zaghafte, an die Natur angeklammerte Intellektualich des Menschen von gestern.

Was verlangte die Zeit? Sie verlangte den Tod des gewesenen, abgenützten, an sein Ende gelangten Menschenichs; hierüber entsetzten sich die Menschen. Sie sollten hergeben, was ihr Alles war, was ihnen als die einzige feste Gewißheit gegolten hatte. Ein Taumel der Verzweiflung setzte ein. Schreckliche Egoismen türmten sich auf, Wehrlose zerdrückend, über dem Abgrunde in grotesken Nerventänzen wackelnd. In dieser Zeit leuchtete die expressionistische Kunst vor fiebernden Augen als die einzige Bürgschaft dafür, daß der Tod nur das Pfand war, welches das Leben verlangte, um von ganz vorn anfangen zu können, nämlich eben beim Ich des Menschen, bei einer neuen Unschuld, einer neuen Bewußtlosigkeit.

Erneut wurde der Zusammenhang, fühlbar, der um den ganzen europäischen Erdteil lag und den der Krieg unbemerkt so fest geschmiedet hatte, daß es für die Bewohner Europas künftighin kein getrenntes, nur ein gemeinsames menschliches Schicksal gibt. Die Figur der neuen Welt, die aus der Asche auftauchen muß, ist nicht eine slavische, nicht eine deutsche, nicht eine lateinische, sondern der gesamte Erdteil fängt jetzt an, aus Blutnebeln das Ich desjenigen Menschen zu gebären, der in den nächsten Jahrtausenden wachsen, sich entfalten, Kultur erzeugen, genießen, leiden und wieder untergehen soll. Er bereitet sich nicht jenes technische Zeitalter vor, welches das von seinen Erfindungen berauschte 19. Jahrhundert prophezeit hatte und welches doch nur der Abschluß einer absteigenden Lebenskurve war, sondern das geistige Zeitalter, wo der Mensch aus der Erde und aus seinen Werken einen Garten der Frömmigkeit machen wird.

4. Urkunden der neuen Kunst

Damit die Bildungsfreunde in den verschiedenen Ländern denjenigen Zusammenhang wieder aufnehmen und pflegen können, der gerade vor dem Kriege sich zu verdichten begann, ist es notwendig, daß sie gegenseitig von den praktischen Verständigungsmitteln wissen, welche der Gedanke braucht, um zu den Menschen zu gelangen und auf sie Einfluß auszuüben. Und auch das nur aufnehmende Publikum hat das größte Interesse daran zu erfahren, wo es die Bü-

cher, Zeitschriften, graphischen Drucke der neuen Kunst suchen muß, um sie erwerben zu können.

Das wichtigste Material zum Werden des neuen Weltge-
fühls bieten noch immer die etwa 1910 gegründeten zwei
Berliner Zeitschriften »Der Sturm« (Herausgeber Herwarth
Walden) und »Die Aktion« (Herausgeber Franz Pfemfert).
In diesen zwei Zeitschriften ist ein jeder einmal Mitarbeiter
gewesen, der heute in der neuen Kunst sich schaffend her-
vortut. Der »Sturm« neigt hauptsächlich dem Kubismus und
Futurismus zu; er führte in Original-Holz- und Linoleum-
drucken dem deutschen Publikum Werke der italienischen
und französischen fortschrittlichen Maler vors Auge. In den
ständigen Ausstellungs- und Verkaufsräumen des »Sturm«
(Berlin, Potsdamer Straße) findet man die meist kenn-
zeichnenden Originalwerke von Boccioni, Severini, Archipenko, Chagall und der Deutschen Klee, Grosz, Feininger.
Die »Aktion« betrachtet ihre Sendung als eine weit politi-
schere; vor dem Kriege radikal sozialistisch orientiert, entwickelte sie sich während der Revolution vollkommen zum
kommunistischen Ideal und gab in dankenswerter Weise
die Manifeste der russischen Sowjets, die Kampfschriften
der Lenin, Trotzki, Lunatscharski heraus.

Das Gefühl, daß es sich beim Expressionismus um mehr
als um eine bloße Stilveränderung der Malerei handle,
kam programmatisch zum ersten Male in der Zeitschrift
»Die neue Kunst« (Herausgeber Fr. X. Bachmair, München) zum Ausdrucke; doch vermochte sich dieses Organ,
an dem Johannes R. Becher der Hauptmitarbeiter war, nicht
zu halten; es stellte nach Jahresfrist sein Erscheinen ein.
Die »Weißen Blätter«, von Franz Blei begründet, haben
erst unter René Schickele aus neukatholisierendem Gelieb-
äugel sich zu einer radikaleren Haltung durchgeschlagen;
das Organ bevorzugt politische Aufsätze über Zeitfragen.
In verwandtem Geiste arbeitet »Das Forum« von Wilhelm
Herzog. Der rein sachlichen Vermittlung der neuen Kunst
dient das mit viel Umsicht von Paul Westheim geleitete

»Kunstblatt« (Verlag Kiepenhauer, Potsdam); es ist ebensowenig ein Kampforgan wie ein schwerfällig wissenschaftliches Archiv; es ist durchweht von einer feinen, duldsamen Genießerempfindlichkeit und hat dem Verständnisse für die neue Malerei vorzüglich durch gute Reproduktionsblätter nachgeholfen. Es wurde vor dem Kriege gegründet. Ein ähnliches Unternehmen sind die »Neuen Blätter für Kunst und Graphik«, welche Hugo Zehder in Dresden während des Krieges herauszugeben begonnen hat, derselbe, welcher auch die geistig ungestüme Monatsschrift »Die neue Schaubühne« ins Leben rief. In den Dienst vorwiegend Münchener Expressionisten stellen sich die »Münchener Blätter für Kunst und Graphik«. Wichtig für Fremde ist schließlich das »Literarische Echo«, eine seit 22 Jahren bestehende Halbmonatsschrift, die, auf keine einzige Richtung besonders festgelegt, archivalisch alles bucht, was an Einzelaufsätzen, Büchern und Zeitschriften auf jedwedem Wissensgebiete erscheint; in den Jahresregistern findet der Suchende unter dem Schlagworte »Expressionismus« nahezu alle Fingerzeige, deren er bedarf.

Nach dem Waffenstillstande und in der Revolutionszeit nahm mit dem geistigen Durchbruche des Expressionismus auch das deutsche Bücherverlagswesen einen allgemeinen Ruck nach links: fast in jeder größeren deutschen Stadt fand sich beides, Begeisterung und Geld, um die Herausgabe neuer Zeitschriften und Bücher zu wagen. So kam in Breslau die von Rilla geleitete »Erde« heraus, in Hannover »Das hohe Ufer«, in Darmstadt »Das Tribunal«, in Zürich »Der Zeltweg«, in Düsseldorf »Das Feuer«, in München der »Ararat« und als Organ des Reichsbunds geistiger Arbeiter, »Der Wagenlenker«. Neben die bewährten Verlage von Kurt Wolff, Die Insel, Erich Reiß, Paul Cassirer, Ernst Rowohlt, Albert Mund stellten sich neue und schüttelten die expressionistischen Bekenntnisse in ganzen Serien auf den Markt.

Kritisch wurde der Erscheinung des Expressionismus nachgegangen in den wertvollen Jahrbüchern: »Das Ziel«, dessen Herausgabe Kurt Hiller, in den Einzelheften der »Tribüne der Kunst und Zeit«, deren Herausgabe Kasimir Edschmid und in dem Jahrbuche »Die Erhebung« (S. Fischer Verlag), deren Herausgabe Alfred Wolfenstein in Händen hat. Es darf behauptet werden, daß der heutige Stand der Bewegung in diesen drei dokumentarischen Veröffentlichungen erschöpfend verzeichnet steht.

Es war bereits erwähnt, daß auch die Theater den Anschluß an die neue Bewegung suchten; gab es anfänglich noch keine Originaldramen der neuen Richtung, so kam der Geist des Expressionismus doch an gewissen antiken Stücken zur Veranschaulichung, die von jungen Dichtern (die »Troerinnen«, z. B. von Werfel, »Antigone«, z. B. von Hasenclever) neu verdeutscht worden waren. Am ersten und entschlossensten betraten den neuen Weg die »Münchener Kammerspiele«; im »Frankfurter Stadttheater« fand der neue Geist ebenfalls frühzeitig eine verständnisvolle Pflege; in Berlin experimentierten eine ganze Menge Theater mit mehr oder minder Glück. Um das Zuschauerpublikum über die so plötzlich hereinbrechende Wandlung zu unterrichten, ward es mehr und mehr zur Gewohnheit, daß die führenden Theater eigene Zeitschriften herausgaben; die inhaltreichste dieser Zeitschriften veröffentlichen die Max Reinhardt-Bühnen in Berlin unter dem Titel »Das junge Deutschland«, worin sowohl dichterische wie schauspielerische, philosophische wie politische Gegenstände behandelt werden.

Die Tagespresse steht dem Expressionismus verhältnismäßig mit gutem Willen gegenüber; gegen ihn anzukämpfen und Versuche, ihn lächerlich zu machen, sind nur noch in der Provinz an der Mode.

Die Tagespresse vervollständigt damit das Bild, welches man sich vom Stande der expressionistischen Bewegung im heutigen Deutschland machen muß. Sie ist allenthalben der Name für das Keimende und das Neue; sie bildet die Wasserscheide zwischen der Vergangenheit und der Zukunft; sie schiebt sich durch das öffentliche Geistesleben als jene mittlere Ebene von Wollen und Empfindung, die der Ausdehnung nach vielleicht in keinem anderen Lande sich derart breit und überzeugend hinstreckt.

THEODOR DÄUBLER

Expressionismus

Der Volksmund sagt: Wenn einer gehängt wird, so erlebt er im letzten Augenblick sein ganzes Leben nochmals. Das kann nur Expressionismus sein!

Schnelligkeit, Simultanität, höchste Anspannung um die Ineinandergehörigkeiten des Geschauten sind Vorbedingungen für den Stil. Er selbst ist Ausdruck der Idee.

Eine Vision will sich in letzter Knappheit im Bezirk verstiegener Vereinfachung kundgeben: das ist Expressionismus in jedem Stil.

Farbe ohne Bezeichnung, Zeichnung und kein Erklären, im Rhythmus festgesetztes Hauptwort ohne Attribut: wir erobern unsern Expressionismus!

Alles Erlebte gipfelt in einem Geistigen. Jedes Geschehn wird sein Typisches. Da die Notwendigkeit, sich zusammenfassend zu äußern, in vielen Köpfen entscheidend einsetzt, vehement hervorzuckt, bekommen wir einen Stil. Er wird allgemein verbindend sein und die Äußerung des Persönlichsten fördern und erleichtern. Unsre Not, so und nicht anders zu tun, ist keineswegs im Sinn einer fatalistischen Notwendigkeit gedacht, sondern im Geiste von: Eines tut not! Folglich Freiheitsbewußtsein. Künstlerisches Behaupten. Die Dinge, die wir schöpfen, sollen ichbegabt sein: nicht für unsern Standpunkt perspektivisch entfaltet, sondern aus sich selbst hervorkristallisiert. Der Mittelpunkt der

Welt ist in jedem Ich; sogar im ichberechtigten Werk. Der
Rahmen des Gemäldes wird die Grenze seiner Begreifbar-
keit; das Bild zieht uns weder zu sich, noch weist es uns
einen Platz zum Betrachten an: es wälzt sich aus sich selbst
in seine Ertastbarkeiten. Wenn wir beim Schöpfen sind, so
geben wir dem Ding seinen geistigen Schwerpunkt, der zugleich der Mittelpunkt seiner Sachgemäßheit sein muß.
Damit hats einen Kern. Von dem strömt nun unsre eigne
Leidenschaft aus. Wir staunen, daß wir sie so zusammen-
fassen und dadurch steigern konnten.

Der Kubismus ist perspektivisch als Höhenansicht gedacht,
ähnlich wie das Curt Glaser bei den Chinesen aufdeckt.
Dort entrollen sich die Dinge unter uns wie aus einer Art
Vogelschau. Ein Auge im Aeroplan blickte gewissermaßen
in den Kubismus. Nun gings noch weiter: die Dinge zeigten
von selbst ihre innern Geometrien. Sie strahlten aus eigner
Seeleninhaberschaft. Folglich abermals mystische Perspek-
tive, Auftakt zu einer Hierarchie, Rückfluß in den Ich-
kristall. [...]

Zuerst war die Güte: wir schleierten, kaum roterknospt,
veilchenzart und blausicher in morgenrosa Verliebtheit zueinander. Wir vergewissern uns auch jetzt noch unsrer innern Grünbündeleien. Farbe ist vollkommenes Wohlgesinnt-
sein: wir bringen ebenso wie die Blumen der Welt ihre
Buntheit. Unsre Seelenfalter blühn, sternen empor in ihr
blaues Freiheitsein. Rasche Goldströme verwolken sich in
Werken. Wir beschenken Mensch und Wald mit roter
Schönheit. Wir wissen von weißer Einfalt. Ausfälle aus
Heftiggelb langen in blaue Unabwendbarkeiten. Ihre Farbe
wird schöpferisch. Auf sich allein gestellt, beblaun sie sich
hoffnungsbunt. Sie glauben an lila Quallen, an schwarze
Flugzüge durch Klarblau. Grüne Andacht staunt, wie sich
die Seele holdrot in sich selbst emporraketet. [...]

Wir alle sind Menschen geworden, um geistig geschaute Ku-
ben emporzurecken zu den Gestirnen. Wir verleiblichen unser Sternbild. Sternbilder in Stein sind Wesen voll von Haß

oder Gruppen aus Liebe. Aus Schönheit. Wir haben Scham
über uns gezogen, damit unsre Nacktheit geometrisch er-
strahlen, sich in Marmor hineinkristallisieren kann. Bei Ar-
chipenko werden Seelen Steinwürfe gegen die Planeten,
Steinausbrüche zum Sternbild des Herkules. Der Mensch ein
Gehäuse für Geistigkeit. Sein dauerndes Leid dazusein: ein
Nest, aus dem das Sternenkind die Ewigkeit erfliegen wird!
Das sagt Archipenko. So ist der Expressionismus!

Simultanität

Sollte nicht Kunst gerade jetzt eine Sendung zur beruhi-
genden Überlieferung übernehmen können! Einer schnell-
dahinlebenden Zeit eine letzte Kunst: letzte im Sinne von
Ewigkeitswittern.
Diesen Standpunkt vertrete ich eigentlich vollauf: aber ich
bin trotzdem beunruhigt, weil uns der Simultanismus erfaßt hat. Allerdings versagt er in der Baukunst noch vollständig. So wenden wir uns zur Bildhauerei und Malerei,
seinem ungefährlicheren Kampfgebiet. Folgendes schicke ich
voraus: Simultanität[1] ist unser gefährlicher Reichtum, der
Charakter ist Expressionismus!
Man kann zugleich erhoben sein und schimpfen, loben und
beinahe die Hoffnungslosigkeit als das Beste ansehen. Die
simultanistische Überfülle von Gelerntem, nur flüchtig An-
eigenbarem, führt zu Abstraktionen, nervischen Erkennt-
lichkeitszeichen mehr als zu erschöpfendem Wissen, Einge-
weihtsein. Wir tragen ganze Namenregister herum, auch
lieber auf den Tastorganen, als im Großhirn: hinter jedem
Namen eine Wichtigkeit, oft ganz winzig, aber doch steno-

1. Gleichzeitigkeit, als Simultanität der Bewußtseinsinhalte Verbindung
(Montage) von zeitlich und räumlich auseinanderliegenden Geschehnis-
sen durch Assoziation, Präfiguration, Ein- und Überblendung zu einer
Einheit.

grammatisch in uns eingesetzt, versponnen. Ein Impressionismus im Geistigen? Kenntnisse sind nicht mehr Pfeiler unsrer Kultur: wir spielen damit, setzen sie nach dem Schönheitsgefühl willkürlich, aber eigenrhythmisch ein: wir barockisieren. Die Wirkung nach außen ist so gering; bauen wir unsre Innenräume aus; Treppenhallen brauchen wir: die neuen Erlebnisse sollen bequem in unsre Empfangsräume emporsteigen können. Wir erwarten sie in der Bibliothek. Der erste Barockbau war Michelangelos Laurentiana. Barock: wir waren überall. Wo der Schnellzug uns nicht hingelangen ließ, kerbten wir uns doch ein: die besten Wiedergaben stehen zur Verfügung.

Barock: Petersplatz Palmira, Borromini Petra, Bernini Timgad, Fontana Trevi Baalbeck, Sant Andrea delle Fratte Heliopolis. Die Jahrhunderte dazwischen sind versunken: wie sollten sie auch nicht verschwinden, wir haben doch den Raum überwunden. »Mon âme est triste, hélas, et j'ai lu tous les livres«[2] kennzeichnet Mallarmé.

Wir, die wir die Verantwortung in der Kunst tragen, ziehen durch unsre verbauten, in Schutt gelegten Städte und suchen nach verschonten Winkeln, schließen Augen und Ohren streckenlang, bis wir zu einer versteckten anheimelnden Stelle kommen, freun uns plötzlich über etwas Neues, das verspricht, und dabei vergessen wir absichtlich, was uns beleidigt hat, schlucken hinunter, übersehen, sind einsichtig, nehmen mit in Kauf: Einheit finden wir ja nicht mehr. Aber einzelnes lieben, hegen wir inbrünstig, zittern um seinen Fortbestand, sind simultan bei allerhand ähnlichem, das räumlich entlegen ist, und wir glauben noch an eine Einheit. So haben die Gründerjahre das simultanistische Empfinden gefördert. [...]

Wenn wir zu Anfang des Aufsatzes sagen: Stil ist Schicksal, so war das in keinem fatalistischen Sinn gemeint. Vom Simultanismus wollen wir nochmals betonen, daß er ein

---

2. Ach, meine Seele ist betrübt, und ich habe alle Bücher gelesen.

unabwendbarer Zustand ist; nach diesen beiden Festlegungen können wir moderne Folgerungen ziehen. Es ist Kulturarbeit, sogar die tristen, unwürdigen Elemente unter Menschen aufzubrauchen, zu verwerten. Kunst kann geradezu Erlöserin sein: eine Schmach der Seele, das Charakterwidrige in jeder Zeit muß schöpferisch aufgesogen, erfinderisch emporgegipfelt werden. Niemals wie heute soll ein Stil auf gefahrvoller unsicherer Grundlage Notwendigkeiten in Begeisterung übertragen, Zusammenwirkendes emporgiebeln lassen. Was jemals bestand, alles Neuhinzugekommene verlangt es, in Menschenhand ein einziges Ergebnis zu werden. So kann denn Eklektizismus höchstens der Anständigkeit wegen bei so schwerer Aufgabe als vorläufig hingenommen werden. Uns sind aber Gesamtprägungen beschieden. Urwüchsige Abstraktionen werden gen Himmel gotisieren, seltsam pflanzlich, geistig erleuchtet die Welt besamen. Aus dem gleichen Gewächs werden barockere Blätter unsre Heimstätten beschatten und treu und freundlich bis in die Stuben Gesammeltheiten fächeln.

KASIMIR EDSCHMID

Über den dichterischen Expressionismus

Der Expressionismus hat vielerlei Ahnen, gemäß dem Großen und Totalen, das seiner Idee zugrunde liegt, in aller Welt, in aller Zeit.

Was die Menschen heute an ihm sehen, ist fast nur das Gesicht, das, was erregt, das, was epatiert[1]. Man sieht nicht das Blut. Programme, leicht zu postulieren, nie auszufüllen mit Kraft, verwirren das Hirn, als ob je eine Kunst anders aufgefahren sei als aus der Notwendigkeit der Zeugung.

1. verblüfft.

Mode, Geschäft, Sucht, Erfolg umkreisen das erst Verhöhnte.

Als Propagatoren stehen die da, die in dumpfem Drang des schaffenden Triebes zuerst Neues schufen. Als ich vor drei Jahren, wenig bekümmert um künstlerische Dinge, mein erstes Buch[2] schrieb, las ich erstaunt, hier seien erstmals expressionistische Novellen. Wort und Sinn waren mir damals neu und taub. Aber nur die Unproduktiven eilen mit Theorie der Sache voraus. Eintreten für sein Ding ist eine Kühnheit und eine Sache voll Anstand. Sich für das Einzige erklären, Frage des borniertenHirns. Eitel ist dies ganze *äußere* Kämpfen um den Stil, um die Seele des Bürgers. Am Ende entscheidet lediglich die gerechte und gut gerichtete Kraft.

Es kamen die Künstler der neuen Bewegung. Sie gaben nicht mehr die leichte Erregung. Sie gaben nicht mehr die nackte Tatsache. Ihnen war der Moment, die Sekunde der impressionistischen Schöpfung nur ein taubes Korn in der mahlenden Zeit. Sie waren nicht mehr unterworfen den Ideen, Nöten und persönlichen Tragödien bürgerlichen und kapitalistischen Denkens.

Ihnen entfaltete das *Gefühl* sich maßlos.

Sie sahen nicht.

Sie schauten.

Sie photographierten nicht.

Sie hatten Gesichte.

Statt der Rakete schufen sie die dauernde Erregung.

Statt dem Moment die Wirkung in die Zeit. Sie wiesen nicht die glänzende Parade eines Zirkus. Sie wollten das Erlebnis, das anhält.

Vor allem gab es gegen das Atomische, Verstückte der Impressionisten nun ein großes, umspannendes Weltgefühl.

In ihm stand die Erde, das Dasein als eine große Vision.

Es gab Gefühle darin und Menschen. Sie sollten erfaßt werden im Kern und im Ursprünglichen.

Die große Musik eines Dichters sind seine Menschen. Sie werden ihm nur groß, wenn ihre Umgebung groß ist. Nicht das heroische Format, das führte nur zum Dekorativen, nein, groß in dem Sinne, daß ihr Dasein, ihr Erleben teil hat an dem großen Dasein des Himmels und des Bodens, daß ihr Herz, verschwistert allem Geschehen, schlägt im gleichen Rhythmus wie die Welt.

Dafür bedurfte es einer tatsächlich neuen Gestaltung der künstlerischen Welt. Ein *neues Weltbild* mußte geschaffen werden, das nicht mehr teil hatte an jenem nur erfahrungsgemäß zu erfassenden der Naturalisten, nicht mehr teil hatte an jenem zerstückelten Raum, den die Impression gab, das vielmehr *einfach* sein mußte, eigentlich, und darum schön.

Die Erde ist eine riesige Landschaft, die Gott uns gab. Es muß nach ihr so gesehen werden, daß sie unverbildet zu uns kommt. Niemand zweifelt, daß das das Echte nicht sein kann, was uns als äußere Realität erscheint.

Die Realität muß von uns geschaffen werden. Der Sinn des Gegenstands muß erwühlt sein. Begnügt darf sich nicht werden mit der geglaubten, gewähnten, notierten Tatsache, es muß das Bild der Welt rein und unverfälscht gespiegelt werden. Das aber ist nur in uns selbst.

So wird der ganze Raum des expressionistischen Künstlers Vision. Er sieht nicht, er schaut. Er schildert nicht, er erlebt. Er gibt nicht wieder, er gestaltet. Er nimmt nicht, er sucht. Nun gibt es nicht mehr die Kette der Tatsachen: Fabriken, Häuser, Krankheit, Huren, Geschrei und Hunger. Nun gibt es ihre Vision.

Die Tatsachen haben Bedeutung nur so weit, als, durch sie hindurchgreifend, die Hand des Künstlers nach dem faßt, was hinter ihnen steht.

Er sieht das Menschliche in den Huren, das Göttliche in den

Fabriken. Er wirkt die einzelne Erscheinung in das Große ein, das die Welt ausmacht.

Er gibt das tiefere Bild des Gegenstands, die Landschaft seiner Kunst ist die große paradiesische, die Gott ursprünglich schuf, die herrlicher ist, bunter und unendlicher als jene, die unsere Blicke nur in empirischer Blindheit wahrzunehmen vermögen, die zu schildern kein Reiz wäre, in der das Tiefe, Eigentliche und im Geiste Wunderbare zu suchen aber sekündlich voll von neuen Reizen und Offenbarungen wird.

Alles bekommt Beziehung zur Ewigkeit.

Der Kranke ist nicht nur der Krüppel, der leidet. Er wird die Krankheit selbst, das Leid der ganzen Kreatur scheint aus seinem Leib und bringt das Mitleid herab von dem Schöpfer.

Ein Haus ist nicht mehr Gegenstand, nicht mehr nur Stein, nur Anblick, nur ein Viereck mit Attributen des Schön- oder Häßlichseins. Es steigt darüber hinaus. Es wird so lange gesucht in seinem eigentlichsten Wesen, bis seine tiefere Form sich ergibt, bis *das* Haus aufsteht, das befreit ist von dem dumpfen Zwang der falschen Wirklichkeit, das bis zum letzten Winkel gesondert ist und gesiebt auf *den* Ausdruck, der auch auf Kosten seiner Ähnlichkeit den letzten *Charakter* herausbringt, bis es schwebt oder einstürzt, sich reckt oder gefriert, bis endlich alles erfüllt ist, das an Möglichkeiten in ihm schläft.

Eine Hure ist nicht mehr ein Gegenstand, behängt und bemalt mit den Dekorationen ihres Handwerks. Sie wird ohne Parfüme, ohne Farben, ohne Tasche, ohne wiegende Schenkel erscheinen. Aber ihr eigentliches Wesen muß aus ihr herauskommen, daß in der Einfachheit der Form doch alles gesprengt wird von den Lastern, der Liebe, der Gemeinheit und der Tragödie, die ihr Herz und ihr Handwerk ausmachen. Denn die Wirklichkeit ihres menschlichen Daseins ist ohne Belang. Ihr Hut, ihr Gang, ihre Lippe sind Surrogate. Ihr eigentliches Wesen ist damit nicht erschöpft.

Die Welt ist da. Es wäre sinnlos, sie zu wiederholen.

Sie im letzten Zucken, im eigentlichsten Kern aufzusuchen und neu zu schaffen, das ist die größte Aufgabe der Kunst.

Jeder Mensch ist nicht mehr Individuum, gebunden an Pflicht, Moral, Gesellschaft, Familie.

Er wird in dieser Kunst nichts als das Erhebendste und Kläglichste: *er wird Mensch.*

Hier liegt das Neue und Unerhörte gegen die Epochen vorher.

Hier wird der bürgerliche Weltgedanke endlich nicht mehr gedacht.

Hier gibt es keine Zusammenhänge mehr, die das Bild des Menschlichen verschleiern. Keine Ehegeschichten, keine Tragödien, die aus Zusammenprall von Konvention und Freiheitsbedürfnis entstehen, keine Milieustücke, keine gestrengen Chefs, lebenslustige Offiziere, keine Puppen, die an den Drähten psychologischer Weltanschauungen hängend, mit Gesetzen, Standpunkten, Irrungen und Lastern dieses von Menschen gemachten und konstruierten Gesellschaftsdaseins spielen, lachen und leiden.

Durch alle diese Surrogate greift die Hand des Künstlers grausam hindurch. Es zeigt sich, daß sie Fassaden waren. Aus Kulisse und Joch überlieferten verfälschten Gefühls tritt nichts als der Mensch. Keine blonde Bestie, kein ruchloser Primitiver, sondern der einfache, schlichte Mensch.

Sein Herz atmet, seine Lunge braust, er gibt sich hin der Schöpfung, von der er nicht ein Stück ist, die *in* ihm sich schaukelt, wie *er* sie widerspiegelt. Sein Leben reguliert sich ohne die kleinliche Logik, ohne Folgerung, beschämende Moral und Kausalität lediglich nach dem ungeheuren Gradmesser seines Gefühls.

Mit diesem Ausbruch seines Inneren ist er allem verbunden. Er begreift die Welt, die Erde steht in ihm. Er steht

auf ihr, mit beiden Beinen angewachsen, seine Inbrunst
umfaßt das Sichtbare und das Geschaute.

Nun ist der Mensch wieder großer, unmittelbarer Gefühle
mächtig. Er steht da, so deutlich in seinem Herzen zu erfassen, so absolut ursprünglich von den Wellen seines Bluts
durchlaufen, daß es erscheint, er trüge sein Herz auf der
Brust gemalt. Er bleibt nicht mehr Figur. Er ist wirklich
Mensch. Er ist verstrickt in den Kosmos, aber mit kosmischem Empfinden.

Er klügelt sich nicht durch das Leben. Er geht hindurch.
Er denkt nicht über sich, er erlebt sich. Er schleicht nicht
um die Dinge, er faßt sie im Mittelpunkt an. Er ist nicht
un-, nicht übermenschlich, er ist nur Mensch, feig und stark,
gut und gemein und herrlich, wie ihn Gott aus der Schöpfung entließ.

So sind ihm alle Dinge, deren Kern, deren richtiges Wesen
er zu schauen gewohnt ist, nahe.

Er wird nicht unterdrückt, er liebt und kämpft unmittelbar. Sein großes Gefühl allein, kein verfälschtes Denken,
führt ihn und leitet ihn.

So kann er sich steigern und zu Begeisterungen kommen,
große Ekstasen aus seiner Seele aufschwingen lassen.

Er kommt bis an Gott als die große nur mit unerhörter
Ekstase des Geistes zu erreichende Spitze des Gefühls.

Doch sind diese Menschen keineswegs töricht. Ihr Denk-
prozeß verläuft nur in anderer Natur. Sie sind unverbildet. Sie reflektieren nicht.

Sie erleben nicht in Kreisen, nicht durch Echos.

Sie erleben *direkt*.

Das ist das größte Geheimnis dieser Kunst: Sie ist ohne
gewohnte Psychologie.

Dennoch geht ihr Erleben tiefer. Es geht auf den einfachsten Bahnen, nicht auf den verdrehten, von Menschen
geschaffenen, von Menschen geschändeten Arten des Denkens, das, von bekannten Kausalitäten gelenkt, nie kosmisch sein kann.

Aus dem Psychologischen kommt nur Analyse. Es kommt Auseinanderfalten, Nachsehen, Konsequenzenziehen, Erklärenwollen, Besserwissen, eine Klugheit heucheln, die doch nur nach den Ergebnissen geht, die unseren für große Wunder blinden Augen bekannt und durchsichtig sind. Denn vergessen wir nicht: alle Gesetze, alle Lebenskreise, die psychologisch gebannt sind, sind nur von uns geschaffen, von uns angenommen und geglaubt. Für das Unerklärliche, für die Welt, für Gott gibt es im Vergangenen keine Erklärung. Ein Achselzucken nur, eine Verneinung.

Daher ist diese neue Kunst positiv.

Weil sie intuitiv ist. Weil sie elementar nur findend, willig, aber stolz sich den großen Wundern des Daseins hingebend, frische Kraft hat zum Handeln und zum Leiden. Diese Menschen machen nicht den Umweg über eine spiralenhafte Kultur.

Sie geben sich dem Göttlichen preis. Sie sind direkt. Sie sind primitiv. Sie sind einfach, weil das Einfachste das Schwerste ist und das Komplizierteste, aber zu den größten Offenbarungen geht. Denn täuschen wir uns nicht: erst am Ende aller Dinge steht das Schlichte, erst am Ende gelebter Tage bekommt das Leben ruhigen steten Fluß.

So kommt es, daß diese Kunst, da sie kosmisch ist, andere Höhe und Tiefe nehmen kann als irgendeine impressionistische oder naturalistische, wenn ihre Träger stark sind. Mit dem Fortfall des psychologischen Apparats fällt der ganze Décadencerummel, die letzten Fragen können erhascht, große Probleme des Lebens direkt attackiert werden. In ganz neuer Weise erschließt sich aufbrandendem Gefühl die Welt.

Der große Garten Gottes liegt paradiesisch geschaut hinter der Welt der Dinge, wie unser sterblicher Blick sie sieht. Große Horizonte brechen auf.

Allein die andere Art des Blickpunkts verwirrt den Menschen oft das Dargestellte. Da beschaut und nicht gesehen wird, täuscht der neue Umriß. Dem Menschen, der ungeschult lebt, ist die Vision etwas Entferntes, der plumpe Gegenstand aber deutlich nah.

Das ausgewiesene Psychologische gibt dem Aufbau des Kunstwerks andere Gesetze, edlere Struktur. Es verschwindet das Sekundäre, der Apparat, das Milieu bleibt nur angedeutet und mit kurzem Umriß nur der glühenden Masse des Seelischen einverschmolzen.

Die Kunst, die das Eigentliche nur will, scheidet die Nebensache aus. Es gibt keine Entremets mehr, keine Hors-d'œuvres, nichts Kluges, was hineingemogelt, nichts Essayistisches, was allgemein unterstreichen, nichts Dekoratives mehr, was von außen her schmücken soll. Nein, das Wesentliche reiht sich an das Wichtige. Das Ganze bekommt gehämmerten Umriß, bekommt Linie und gestraffte Form.

Es gibt keine Bäuche mehr, keine hängenden Brüste. Der Torso des Kunstwerks wächst aus straffen Schenkeln in edle Hüften und steigt von dort in den Rumpf voll Training und Gleichmaß. Die Flamme des Gefühls, das direkt zusammenfließt mit dem Kern der Welt, erfaßt das Direkte und schmilzt es in sich ein.

Es bleibt nichts anderes übrig.

Manchmal unter dem großen Trieb des Gefühls schmilzt die Hingabe an das Werk dieses übermäßig zusammen, es erscheint verzerrt. Seine Struktur aber ist nur auf das letzte Maß der Anspannung getrieben, die Hitze des Gefühls bog die Seele des Schaffenden so, daß sie, dunkel das Unermeßliche wollend, das Unerhörte hinauszuschreien begann.

Dies Wollen wird deutlich im Malerischen, am klarsten in der Plastik. Im Schreiben verwirrt die nicht zum erstenmal, aber noch nie mit solcher Innigkeit und solcher Radikalität vorgenommene Verkürzung und Veränderung der Form.

Bei Plastiken Rodins sind die Oberflächen noch zerrissen, jede Linie, jede Gebärde noch orientiert nach einem Affekt, einem Moment, einer einmaligen Handlung, kurz: eingefangen in dem Augenblick, und bei aller Kraft doch unter-

worfen einer psychologischen Vorstellung. Einer denkt, zwei
andere küssen sich. Es bleibt ein Vorgang.

Bei modernen Figuren sind die Oberflächen mit kurzem
Umriß gegeben, die Furchen geglättet, nur das Wichtige
modelliert. Aber die Figur wird typisch, nicht mehr untertan *einem* Gedanken, nicht mehr hinauszuckend in die Sekunde, vielmehr sie erhält Geltung in die Zeit. Alles Ne-
bensächliche fehlt. Das Wichtige gibt die Idee: nicht mehr
ein Denkender, nein: das Denken. Nicht zwei Umschlun-
gene: nein, die Umarmung selbst.

Dasselbe unbewußt waltende Gesetz, das ausscheidet, ohne
negativ zu sein, das nur erlesenen Moment zu magnetisch
gleichen Punkten bindet, reißt die Struktur des *Schreibenden* zusammen.

Die Sätze liegen im Rhythmus anders gefaltet als gewohnt.
Sie unterstehen der gleichen Absicht, demselben Strom des
Geistes, der nur das Eigentliche gibt. Melodik und Biegung
beherrscht sie. Doch nicht zum Selbstzweck. Die Sätze dienen in großer Kette hängend dem Geist, der sie formt.

Sie kennen nur seinen Weg, sein Ziel, seinen Sinn. Sie binden Spitze an Spitze, sie schnellen ineinander, nicht mehr
verbunden durch Puffer logischer Überleitung, nicht mehr
durch den federnden äußerlichen Kitt der Psychologie. Ihre
Elastizität liegt in ihnen selbst.

Auch das Wort erhält andere Gewalt. Das beschreibende,
das umschürfende hört auf. Dafür ist kein Platz mehr. Es
wird Pfeil. Trifft in das Innere des Gegenstands und wird
von ihm beseelt. Es wird kristallisch das eigentliche Bild
des Dinges.

Dann fallen die Füllwörter.

Das Verbum dehnt sich und verschärft sich, angespannt so
deutlich und eigentlich den Ausdruck zu fassen.

Das Adjektiv bekommt Verschmelzung mit dem Träger des
Wortgedankens. Auch es darf nicht umschreiben. *Es* allein
muß das Wesen am knappsten geben und nur das Wesen.
Sonst nichts.

Doch an diesen sekundären Dingen, nicht an den Zielen, scheitert gewöhnlich die Diskussion. Die technische Frage verwirrt und wird gehöhnt. Man glaubt sie Bluff. Nie ist in einer Kunst das Technische so sehr Produkt des Geistes wie hier. Nicht das ungewohnte Formale schafft die Höhe des Kunstwerks. Nicht hierin liegt Zweck und Idee.

Der Ansturm des Geistes und die brausende Wolke des Gefühls schmelzen das Kunstwerk auf diese Stufe zusammen und erst aus dieser gesiebten, geläuterten Form erhebt sich die aufsteigende Vision.

Die Menschheit aber will nicht wissen, daß unter dem Äußeren erst das Dauernde liegt. Der Geist, der die Dinge hinauftreibt in eine größere Existenz, anders geformt als die Sinne sie zeigen in dieser begrenzten Welt, ist ihr unbekannt.

Es ist ein lächerlich kleiner Sprung zu diesem Begreifen. Aber die Menschheit weiß noch nicht, daß die Kunst nur eine Etappe ist zu Gott.

Die Ziele aber liegen nahe bei Gott.

Das Herz der Menschen strahlt über die Oberfläche hin. Persönliches wächst in das Allgemeine. Seitherig übertriebene Bedeutung des einzelnen unterzieht sich größerer Wirkung der Idee. Das Reiche entkleidet sich seines äußeren Rahmens und wird reich in seiner Einfachheit. Alle Dinge werden zurückgestaut auf ihr eigentliches Wesen: das Einfache, das Allgemeine, das Wesentliche.

Die Herzen, so unmittelbar gelenkt, schlagen groß und frei. Die Handlung wird voll Ehrfurcht auch im Gemeinen. Die Elemente walten nach großem Gesetz.

So wird das Ganze auch ethisch.

Nun aber springen die verwandten Züge auf.

Sie liegen nicht in der vorhergegangenen Generation, von der diese Kunst alles scheidet. Sie liegen nicht im einzelnen, nicht in der Gotik, nicht im Nationalen, nicht bei Goethe, Grünewald oder Mechtild von Magdeburg. Nicht in romanischer Krypta, nicht bei Notker, bei Otto dem Dritten, nicht bei Eckehard, Chrestien von Troyes oder den Zaubersprüchen.

So einfach läuft die Geschichte der Seele nicht am logisch historischen Band.

Verwandtschaft ist nicht begrenzt. Tradition im letzten Sinne nicht national oder an Geschichte einer Zeit gebunden. Nein, überall ist das Verwandte, der Ansatz, das gleiche, wo eine ungeheure Macht die Seele antrieb, mächtig zu sein, das Unendliche zu suchen, und das letzte auszudrükken, was Menschen schöpferisch mit dem Universum bindet.

Überall wo die Flamme des Geistes glühend aufbrach und das Molluskenhafte zu Kadavern brannte, Unendliches aber formte, als solle es zurückgehen in die Hand des Schöpfers, alle dunkeln großen Evolutionen des Geistes trieben dasselbe Bild der Schöpfung hervor.

Es ist eine Lüge, daß das, was mit verbrauchtem Abwort das Expressionistische genannt wird, neu sei. Schändung, es umfasse eine Mode. Verleumdung, es sei eine nur künstlerische Bewegung.

Immer, wenn der oder jener der Menschheit die *Wurzeln* der Dinge in der Hand hielt und seine Faust Griff hatte und Ehrfurcht, gelang das gleiche. Diese Art des Ausdrucks ist nicht deutsch, nicht französisch.

Sie ist übernational.

Sie ist nicht nur Angelegenheit der Kunst. Sie ist Forderung des Geistes.

Sie ist kein Programm des Stils. Sie ist eine Frage der Seele.

Ein Ding der Menschheit.

Es gab Expressionismus in jeder Zeit. Keine Zone, die ihn nicht hatte, keine Religion, die ihn nicht feurig schuf. Kein Stamm, der nicht das dumpfe Göttliche damit besang und formte. Ausgebaut in großen Zeiten mächtiger Ergriffenheit, gespeist aus tiefen Schichten harmonisch gesteigerten Lebens, einer breit ins Hohe wachsenden, in Harmonie gebildeter Tradition wurde er Stil der Gesamtheit: Assyrer, Perser, Griechen, die Gotik, Ägypter, die Primitiven, altdeutsche Maler hatten ihn.

Bei ganz tiefen Völkern, die Witterung der Gottheit aus schrankenloser Natur überstob, wurde er anonymer Ausdruck der Angst und Ehrfurcht. Großen einzelnen Meistern, deren Seele von Fruchtbarkeit übervoll war, heftete er sich als natürlichster Ausdruck in ihr Werk. Er war in der dramatischsten Ekstase bei Grünewald, lyrisch in den Jesuliedern der Nonne[3], bewegt bei Shakespeare, in der Starre bei Strindberg, unerbittlich in der Weichheit bei den Märchen der Chinesen. Nun ergreift er eine ganze Generation. Eine ganze Generation Europas.

Die große Welle einer geistigen Bewegung schlägt überall hoch. Die Sehnsucht der Zeit fordert das letzte. Eine ganze Jugend sucht gerecht zu werden der Forderung. Was kommen wird, ist der Kampf der Kraft mit der Forderung.

Denn daß Kunstwerke entstanden, war nie allein Folge der Idee. *Sie* ist nur die Sehnsucht nach Vollkommenerem, die in die Menschen schlägt. Zur Formung gehört die *Kraft*. Die Generation wird sie besitzen oder nicht. Das liegt nach vorwärts und entzieht sich unserem Hirn. Um so schärfer, da diese Hauptgefahr einer Bewegung noch im Dunkeln liegt, muß die Forderung nach dem Echten mit Strenge gestellt sein.

Nur innere Gerechtigkeit bringt bei so hohem Ziel das Radikale. Schon wird das, was Ausbruch war, Mode. Schon schleicht übler Geist herein. Nachläuferisches aufzudecken, Fehler bloßzulegen, Ungenügendes zu betonen bleibt die Aufgabe der Ehrlichen, soweit es klarliegt und schon erkennbar ist. Der tiefste Wert und der tiefste Sinn liegt uns allen verborgen.

Nicht die schöpferische Stärke, die seltsame Außenformen

---

3. Mechthild von Magdeburg (um 1207 bis um 1282), größte deutsche Mystikerin des Mittelalters; ihr Werk *Das fließende Licht der Gottheit* enthält u. a. Christus-Lyrik.

annimmt, verwischt nach außen das Gesicht der Bewegung ins Irritierende und Modegeile. Es ist vielmehr das *bewußt* durchgeführte *Programm*. Geistige Bewegung ist kein Rezept. Sie gehorcht lediglich gestaltendem Gefühl. Da die Bewegung durchgesetzt ist, beginnt ihre nachträgliche Theorie produktiv zu werden. Sie wird Schule, wird Akademie. Die Fackelträger werden Polizisten, Ausrufer der einseitigen Dogmatik, Beschränkte, Festgebundene an das Heil eines Buchstabens. Stil in höherem Sinne setzt sich durch als Kraft, als selbständige Wucherung, reguliert von tausend Zuflüssen und Strömen vom Geist gebändigter Schöpferkraft. Nie als Form. Gerade die einfachen Linien, die großen Flächen, die verkürzte Struktur werden einförmig bis zum Entsetzen, langweilig zum Erbleichen, wenn sie nur gekonnt, nicht gefühlt werden. Das abstrakte Wollen aber sieht keine Grenze mehr. Erkennt nicht mehr, welch ausbalanciertes Vermögen besteht zwischen dem Gegenstand und der schaffenden Form. Die Grenzen des Sinnlichen durchbrechend, schafft sie lauter Theorie. Da ist kein Ding mehr, das gestaltet, umgeformt, aufgesucht wird, da ist, den Kampfplatz verlassend, nur öde Abstraktion.

Hier wird wie oft vergessen, daß jede Wahrheit einen Punkt hat, wo sie, mit törichter Überkonsequenz ausgeübt, Unwahrheit wird.

Man ist nicht genial, wenn man stottert, man ist nicht schlicht, indem man niggert, man ist nicht neu, indem man imitiert. Hier mehr wie irgendwo entscheidet die *Ehrlichkeit*. Wir können nicht aus unserer Haut und unserer Zeit. Bewußte Naivität ist ein Greuel, gemachter Expressionismus ein übles Gebräu, gewollte Menschen werden Maschinerie. Auch dies wird Frage der dienenden Stärke. Hier ist das Treibende und Gemeinsame nur, der Glaube, die Kraft und die Inbrunst.

PAUL HATVANI

Versuch über den Expressionismus

I

Der Expressionismus ist eine Revolution: damit will ich nun keine Defination gesagt haben, sondern bloß ein Argument zu seiner Geschichte. Denn, – mag es auch banal und akademisch klingen –: Evolutionen in der Kunst können nur nach Form und Inhalt, immer wieder nach Form und Inhalt, definiert werden und niemals nach den äußeren Umständen ihrer Entwicklung. Geradeso kann man auch sagen, der Expressionismus hätte nun neuerdings das *Ich* entdeckt: diese Erkenntnis allein ist schon ein Bekenntnis zur Revolution, wenn man darunter das maßlose, aber berechtigte Überhandnehmen eines Teiles über ein Ganzes versteht. Im Impressionismus hatten sich Welt und Ich, Innen und Außen, zu einem Gleichklang verbunden. *Im Expressionismus überflutet das Ich die Welt.* So gibt es auch kein Außen mehr: der Expressionist verwirklicht die Kunst auf eine bisher unerwartete Weise. (Die konventionellere »ungeahnte Weise« wäre hier falsch: dem Expressionismus steht ja die Ahnung näher als die Erwartung, und so ist die eine Steigerung der andern.)

Nach dieser ungeheuerlichen Verinnerlichung hat die Kunst keine Voraussetzung mehr. So wird sie *elementar.* Der Expressionismus war vor Allem die *Revolution für das Elementare.* –

II

Der Weg zum Elementaren ist die Abstraktion. Allerkonsequenteste Abstraktion führt bis ins Element: über die Form hinaus, die sie zerstört, bis sie im Ursprung des Inhaltes landet. Man darf nicht sagen, daß der Expressionismus den Inhalt vor die Form stelle. *Aber er macht auch die Form zum Inhalt.* So wird auch hier ein Äußerliches verinnerlicht, und über das vorherige Chaos triumphiert das Element.

Nichts ist reiner, moralischer, ethischer als die Darstellung des Elementaren. Das Element kennt kein Kompromiß; es besteht für sich, in sich, aus sich: *es ist.* Nur das Element ist durch bloßes Dasein wirkend: so erfüllt es sich in einer *Idee der Weiblichkeit.* Der Mann schafft – das Weib ist; der Mann beweist sich der Welt durch das Bewußtsein – das Weib wird von der Welt bewiesen. So erhält – das Element einen geistigen Reflex vom Weibe, und der Expressionismus eine sinnliche Bezüglichkeit zum Geschlecht. Und da der Künstler doch im ewigen Gegensatze zum Stoffe lebt, wird dieser weibliche Stoff des expressionistischen Künstlers ein Urquell seiner erhöhten Männlichkeit. Der Mann ist differenziert; der Künstler eine höhere Potenz davon; der Expressionist die vorläufig höchstdenkbarste. Das Weib ist das Element.

Und im Anfang war das Element. –

III

Die Form wird beim Expressionismus zum Inhalt: sie macht einen bedeutungsvollen Schritt über sich selbst hinaus. Das ist ein Gegensatz nicht etwa zur *Musik,* sondern zu dem, das ich »*Idee des Musikalischen*« (im Sinne Schopenhauers) nennen will: denn in der Musik wird auch der Inhalt formal. Aber »in Form aufgelöst«.

Diese Transformation der Form in den Inhalt bedingt die ungewöhnliche *Verdichtung* des Expressionismus. Das expressionistische Kunstwerk ist so konzentriert, daß scheinbar für die Form weder Zeit noch Raum übrigbleibt. Der Inhalt wächst über Zeit und Raum hinaus; er erfüllt seine Welt und bestätigt sich im Willen zur Ewigkeit. So wird das Kunstwerk auf eine neue Art unabhängig von Zeit und Raum.

Aber es lebt eine eigene Dimension der Zeit.

IV

Rhythmus ist ein Zeit-Reflex auf das Kunstwerk. Er ist die innere Periodizität einer metaphysischen Lebensbejahung und damit auch das sichtbare Merkmal einer Kraft, die durch das Kunstwerk wirkt. Das Kunstwerk ist ja wohl in erster Linie *Sein* – dann aber auch *Wirkung*: und der Expressionismus vereinigt diese beiden Prädikate der Kunst.

Im expressionistischen Kunstwerke ist Sein und Wirkung Eins geworden: so ist nun auch der Rhythmus ganz ins Innere des Werkes verlegt. Ohr und Auge sind ausgeschaltet; aber das Bewußtsein der Kunstempfindung ist ungeheuerlich gesteigert. Hier ruht nun der Rhythmus im Inhalte selbst und hat mit der Form nichts mehr zu tun.

(Dieses hat wohl den Philister am ärgsten gegen den Expressionismus aufgebracht: der »goldene Mittelweg« ist ganz verschwunden, und die leichtfaßliche Gliederung in Klang, Reim, Ornament und ewiger Wiederkehr ist nicht mehr zu erkennen. Das sind aber Dinge, die dem Philister das Wesen der Kunst ausmachen; der Expressionismus hat ihn darum betrogen!)

Der Rhythmus des Expressionismus ist nicht mehr Wirkung, sondern *Ereignis*. Er ist nicht mehr das scheinbare Wellenspiel eines toten Meeres, sondern die ewige, unendliche *Bewegung* der Ströme im Meer. –

V

Im Expressionismus, endlich, ist sich die Kunst selbst Inhalt genug. Das »l'art pour l'art« hat sich zur Idee der »Kunst an sich« geläutert. Nicht, ohne diesem ureigenen Inhalte eine radikale Umwertung zu bereiten.

Im Impressionismus noch war ein starrer Inhalt in das Bewegliche der Form gekleidet: mit der Form nun hat der Inhalt des expressionistischen Kunstwerkes auch die *Beweglichkeit* erlangt. So hatte die neue Kunst ihre erste große, überirdische Freude am Ausdruck der Bewegung. (Die futu-

ristische Malerei entlud sich vorerst in der bewegten Darstellung des Raumes; nach und nach hat *jedes* expressionistische Kunstwerk die widerspruchsvolle Statik früherer
Kunstrichtungen in die sinnreichere Dynamik unserer Anschauung verwandelt. Die Bewegung ist ein Attribut des
Inhalts geworden und also der Inhalt selbst.) Statik und
Dynamik: dieser Gegensatz ist im Expressionismus bewußt
geworden. Und dieses Bewußtsein wird viel Abgestorbe-
nes überwinden; es scheint mir, als wäre jetzt erst die letzte
Stunde des Naturalismus gekommen: der Expressionismus
hat seine Starrheit befreit und in Bewegung verwandelt. –

VI

Bewegung als Bewußtseinsinhalt ist so eminent *neu*, daß
wir gar keine Begriffe dafür haben. Und da das Kunstwerk ein Sein gewordener Bewußtseinsinhalt ist, hatte es
auch keine Methoden für die Bewegung. Hier wurde der
Expressionismus zum erstenmale schöpferisch: er schuf
Raum für die Bewegung.
Der Raum ist ein Formproblem; – diese aber hat der Expressionismus im Inhalte gelöst. So kann man etwa sagen,
daß der Expressionismus *die Form teilweise durch Bewegung ersetzt* habe, und hat damit schon sehr viel gesagt. –

VII

Ein beachtenswertes Zusammentreffen geistiger Erlebnisse:
gleichzeitig fast mit der Geburt der neuen expressionistischen Kunst begann sich die neue *Relativitätstheorie* (vor
Allem Einstein) der Naturwissenschaften zu bemächtigen.
Ich will hier auf diese größte Abstraktion, die menschlichem
Denken außerhalb der Kunst bisher gelungen ist, nur kurz
hingewiesen haben. Auch die Relativitätstheorie hebt jedes
Ding und jedes Ereignis aus der Starrheit der Statik und
löst es in eine kosmische Dynamik auf. Alles ist Bewegung.
Ich will nur anführen, daß es zum Beispiel dem Pro-
fessor Einstein gelungen ist, die Newtonsche Gravitations-

anschauung durch eine neue zu ersetzen, die ich »psycho-
zentrisch orientiert« nennen möchte: sie hebt *alle* Voraussetzungen der ultra- – und intraphysikalischen Trägheit
des Denkens auf und löst das denkende Ich *selbst* in den
Bewußtseinsinhalt »Gravitation« auf.

... Und tut dies nicht auch jedes expressionistische Kunstwerk?

Der Expressionismus zwingt uns, alle Voraussetzungen unserer bisherigen Daseinswelt aufzugeben. Der Beschauer
versetze sich in das Bild, der Leser in den Gedanken, der
Theaterbesucher in die Handlung. Um nun die organische
Einheit des Bildes, des Gedankens, der Handlung nicht
weiter zu stören, bedarf es jener *Relativität der Anschauung,*
auf die es ja auch dem Physiker ankommt. Man hat nichts
weiter zu tun, als seinen *Standpunkt* aufzugeben: die
»psychozentrische Orientierung« des Denkens und Fühlens
verbietet es, Standpunkte zu haben. So fließt alles dort-
hin zurück, woher es einmal gekommen ist: ins *Bewußtsein.* –

VIII

Der Expressionismus stellt wiederum die Apriorität des
Bewußtseins her. Der Künstler spricht: Ich bin das Bewußtsein, die Welt ist mein Ausdruck. Die Kunst vermittelt also
zwischen Bewußtsein und Welt; oder, wenn man will, sie
entsteht im Werden des Bewußtseins. So ist also die große
Umkehrung des Expressionismus: das Kunstwerk hat das
Bewußtsein zur *Voraussetzung* und die Welt zur *Folge*; es
ist also *schöpferischer*, als es das impressionistische Kunstwerk sein konnte. Dort »brachte« das Kunstwerk die Welt
»ins Bewußtsein«; –
Der Expressionismus macht die Welt bewußt. Er apperzi-
piert das Weltall und führt es in das Reich des Geistes
ein. –

IX

Der Expressionismus stellt das Bewußtsein *nicht über*, aber immer *in alles*. Das ist seine einzige Forderung und seine einzige Methode.

Das expressionistische Kunstwerk ist nicht nur verbunden, sondern auch identisch mit dem Bewußtsein der Künstler. Der Künstler schafft seine Welt in seinem Ebenbilde. Das Ich ist auf eine divinatorische Art zur Herrschaft gelangt.

... Und, getreu seinen relativistischen Grundlagen, muß der Expressionismus auf jede starre Defination seines Wesens verzichten. Alles, was über ihn ausgesagt wird, ist durch ihn bestätigt. Das Wort erlebt sich selbst, und da es einen Begriff verfolgt, empfindet es sich als Bewegung: jeder Ausdruck des Bewußtseins ist Bewegung.

Bewegung: darauf kommt es an. Der Expressionismus hat die Bewegung entdeckt und weiß, daß auch die Ruhe und das Gleichgewicht und die ungeheure Trägheit der Welt und des Schicksals nur Bewegungen sind. Und es ist letzten Endes nur die Erkenntnis einer ursprünglichsten Form, wenn er von seiner Welt sagt:

Im Anfang war Bewegung. Denn auch das Wort ist Bewegung, und im Anfang war das Wort!

MAX PICARD

Expressionismus

Aus dem Chaos, in dem die Dinge kaum einen Namen haben, damit sie von allem und zu allem gerufen werden können, aus diesem *namenlosen* Chaos ruft der neue, expressionistische Mensch das Ding heraus zu sich. Er ruft die Dinge bei ihrem *Namen* an: Du Wald, sagt er, und du Stadt, damit der Wald und die Stadt sich aus dem Chaos wieder auseinander ordnen.

Du Mississippi, singt Walt Whitman; die Impressionisten haben nur das *alles* verbindende *Du* gehört, und Lublinski nennt Whitman in seinem Ausgang der Moderne einen ur- wüchsigen Impressionisten.

Du Mississippi, singt Walt Whitman; die Expressionisten hören nur den isolierenden Namen Mississippi, und Whit- man ist ihnen ein Künder des Expressionismus.

Aber weder holt Walt Whitman den Mississippi zu den Dingen heran, wie der Impressionist halb sieht; noch ruft er den Mississippi aus den Dingen heraus, wie der Expres- sionist halb hört. Du Mississippi, nicht ruft es, sondern singt es.

Charakteristisch für den Expressionismus ist also nicht, daß Walt Whitman propagiert wird, sondern was an ihm pro- pagiert wird.

Der Expressionist liebt Whitman, weil durch den Anruf die Dinge aus dem Chaos heraus fixiert werden. Er ruft aber die gleichen Worte lauter als sie Walt Whitman geru- fen, denn es ist für ihn eine größere Not, vom Chaos ge- hört zu werden als für Walt Whitman. Der Expressionist ruft darum laut und ist pathetisch, nicht aus einem *primä- ren Lebensgefühl* heraus, sondern aus Zwang. [...]

Das Pathos aber allein genügt nicht, ein Ding aus dem Chaos zu fixieren. Man muß ein Ding noch verwandeln, als ob es niemals mit den anderen Dingen des Chaos in Be- ziehung gewesen wäre, damit es von ihnen nicht mehr er- kannt wird und nicht mehr auf sie reagieren kann. Man muß abstrakt sein, typisieren, damit das Erreichte nicht wieder ins Chaos zurückgleitet. Man drückt also so viel Leidenschaftlichkeit in ein Ding hinein, bis es fast ausei- nanderbricht und das Ding sich nur damit abgeben kann, die Spannung des eigenen Bruches zu bewahren; es kann sich dann gar nicht mehr zu einem andern hinspannen.

Oder man statuiert Typen. Wie bei Marionetten spürt man, wenn die Bewegung beginnt, auf einmal, plötzlich, gerade als ob die Bewegung nicht mehr im Ding selber wäre, sondern als Ding von außen hinzukommen müsse, gerade als ob es hier zwei Dinge wären: Typus und Bewegung. Bewegung und Ding sind getrennt. Man kann nun gleich ein Ding ohne Bewegung haben. Man ist also im Expressionismus nicht leidenschaftlich um der Leidenschaft willen, nicht typisch um des Typus willen, man benützt die Verschwendung der Leidenschaft, die Abstraktion, die Typisierung nur, um aus dem Chaos das Bewegte in die Ruhe zu isolieren.

So sehr ist man jetzt bestrebt zu fixieren, daß man sogar die *Herkunft* der Abstraktion aus der *Bewegtheit* zu verbergen sucht. Man sucht zu verbergen, daß die Abstraktion aus der Anschauung des Chaos entstanden ist. Darum konstruiert man zum Begriff der Abstraktion den polaren Begriff der Einfühlung.[1] Anstatt daß sich ein *Gefälle* von der Anschauung des Chaos hin zur Abstraktion *bewegt*, fixieren sich die polaren Begriffe Abstraktion und Einfühlung. Das bewegte Vorstellungsgebilde soll in ein fixiertes verwandelt werden.

Diese Möglichkeit, durch polare Gegenüberstellung auch die Vorstellungsgebilde zu fixieren, ist zu einer ganzen Weltanschauung systematisiert worden. »Es gibt gar kein Ding«, sagt Mynona[2], »sondern immer erlebt ein positives Ding sein negatives. Das Geheimnis liegt aber präzis in einer Mitte, welche so lebt, daß sie das positive und negative paralysiert.« Also: das Ding ist aus dem Chaos erlöst und bleibt isoliert, weil es nur sich selber in polarer Gegensätzlichkeit anschaut. Man benützt den Gegensatz nicht mehr wie der Impressionismus als eine Gelegenheit die Dinge zu lockern, man empfindet ihn nicht mehr *zentrifugal*, daß von den zwei einander entgegengesetzten Dingen jedes der

---

1. Vgl. hierzu Wilhelm Worringer, *Abstraktion und Einfühlung*, München 1908, neu 1959.
2. Pseudonym für Salomo Friedlaender (1871–1946), Verfasser vor allem von grotesken Erzählungen, die ihn in eine Gruppe mit Ehrenstein, Meyrink und Scheerbart stellen.

beiden hin zu andern Dingen flieht, man empfindet den Gegensatz zentri-petal, d. h. in einer ungeheuren Spannung streben die beiden entgegengesetzten Dinge zu einander.

Im Gegensatz der Geschlechter problematisiert sich das Erlebnis nicht mehr als Zufälliges von *einem* Mann hin zu *vielen* Frauen und von einer Frau hin zu *vielen* Männern, sondern als einmaliges ganz allein zwischen dem einen Mann und der einen Frau. Es soll scheinen, als ob es das Chaos nicht mehr gäbe, sondern nur diese beiden, diesen einen Mann, diese eine Frau. Und da es das Chaos nicht mehr geben soll, so müssen sich die beiden ungeheuer hassen oder auch ungeheuer lieben, als ob aller Haß und alle Liebe aus dem vertriebenen Chaos nun bei ihnen sei.

Der Expressionist will nichts sehen als dieses Entgegengesetzte, das sich nur selber ansieht; das eine hier, das andere dort, beides einander aus dem Chaos heraus sich fixierend, markierend. So markieren, fixieren sich ihm noch Vater und Sohn, der Geistige und der Bürger.

Diese Möglichkeit, das Chaos zu verkleinern, indem man ein Ding herausnimmt und es in seiner Gegensätzlichkeit fixiert, isoliert, diese Möglichkeit ist dem Expressionisten schon beinahe eine *Formel* geworden, die das Erleben von vornherein in Gegensätzen gestaltet. So erlebt man z. B. das Religiöse nicht als das *eine* Absolute, als Gott, sondern als absoluten *Gegensatz* zwischen metaphysischer Beschaulichkeit und ethischer Tatenhaftigkeit (Hans Blüher[3]).

Diese Tendenz, aus den Beziehungen zu isolieren, hat sogar die entfernten Begriffe der Logik und der Erkenntnistheorie erreicht. »Wir wollen uns nicht mehr mit einem symbolischen Wortverständnis zufrieden geben«, sagt Husserl. »Bedeutungen, die nur von entfernten, verschwommenen, uneigentlichen Anschauungen – wenn überhaupt von irgend welchen – belebt sind, können uns nicht genug tun.«

3. Hans Blüher (1888–1955), philosophischer Schriftsteller, sein Hauptthema: geistiges Führertum (*Wandervogel*, 1922).

Man will nicht mehr, wie der Repräsentant der impressionistischen Philosophie Simmel in seiner Philosophie des
Geldes, die tausend Assoziationen des Begriffes Geld be-
nützen, um in tausend Anschauungen hineinzugleiten. Man
will jetzt mit einem Begriff bei dem einzelnen Ding bleiben. Doch verliert man sich nicht an die Relativität *realer*
Zustände, man fixiert intuitiv das reine absolute Wesen.
Und statt der psychologischen wie der Impressionismus hat
der Expressionismus eine *reine* Logik.

Die Psychologie gab im Impressionismus den Dingen die
nuancenreichste Bereitschaft, sich überall hinein zu beziehen. Diese Beziehungshaftigkeit will der Expressionismus
wieder auseinander wehren; das bedingt die scharfe Ablehnung der Psychologie im Expressionismus.

»Der Schwindel Psychologismus, dieser nette Kniff, Tragi-
schem zu entfliehen: anstatt die quälenden Rätsel zu lösen,
lehrt er den Prozeß ihres Entstehens im Gemüt verfolgen
und die umwogenden Gefühle aufzeichnen. Eine schmerzvolle Frage wird erlebt, aber kraft des psychologischen Ho-
kuspokus ist die Frage plötzlich verschwunden und bloß
das Erlebnis des Schmerzes ist da« (Hiller).

Man will im Expressionismus nicht den Schmerz um ein
Ding, man will das Ding selber haben, der Schmerz mag
dabei sein oder nicht. Schmerz und Freude an einem Ding
will man nur darum kennen, damit man sie von dem Ding
trennen kann, damit hier das Ding sei, das ganz für sich
allein sein kann, und dort die Affekte, die überall sein
können. Man will also den Gegenstand von der Relativität
der Affekte lösen, man will ihn nicht sich verwandeln lassen durch Schmerz oder Freude. Man kümmert sich nur
darum, daß ein Ding sei, isoliert sei.

Der Expressionist ist also nicht psychologisch, aber er ist
psycho-analytisch. Das ist kein Widerspruch. Im Gegenteil:
Die Psychologie läßt von *einem* Ding auf tausend Dinge
gleiten, die Psycho-Analyse geleitet von tausend Dingen
zu einem. Sie sammelt tausend zerstreute Erlebnisse, bis sie

sich in *eine* Reihe ordnen und schließlich zu einem *einzigen*
Erlebnis hinführen. Dieses einzige Erlebnis erstrebt man,
nach ihm orientieren sich alle andern; das Chaos aber ist
kleiner worden, weil tausend Erlebnisse aus ihm gesichtet
und aus der Zerstreutheit um ein einziges Erlebnis gruppiert
wurden.

Diese Tendenz zur Orientierung im Chaos, Fixierung des
Chaos ist so groß, daß sie dieses Paradox geschaffen hat:
Das Revolutionäre, das ist das ungeheuer Bewegte und ungeheuer Bewegende, wird nicht mehr wie im Impressionismus als das ungeheuer Bewegte und ungeheuer Bewegende
erlebt, sondern eben paradox: fixierend-orientierend. Denn
durch die revolutionäre Plötzlichkeit sieht man die Dinge
aus dem Chaos angezogen und um die Explosion in bestimmter Distanz gruppiert: Fixierung. Orientierung. Also
dieses Paradox geschieht dem Revolutionären im Expressionismus: Es wird nicht um des dionysischen Rausches willen
erlebt, sondern um der *apollinischen* Gestaltung willen, in
die sich der Rausch ordnet.[4]

Dieser Wille zur Verkleinerung des Chaos bestimmt auch
dem Expressionisten das Verhältnis zur Wissenschaft: Ganz
abgesehen davon, daß der Expressionist nicht wissen will,
wie ein Ding entstanden ist, daß er nur schauen will, nicht
einmal was ein Ding ist, sondern nur, daß es ist, ganz abgesehen davon: der Begriff, Ursache, Wirkung, diese kate-
gorische Voraussetzung der Wissenschaft läßt zwischen dem
Ding Wirkung und dem Ding Ursache neue Dinge entstehen, in die alle sich das eine Ding Ursache erst verwandeln
muß, bis es das zweite Ding Wirkung geworden ist. Statt
zweier Dinge, die es ohne der Erklärung der Kausalität
waren, sind es jetzt mehrere. Die Kausalität hat die Zahl
der Dinge im Chaos vermehrt durch die Verwandlungsge-
bilde zwischen Ursache und Wirkung.

4. Vgl. Friedrich Nietzsche, *Die Geburt der Tragödie aus dem Geiste
der Musik*, 1872.

Der Expressionist ist also unwissenschaftlich, er lehnt es ab, Dinge aus dem Chaos nicht anders binden zu können, als daß er für diese Bindung neue Objektformen findet. Er lehnt es ab, für zwei aus dem Chaos gelöste Dinge mehr als die gelösten wieder zurückzutauschen.

Es gab auch Impressionisten, die die Wissenschaft gering achteten; Mauthner[5] z. B., aber die nahmen nur darum das Wissenschaftliche nicht an, weil es ihnen noch nicht *genug* Dinge gab. Der Expressionist dagegen nimmt diese Wissenschaft nicht an, weil es ihm zu viel Dinge geben würde.

Durch diesen Verzicht, Dinge zu isolieren, weil durch diese Isolation das Chaos nur vergrößert würde, durch diesen Verzicht wird die Verlorenheit der Dinge im Chaos erst recht tief erschaut. Man hat zwei Dinge schon fast erfaßt, aber man muß sie wieder ins Chaos entgleiten lassen. Der Blick folgt den entgleitenden Dingen, bis sie ganz im Chaos verschwunden sind. Nie war der Blick tiefer ins Chaos geschickt, nie hat ein Blick *so lange* gebraucht, bis er wieder in sich selber zurückgekehrt ist. Man will die *Dinge* nicht vergessen, die entglitten sind, und kann das *Chaos* nicht vergessen, in dem die entgleitenden verschwunden sind.

Das Symbol dieser expressionistischen Zeit wäre etwa nicht Buddha, der nach einem Blick in die Welt, die Welt aus seinen Händen entlassen hat, sondern ein Herakles, der nach einem Blick in die Welt unendlich viele Hände haben möchte, damit er mit jeder dieser unendlich vielen Hände eines der unendlich vielen Dinge des Chaos erfassen kann.

5. Fritz Mauthner (1849–1923), Sprachphilosoph, Vertreter eines extremen Nominalismus.

KURT PINTHUS

Zuvor

Dies Buch nennt sich nicht nur ›eine Sammlung‹. Es *ist*
Sammlung!: Sammlung der Erschütterungen und Leidenschaften, Sammlung von Sehnsucht, Glück und Qual einer
Epoche – unserer Epoche. Es ist gesammelte Projektion
menschlicher Bewegung aus der Zeit in die Zeit. Es soll
nicht Skelette von Dichtern zeigen, sondern die schäumende,
chaotische, berstende Totalität unserer Zeit.
Stets war die Lyrik das Barometer seelischer Zustände, der
Bewegung und Bewegtheit der Menschheit. Voranzeigend
kündete sie kommendes Geschehen ..., die Schwingungen
der Gemeinschaftsgefühle ..., das Auf, Ab und Empor des
Denkens und Sehnens. Dies empfand man in Deutschland
so deutlich, daß man die Kultur ganzer Epochen nach der
Art ihrer Dichtung charakterisierte: Empfindsamkeit, Sturm
und Drang, Romantik, Junges Deutschland, Butzenscheiben-
poesie.
Die Geisteswissenschaften des ersterbenden 19. Jahrhunderts
– verantwortungslos die Gesetze der Naturwissenschaften
auf geistiges Geschehen übertragend – begnügten sich, in
der Kunst nach entwicklungsgeschichtlichen Prinzipien und
Beeinflussungen nur das Nacheinander, das Aufeinander
schematisch zu konstatieren; man sah kausal, vertikal.
Dieses Buch will auf andere Weise zur Sammlung kommen:
Man horche in die Dichtung unserer Zeit ..., man horche
quer durch, man blicke rund herum, ... nicht vertikal, nicht
nacheinander, sondern horizontal; man scheide nicht das
Aufeinanderfolgende auseinander, sondern man höre zusammen, zugleich, simultan. Man höre den Zusammenklang
dichtender Stimmen: man höre symphonisch. Es ertönt die
Musik unserer Zeit, das dröhnende Unisono der Herzen
und Gehirne.
Ebensowenig wie die Anordnung der Gedichte nach dem

äußerlichen Schema des Alphabets erfolgte, durfte sie deshalb nach der Chronologie der einzelnen Gedichte oder Dichter, nach der Gruppierung literarischer Cliquen, nach der Feststellung gegenseitiger Beeinflussung oder formaler Gemeinsamkeiten geschehen. Keine mechanische, historische Folge ward angestrebt, sondern dynamisches, motivisches Zusammenklingen: Symphonie!

Man möge also nicht nur auf die einzelnen Instrumente und Stimmen des lyrischen Orchesters lauschen: die aufschwebende Sehnsucht der Violinen, die herbstlich-klagende Melancholie der Celli, die purpurnen Posaunen der Erwekkung, das ironische Staccato der Klarinetten, die Paukenschläge des Zusammensturzes, das zukunftlockende Marciale der Trompeten, das tiefe, dunkle Raunen der Oboen, den brausenden Sturzbach der Bässe, das rapide Triangelgeklingel und die bleckenden Beckenschläge genußgierigen Totentanzes. Sondern es kommt darauf an, aus den lärmenden Dissonanzen, den melodischen Harmonien, dem wuchtigen Schreiten der Akkorde, den gebrochensten Halb- und Vierteltönen – die Motive und Themen der wildesten wüstesten Zeit der Weltgeschichte herauszuhören. Diese bewegenden Motive (zeugte sie ein inneres Geschehen aus uns heraus, oder ließ nur ein gleichgültiges Werden sie ungeheuer in uns erklingen?) variieren sich je nach Wesen und Wollen der Dichter, rauschen empor zum zersprengenden Fortissimo oder schwinden hin im beglückenden Dolce. Das Andante des Zweifels und der Verzweiflung steigert sich zum befreienden Furioso der Empörung, und das Moderato des erwachenden, erweckten Herzens erlöst sich zum triumphalen Maestoso der menschenliebenden Menschheit.

Wenn in diesem Buche weder wahllos und ungesichtet die Stimmen der in unserer Zeit Dichtenden ertönen, noch die Dichtungen einer bewußt sich zusammenschließenden literarischen Gruppe oder Schule gesammelt sind, so soll dennoch ein Gemeinsames die Dichter dieser Symphonie einen. Diese Gemeinsamkeit ist die Intensität und der Radikalis-

mus des Gefühls, der Gesinnung, des Ausdrucks, der Form;
und diese Intensität, dieser Radikalismus zwingt die Dichter wiederum zum Kampf gegen die Menschheit der zu
Ende gehenden Epoche und zur sehnsüchtigen Vorbereitung
und Forderung neuer, besserer Menschheit.

Man erwarte also weder ein Gesamtbild der lyrischen Dichtung unserer Zeit noch eine nach (lügnerischen) absoluten
Maßstäben der Qualitätsbeurteilung zusammengestellte Auswahl der besten zeitgenössischen Gedichte. Sondern charakteristische Dichtung jener Jugend, die recht eigentlich als
die junge Generation des letzten Jahrzehnts zu gelten hat,
weil sie am schmerzlichsten an dieser Zeit litt, am wildesten klagte und mit leidenschaftlicher Inbrunst nach dem
edleren, menschlicheren Menschen schrie.

Demnach mußten nicht nur alle epigonischen und eklekti-
schen Dichter wegfallen, nicht nur die unzähligen, die sich
damit beschäftigen, Gefühl, das nicht aus der Tiefe, sondern aus dem Herkömmlichen entspringt, in herkömmliche
Reime zu bringen, sondern es war nötig, auch jene sehr
begabten Dichter auszuscheiden, die, willentlich jenseits oder
über der Zeit stehend, schöne und große Gefühle zu ästhetisch vollkommenen Gebilden oder zu klassischen Strophen
formen. Ausgeschieden werden mußten auch alle die, deren
Dichtung Kunstgewerbe des Worts, Ornament der Anschauung, gereimte Historie ist, ferner solche, die nur Zeit-
ereignisse besingen oder freudig begleiten, kleine Spezial-
begabungen und alle die, welche zwischen den Generationen
stehen oder nicht den Mut zur selbständigen Formung haben. Aber wie die Epigonen der älteren Dichtung, so durf-
ten auch die Nachläufer der jüngsten Dichtung nicht aufgenommen werden, die glauben, neu und jung zu sein, wenn
sie problematische Vorbilder programmatisch nachahmen.

Die Entscheidung darüber, welche Dichter zur vielfältigen
Gemeinsamkeit der jungen Generation unserer Zeit zu zäh-
len sind, kann nicht eine Angelegenheit der Altersfeststel-
lung einzelner Dichter, noch eine Sache objektiv kritischer

Analyse sein, sondern muß letzten Endes durch intuitives Gefühl und persönliches Urteil getroffen werden. Gerade weil diese persönliche Entscheidung nötig war, darf der Herausgeber aus seiner Anonymität hervortreten und zur weiteren Klärung einiges Persönliche sagen, um dann um so schneller ins Allgemeine führen zu können.

Seit zehn Jahren las ich fast alle gedruckten lyrischen Bücher und sehr viele ungedruckte. Es schien nicht leicht, aus dieser Unzahl die Dichter zu bezeichnen, welche jene eigentliche Generation unserer Epoche ausmachen. Aber als ich inmitten der menschendurchtobten Stadt noch einmal die Hunderte von Gedichtbänden durchsah, konnte ich schließlich fast mit automatischer Sicherheit die für diese Generation wesentlichen Dichter vereinigen (auch wenn sie selbst sich dieser Gemeinsamkeit nicht bewußt waren). Nachdem diese Abgrenzung geschehen war, gab es zwei Möglichkeiten der Sammlung: entweder ich konnte möglichst viele Dichter dieser Generation aufnehmen, so daß jeder nur mit ganz wenigen Gedichten erschien; oder ich konnte möglichst wenige Dichter auswählen und jeden einzelnen mit möglichst vielen Gedichten auftreten lassen. Ich entschied mich für das zweite Prinzip, da es nicht nur ein vollständiges Bild der Zeitbewegung, sondern auch einen möglichst vollkommenen Umriß von der Begabung, Eigenart, Spannweite der einzelnen Dichter gewährte (so daß man an der Hand des alphabetischen Registers, trotzdem die Gedichte jedes einzelnen durch das ganze Buch verstreut sind, sich wiederum von jedem Dichter urteilgestattende, geschlossene Gestalt verschaffen kann). Deshalb wurden nach langem Abwägen aus der großen Schar dieser Generation, die sich oft selbst als gemeinsame Phalanx aufrief, für das Buch die selbständigsten und charakteristischsten ausgewählt, damit jene Mannigfaltigkeit der Motive und Formen entstehen konnte, aus der die geistige Symphonie der zerrissenen Totalität unserer Zeit zusammenstrahlt.

Gegen zwei Dichter allerdings könnte man einwenden, daß

sie jenseits dieser Generation stehen. Aber Else Lasker-Schüler läßt als erste den Menschen ganz Herz sein – und dehnt dennoch dies Herz bis zu den Sternen und zu allen Buntheiten des Ostens. Und Theodor Däubler gehört nicht zu denen, die den Kosmos schlechtweg besingen, sondern er durchwirkt die Welt so sehr mit Geist und Idee, daß er Natur und Menschheit noch einmal zu strotzend-unmateriellem Leben erschafft; er findet tiefe Möglichkeiten der Sprache, die nicht nur neu sind, sondern überraschend weit hinein in Wesen und Zusammenhang des Geschehens leuchten.

Die ausgewählten Gedichte dieser etwa zwei Dutzend Dichter fügten sich schnell, beinahe von selbst, nach wenigen großen Motiven zu jener Symphonie zusammen, die ›Menschheitsdämmerung‹ genannt wurde. Alle Gedichte dieses Buches entquellen der Klage um die Menschheit, der Sehnsucht nach der Menschheit. Der Mensch schlechthin, nicht seine privaten Angelegenheiten und Gefühle, sondern die Menschheit, ist das eigentliche unendliche Thema. Diese Dichter fühlten zeitig, wie der Mensch in die Dämmerung versank ..., sank in die Nacht des Untergangs ..., um wieder aufzutauchen in die sich klärende Dämmerung neuen Tags. In diesem Buch wendet sich bewußt der Mensch aus der Dämmerung der ihm aufgedrängten, ihn umschlingenden, verschlingenden Vergangenheit und Gegenwart in die erlösende Dämmerung einer Zukunft, die er selbst sich schafft.

Die Dichter dieses Buches wissen wie ich: es birgt unsere Jugend; freudig beginnendes, früh verschüttetes, zerstörtes Leben. Was in den letzten Jahren der Menschheit gar nicht oder nur dumpf bewußt war, was nicht in Zeitungen und Abhandlungen zu lesen stand: das ward in dieser Generation mit unbewußter Sicherheit Wort und Form. Das wissenschaftlich nicht Feststellbare im Menschen – hier trat es prophetisch wahr und klar ans Licht.

Deshalb ist dies Buch keine angenehme und bequeme Lektüre und der Einwand läßt sich leicht erheben, daß im letzten Jahrzehnt manche reiferen, vollkommeneren, qualitativ besseren Gedichte entstanden sind. Aber kann eine Dichtung, die Leid und Leidenschaft, Willen und Sehnsucht dieser Jahre zu Gestalt werden läßt und die aus einer ideenlosen, ideallosen Menschheit, aus Gleichgültigkeit, Verkommenheit, Mord und Ansturm hervorbrach – kann diese Dichtung ein reines und klares Antlitz haben? Muß sie nicht chaotisch sein wie die Zeit, aus deren zerrissenem, blutigem Boden sie erwuchs?

Ein virtuoser Philolog würde eine vollständige Charakteristik dieser Dichtung nur aus Zitaten dieses Buches mosaikartig zusammenstellen können. Doch soll nicht im voraus gesagt werden, was jeder wissen wird, wenn er das Buch gelesen hat. Auch sollen nicht die einzelnen Dichter der Reihe nach charakterisiert werden; denn die meisten von ihnen sind zu reich und vielgestaltig, als daß sie für immer mit einigen einengenden Schlagworten belastet einhergehen sollen. Aber ich will einen Querschnitt durch diese Poesien versuchen, so daß aus der grausamen Wunde des Schnittes das Wesentliche entströmt, was sie eint zur Dichtung dieser Epoche.

Die Jünglinge dieser Generation fanden sich in einer Zeit, aus der jedes Ethos geschwunden war. Es galt, in jeder Situation Haltung zu bewahren; möglichst umfangreich und mannigfaltig mußte die Menge des genießerisch Rezipierten sein; Kunst wurde ganz nach ästhetischem, Leben ganz nach statistisch materiellem Maß gemessen; und der Mensch und seine geistige Betätigung schienen nur da zu sein, um psychologisch, analytisch betrachtet, nach historischen Maximen definiert zu werden. Wenn einer der jungen Dichter versuchte, tiefer von der Oberfläche in sich einzudringen, zerbrach er unter der Last der Umwelt (Walter Calé[1]). Zwar empfand man die Notwendigkeit, von der realistischen Schilderung der Umwelt, vom Auffangen der vorüberja-

1. Walter Calé (1881–1904), frühverstorbener hochbegabter impressionistischer Lyriker.

genden Impressionen sich zu entfernen – und kam doch nur
zur äußersten Differenzierung und Sublimierung der zer-
legten Genüsse, wodurch wiederum der Genuß vernichtet
wurde (Hardekopf, Lautensack).

Aber man fühlte immer deutlicher die Unmöglichkeit einer
Menschheit, die sich ganz und gar abhängig gemacht hatte
von ihrer eigenen Schöpfung, von ihrer Wissenschaft, von
Technik, Statistik, Handel und Industrie, von einer erstarrten Gemeinschaftsordnung, bourgeoisen und konventionellen Bräuchen. Diese Erkenntnis bedeutet zugleich den Beginn des Kampfes gegen die Zeit und gegen ihre Realität.
Man begann, die Um-Wirklichkeit zur Un-Wirklichkeit aufzulösen, durch die Erscheinungen zum Wesen vorzudringen,
im Ansturm des Geistes den Feind zu umarmen und zu
vernichten, und versuchte zunächst, mit ironischer Über-
legenheit sich der Umwelt zu erwehren, ihre Erscheinungen
grotesk durcheinander zu würfeln, leicht durch das schwer-
flüssige Labyrinth hindurchzuschweben (Lichtenstein, Blaß)
– oder mit varietéhaftem Zynismus ins Visionäre zu steigern (van Hoddis).

Doch schon fühlten die gereizten und überempfindlichen
Nerven und Seelen dieser Dichter deutlich auf der einen
Seite das dumpfe Heranrücken der liebe- und freudebe-
raubten proletarischen Massen, von der andern Seite den
heranrollenden Zusammenbruch einer Menschheit, die ebenso hochmütig wie gleichgültig war. Aus der strotzenden
Blüte der Zivilisation stank ihnen der Hauch des Verfalls
entgegen, und ihre ahnenden Augen sahen bereits als Rui-
nen eine wesenlos aufgedunsene Kultur und eine ganz
auf dem Mechanischen und Konventionellen aufgetürmte
Menschheitsordnung. Ein ungeheurer Schmerz schwoll empor – und am frühesten und klarsten in denen, die in dieser
Zeit, an dieser Zeit starben: Heym hämmerte (noch nach
Baudelaires strengem Vorbild) Visionen des Todes, des
Grauens, der Verwesung in zermalmenden Strophen; Trakl
glitt, nichtachtend der realen Welt, hölderlinisch in ein un-

endlich blaues Strömen tödlichen Hinschwindens, das ein
Herbstbraun vergeblich zu rahmen trachtete; Stadler sprach
und rang mit Gott und der Welt, sehnsuchtgemartert, inbrünstig wie Jakob mit dem Engel; Lichtenstein quirlte in
leidvoller Heiterkeit die Gestalten und Stimmungen der
Stadt zu bitterlustigen Tränken schon in der beseligenden
Gewißheit, »groß über alles wandelt mein Menschenangesicht«; und Lotz unter Wolken, aus Drangsal bürgerlichen
Daseins, rief nach Glanz und Aufbruch. Immer fanatischer
und leidenschaftlicher donnerte zerfleischende Klage und
Anklage. Die Verzweiflungen Ehrensteins und Bechers ris-
sen die düstere Welt mitten entzwei; Benn höhnte die fau-
lende Abgebrauchtheit des Kadavermenschen und pries die
ungebrochenen Ur-Instinkte; Stramm löste seine Leidenschaft vom Trugbild der Erscheinungen und Assoziationen
los und ballte reines Gefühl zu donnernden Ein-Worten,
gewitternden Ein-Schlägen. Der wirkliche Kampf gegen die
Wirklichkeit hatte begonnen mit jenen furchtbaren Ausbrüchen, die zugleich die Welt vernichten und eine neue Welt
aus dem Menschen heraus schaffen sollten.

Man versuchte, das Menschliche im Menschen zu erkennen,
zu retten und zu erwecken. Die einfachsten Gefühle des
Herzens, die Freuden, die das Gute dem Menschen schafft,
wurden gepriesen. Und man ließ das Gefühl sich verströ-
men in alle irdische Kreatur über die Erdoberfläche hin;
der Geist entrang sich der Verschüttung und durchschwebte
alles Geschehen des Kosmos – oder tauchte tief in die Erscheinungen hinab, um in ihnen ihr göttliches Wesen zu
finden. (So verknüpft sich die Jugend Hasenclevers, Stad-
lers, Werfels, Schickeles, Klemms, Golls, Heynickes mit der
Kunst der Älteren Whitman, Rilke, Mombert, Hille.) Immer deutlicher wußte man: der Mensch kann nur gerettet
werden durch den Menschen, nicht durch die Umwelt. Nicht
Einrichtungen, Erfindungen, abgeleitete Gesetze sind das
Wesentliche und Bestimmende, sondern der Mensch! Und
da die Rettung nicht von außen kommen kann – von dort

ahnte man längst vor dem Weltkrieg Krieg und Vernichtung –, sondern nur aus den inneren Kräften des Menschen, so geschah die große Hinwendung zum Ethischen.
Während im Weltkrieg der gewußte Zusammenbruch sich in der Realität ereignete, war bereits die Dichtung wiederum der Zeit vorangestürmt: Aus den Ausbrüchen der Verfluchung brachen die Schreie und Aufforderungen zur Empörung, zur Entscheidung, zur Rechenschaft, zur Erneuerung (Becher, Rubiner, Hasenclever, Zech, Leonhard, Heynicke, Otten, Werfel, Goll, Wolfenstein), nicht aus Lust an der Revolte, sondern um durch die Empörung das Vernichtende und Vernichtete ganz zu vernichten, so daß Heilendes sich entfalten konnte. Aufrufe zum Zusammenschluß der Jugend, zum Aufbruch einer geistigen Phalanx ertönten; nicht mehr das Individuelle, sondern das allen Menschen Gemeinsame, nicht das Trennende, sondern das Einende, nicht die Wirklichkeit, sondern der Geist, nicht der Kampf aller gegen alle, sondern die Brüderlichkeit wurden gepriesen. Die neue Gemeinschaft wurde gefordert. Und so gemeinsam und wild aus diesen Dichtern Klage, Verzweiflung, Aufruhr aufgedonnert war, so einig und eindringlich posaunten sie in ihren Gesängen Menschlichkeit, Güte, Gerechtigkeit, Kameradschaft, Menschenliebe aller zu allen. Die ganze Welt und Gott bekommen Menschenangesicht: die Welt fängt im Menschen an, und Gott ist gefunden als Bruder –, selbst die Steinfigur steigt menschlich herab, die Stadt der Qualen wird zum beglückenden Tempel der Gemeinschaft, und triumphierend steigt das erlösende Wort empor: Wir sind!
Jeder erkennt, wie ungeheuer weit der Bogen ist von Calés Verzweiflung »Und keine Brücke ist von Mensch zu Mensch« ..., von Werfels »Fremde sind wir auf der Erde alle« ... bis zu Bechers »Keiner dir fremd, / Ein jeder dir nah und Bruder« ... Klemms »Wir kommen uns so nahe, wie sich nur Engel kommen können« ... Heynickes »Ich fühle, / endelos, / daß ich nicht einsam bin ... so nahe

bist Du, / Bruder Mensch« ... »Doch das Lächeln schlägt
Bogen von mir zu Dir / ... wir schenken einander das Ich
und das Du – / ewig eint uns das Wort: / MENSCH.«
Es scheint, daß nachbetrachtende Darstellung stets den direkten Einfluß der Dichtung auf die realen Zeit- und Volks-
ereignisse überschätzte. Die Kunst einer Zeit ist nicht Ver-
ursacher des Geschehens (wie man das z. B. allzusehr von
der revolutionären Lyrik aller Zeiten annahm), sondern sie
ist voranzeigendes Symptom, geistige Blüte aus demselben
Humus wie das spätere reale Geschehen – sie ist bereits
selbst Zeit-Ereignis. Zusammenbruch, Revolution, Neuauf-
richtung ward nicht von der Dichtung dieser Generation
verursacht; aber sie ahnte, wußte, forderte dies Geschehen.
Das Chaotische der Zeit, das Zerbrechen der alten Gemein-
schaftsformen, Verzweiflung und Sehnsucht, gierig fanati-
sches Suchen nach neuen Möglichkeiten des Menschheitsle-
bens offenbart sich in der Dichtung dieser Generation mit
gleichem Getöse und gleicher Wildheit wie in der Realität ..., aber wohlgemerkt: nicht als Folge des Weltkriegs,
sondern bereits vor seinem Beginn, und immer heftiger
während seines Verlaufs.
So ist allerdings diese Dichtung, wie manche ihrer Pro-
grammatiker forderten (und wie wurde dieser Ruf mißver-
standen!): politische Dichtung, denn ihr Thema ist der Zustand der gleichzeitig lebenden Menschheit, den sie beklagt,
verflucht, verhöhnt, vernichtet, während sie zugleich in
furchtbarem Ausbruch die Möglichkeiten zukünftiger Änderung sucht. Aber – und nur so kann politische Dichtung
zugleich Kunst sein – die besten und leidenschaftlichsten
dieser Dichter kämpfen nicht gegen die äußeren Zustände
der Menschheit an, sondern gegen den Zustand des entstell-
ten, gepeinigten, irregeleiteten Menschen selbst. Die politische Kunst unserer Zeit darf nicht versifizierter Leitartikel
sein, sondern sie will der Menschheit helfen, die Idee ihrer
selbst zur Vervollkommnung, zur Verwirklichung zu bringen. Daß die Dichtung zugleich dabei mitwirkte, gegen

realpolitischen Irrsinn und eine entartete Gesellschaftsordnung anzurennen, war nur ein selbstverständliches und klei-
nes Verdienst. Ihre größere überpolitische Bedeutung ist,
daß sie mit glühendem Finger, mit weckender Stimme immer wieder auf den Menschen selbst wies, daß sie die ver-
lorengegangene Bindung der Menschen untereinander, miteinander, das Verknüpftsein des einzelnen mit dem Unendlichen – zur Verwirklichung anfeuernd – in der Sphäre
des Geistes wiederschuf.

Demgemäß ist es natürlich, daß dies die Worte sind, die
sich am meisten in ihr finden: Mensch, Welt, Bruder, Gott.
Weil der Mensch so ganz und gar Ausgangspunkt, Mittelpunkt, Zielpunkt dieser Dichtung ist, deshalb hat die Landschaft wenig Platz in ihr. Die Landschaft wird niemals
hingemalt, geschildert, besungen; sondern sie ist ganz ver-
menscht: sie ist Grauen, Melancholie, Verwirrung des Chaos,
ist das schimmernde Labyrinth, dem Ahasver sehnsuchtsvoll
sich entwinden will; und Wald und Baum sind entweder
Orte der Toten, oder Hände, die zu Gott, zur Unendlichkeit hinsuchen. Mit rasender Schnelligkeit bewegt sich diese
Dichtung vom fanatischen Kampfruf zum Sentimentalen,
vom anarchischen Toben zur Didaktik des Ethischen. Wenig nur ist Freude und Glück in ihr; Liebe ist Schmerz
und Schuld – Arbeit wird zu gefühlvernichtender Qual;
noch das Trinklied ist dumpfes Schuldbekenntnis; und lich-
tere, frohere Töne erklingen nur aus der Sehnsucht nach dem
Paradies, das verloren ist, und das doch vor uns liegt.

Niemals war das Ästhetische und das L'art-pour-l'art-Prin-
zip so mißachtet wie in dieser Dichtung, die man die ›jüngste‹ oder ›expressionistische‹ nennt, weil sie ganz Eruption,
Explosion, Intensität ist – sein muß, um jene feindliche
Kruste zu sprengen. Deshalb meidet sie die naturalistische
Schilderung der Realität als Darstellungsmittel, so handgreiflich auch diese verkommene Realität war; sondern sie
erzeugt sich mit gewaltiger und gewaltsamer Energie ihre
Ausdrucksmittel aus der Bewegungskraft des Geistes (und

bemüht sich keineswegs, deren Mißbrauch zu meiden). Sie
entschleudert ihre Welt ... in ekstatischem Paroxismus, in
quälender Traurigkeit, in süßestem musikalischen Gesang,
in der Simultaneität durcheinanderstürzender Gefühle, in
chaotischer Zerschmetterung der Sprache, grausigster Verhöhnung menschlichen Mißlebens, in flagellantisch schreien-
der, verzückter Sehnsucht nach Gott und dem Guten, nach
Liebe und Brüderlichkeit. So wird auch das Soziale nicht
als realistisches Detail, objektiv etwa als Elendsmalerei dargestellt (wie von der Kunst um 1890), sondern es wird
stets ganz ins Allgemeine, in die großen Menschheitsideen
hingeführt. Und selbst der Krieg, der viele dieser Dichter
zerschmetterte, wird nicht sachlich realistisch erzählt; – er
ist stets als Vision da (und zwar lange vor seinem Beginn),
schwelt als allgemeines Grauen, dehnt sich als unmensch-
lichstes Übel, das nur durch den Sieg der Idee vom brüderlichen Menschen aus der Welt zu schaffen ist.
Die bildende Kunst dieser Jahre zeigt dieselben Motive
und Symptome, zeigt das gleiche Zersprengen der alten
Formen und das Durchlaufen aller formalen Möglichkeiten
bis zur Konsequenz völliger Auflösung der Realität, zeigt
den gleichen Einbruch und Ausbruch des Menschlichen und
den gleichen Glauben an die lösende, bindende Macht des
menschlichen Geistes, der Idee. Es geschah bereits, daß manche Versuche und Entartungen für nachahmende Nichtkön-
ner zur leeren Form, zur Formel, zur geschäftsmäßigen
Phrase wurden. Und Pathos, Ekstase, große Gebärde brechen nicht nur hervor und empor, sondern stürzen oftmals
zusammen im Krampf, weil sie zur Form sich nicht ver-
wesentlichen können. Immer wieder aber bläst in die ungeheure Eruption des Gefühls klärend und reinigend der
Geist; erschallt aus dem Zerfallenden der Ruf nach der
Gemeinsamkeit des Menschlichen; schwebt über dem ziello-
sen Chaos der Gesang der Liebe.
Und immer wieder muß gesagt werden, daß die Qualität
dieser Dichtung in ihrer Intensität beruht. Niemals in der

Weltdichtung scholl so laut, zerreißend und aufrüttelnd
Schrei, Sturz und Sehnsucht einer Zeit, wie aus dem wilden
Zuge dieser Vorläufer und Märtyrer, deren Herzen nicht
von den romantischen Pfeilen des Amor oder Eros, sondern von den Peinigungen verdammter Jugend, verhaßter
Gesellschaft, aufgezwungener Mordjahre durchbohrt wurden. Aus irdischer Qual griffen ihre Hände in den Himmel,
dessen Blau sie nicht erreichten; sie warfen sich, sehnsuchtsvoll die Arme ausbreitend, auf die Erde, die unter ihnen
auseinanderbarst; sie riefen zur Gemeinschaft auf und fanden noch nicht zueinander; sie posaunten in die Tuben der
Liebe, so daß diese Klänge den Himmel erbeben ließen,
nicht aber durch das Getöse der Schlachten, Fabriken und
Reden zu den Herzen der Menschen drangen.
Freilich wird die Musik dieser Dichtung nicht ewig sein wie
die Musik Gottes im Chaos. Aber was wäre die Musik
Gottes, wenn ihr nicht die Musik des Menschen antwortete,
die sich ewig nach dem Paradies des Kosmos sehnt ... Von
den vielen, vielen Dichtungen dieser Generation werden
fast alle mit den verebbenden Stürmen ihrer Epoche untergegangen sein. Statt einiger großer leuchtender wärmender
Gestirne wird Nachlebenden ihre Menge wie die von unzähligen kleinen Sternen erschimmernde Milchstraße erscheinen, die fahlklärenden Glanz in wogende Nacht gießt.
Keiner dieser Dichter kokettiert mit der Unsterblichkeit,
keiner wirft sich den Triumphmantel mit distanzierend he-
roischer Gebärde um, keiner will als Olympier in edler
Haltung entschweben; und wenn diese Dichter in ausschwei-
fender Weitschweifigkeit, in unmäßigem Fortissimo psal-
modieren, stöhnen, klagen, schreien, fluchen, rufen, hymnen – so geschieht es niemals aus Hochmut, sondern aus
Not und Demut. Denn nicht sklavisches Kriechen, untätiges
Warten ist Demut; sondern es ist Demut, wenn einer hin-
tritt und öffentlich aussagt, bekennt und fordert vor Gott
und den Menschen, und seine Waffen sind nur sein Herz,
sein Geist und seine Stimme.

Als einer, der mitten unter ihnen stand, vielen durch
Freundschaft und allen durch Liebe zu ihren Werken verbunden, trete ich vor und rufe: Laßt es genug sein, die Ihr
Euch selbst nicht genügtet, denen der alte Mensch nicht
mehr genügte; laßt es genug sein, weil Euch diese zerklüf-
tete, ausbrechende, zerwühlende Dichtung nicht genügen
darf! Laßt es nicht genug sein! Sondern helft, alle, voran-
eilend dem Menschheitswillen, einfacheres, klareres, reineres
Sein zu schaffen. Denn jener Augenblick wird, muß kommen, da aus Beethovens Symphonie, die uns den Rhythmus
unserer Jugend gab, im wildesten Chaos der tobenden Musik plötzlich die Vox humana emporsteigt: Freunde, nicht
diese Töne! Lasset uns andere anstimmen und freudenvol-
lere!
Ihr Jünglinge aber, die Ihr in freierer Menschheit her-
anwachsen werdet, folget nicht diesen nach, deren Schicksal es war, im furchtbaren Bewußtsein des Unterganges
inmitten einer ahnungslosen, hoffnungslosen Menschheit zu
leben, und zugleich die Aufgabe zu haben, den Glauben
an das Gute, Zukünftige, Göttliche bewahren zu müssen,
das aus den Tiefen des Menschen quillt! So gewiß die Dichtung unserer Zeit diesen Märtyrerweg wandeln mußte, so
gewiß wird die Dichtung der Zukunft anders sich offenbaren: sie wird einfach, rein und klar sein müssen. Die
Dichtung unserer Zeit ist Ende und zugleich Beginn. Sie
hat alle Möglichkeiten der Form durchrast — sie darf wieder den Mut zur Einfachheit haben. Die Kunst, die durch
Leidenschaft und Qual der unseligsten Erdenzeit zersprengt
wurde —, sie hat das Recht, reinere Formen für eine glück-
lichere Menschheit zu finden.
Diese zukünftige Menschheit, wenn sie im Buche ›Menschheitsdämmerung‹ (»Du Chaos-Zeiten schrecklich edles Mo-
nument«) lesen wird, möge nicht den Zug dieser sehnsüchtigen Verdammten verdammen, denen nichts blieb als die
Hoffnung auf den Menschen und der Glaube an die Utopie.

II. Themen und Variationen

1. Ekstase und Bekenntnis

MARTIN BUBER

Ekstase und Bekenntnis

Von allen Erlebnissen, von denen man, um ihre Unvergleichbarkeit zu kennzeichnen, sagt, sie könnten nicht mitgeteilt werden, ist die Ekstase allein ihrem Wesen nach das Unaussprechliche. Sie ist es, weil der Mensch, der sie erlebt, eine Einheit geworden ist, in die keine Zweiheit mehr hineinreicht.

Das, was in der Ekstase erlebt wird (wenn wirklich von einem Was geredet werden darf), ist die Einheit des Ich. Aber um als Einheit erlebt zu werden, muß das Ich eine Einheit geworden sein. Nur der vollkommen Geeinte kann die Einheit empfangen. Nun ist er kein Bündel mehr, er ist ein Feuer. Nun sind der Inhalt seiner Erfahrung und das Subjekt seiner Erfahrung, nun sind Welt und Ich zusammengeflossen. Nun sind alle Kräfte zusammengeschwungen zu einer Gewalt, nun sind alle Funken zusammengelodert zu einer Flamme. Nun ist er dem Getriebe entrückt, entrückt ins stillste, sprachloseste Himmelreich, – entrückt auch der Sprache, die das Getriebe sich einst in der Mühsal schuf zu seiner Botenmagd und die, seitdem sie lebt, ewig nach dem Einen, Unmöglichen verlangt: ihren Fuß zu setzen auf den Nacken des Getriebes und ganz Gedicht zu werden – Wahrheit, Reinheit, Gedicht.

»Nun spricht« – so heißt es bei Meister Eckhart – »die Braut im Hohenliede: Ich habe überstiegen alle Berge und all meine Vermögen, bis an die dunkle Kraft des Vaters. Da hörte ich ohne Laut, da sah ich ohne Licht, da roch ich ohne Bewegen, da schmeckte ich das was nicht war, da spürte ich das was nicht bestand. Dann wurde mein Herz grundlos, meine Seele lieblos, mein Geist formlos und meine Natur wesenlos. Nun vernehmet, was sie meint! Daß sie spricht, sie habe überstiegen alle Berge, damit meint sie ein Überschreiten aller Rede, die sie irgend üben kann aus ihren Vermögen, – bis an die dunkle Kraft des Vaters, wo alle Rede endet.«

So ganz über die Vielheit des Ich, über das Spiel der Sinne und des Denkens gehoben, ist der Ekstatiker auch von der Sprache geschieden, die ihm nicht folgen kann. Sie ist als eine Speicherung von Zeichen für die Affektionen und Nöte des Menschenleibes entstanden; sie ist gewachsen, indem sie Zeichen bildete für die empfindbaren Dinge in Nähe und Ferne des Menschenleibes; sie ist der werdenden Menschenseele nachgegangen auf immer heimlicheren Wegen und hat Namen geformt, gelötet, zieliert für die trotzigsten Künste und für die wildesten Mysterien der Tausendfältigen; sie hat den Olymp des Menschengeistes erstürmt, nein, sie hat den Olymp des Menschengeistes gemacht, indem sie Bildwort auf Bildwort türmte, bis auch noch die höchste Aufgipfelung des Gedankens im Worte stand; und solches tut sie und wird sie tun; aber sie kann immer nur von Einem empfangen, Einem Genüge tun: der zeichenzeugenden Vielheit des Ich. Niemals wird sie in das Reich der Ekstase eingehen, welches das Reich der Einheit ist.

Sprache ist Erkenntnis: Erkenntnis der Nähe oder der Ferne, der Empfindung oder der Idee, und Erkenntnis ist das Werk des Getriebes, in ihren größten Wundern ein gigantisches Koordinatensystem des Geistes. Aber das Erleben der Ekstase ist kein Erkennen. [...]

Das Bewußtsein stellte die Ekstase hinaus in der Projektion; der Wille stellt sie zum andern Mal hinaus in dem Versuch, das Unsagbare zu sagen. Auch das innerlichste Erlebnis bleibt vor dem Triebe zur Veräußerung nicht bewahrt. Ich glaube an die Ekstasen, die nie ein Laut berührte, wie an ein unsichtbares Heiligtum der Menschheit; die Dokumente derer, die in Worten mündeten, liegen vor mir. Hier sind Menschen, die ihre Einsamkeit, die höchste, die absolute, nicht ertrugen, die aus dem Unendlichen, das sie erlebt hatten, mitten ins Endliche stiegen, aus der Einheit mitten in die wimmelnde Vielheit. Sobald sie sprachen, sobald sie – wie es der Rede Vorspiel zu sein pflegt – zu sich sprachen, waren sie schon an der Kette, in den Grenzen; der Unbegrenzte spricht auch nicht zu sich, in sich, weil auch in ihm keine Grenzen sind: keine Vielheit, keine Zweiheit, kein Du im Ich mehr. Sobald sie reden, sind sie schon der Sprache verfallen, die allem gewachsen ist, nur nicht dem Grund des Erlebens, der Einheit. Sobald sie sagen, sagen sie schon *das Andere*.

Es gibt freilich ein allerstillstes Sprechen, das nur Dasein mitteilen, nicht beschreiben will. Es ist so hoch und still, als sei es gar nicht in der Sprache, sondern wie ein Heben der Lider im Schweigen. Es übt keine Untreue, denn es sagt nur aus, daß etwas ist.

RUDOLF LEONHARD

Aphorismen

I

Man kann nur in Hypertropen dichten, denn beim Superlativ fängt das Dichten erst an.

II

Lasset mich Euch sagen, wer wir sind: treulos um unsrer Treue willen, herrisch zum Wort, ungeduldig in den Revolutionen; im allmächtigen Fühlen unsrer Gedanken gedrängt, unsre Gefühle zu formulieren; skeptisch aus dem Unbewußten, mißtrauisch gegen die ekstatischen Rationalisten in der eignen Vernunft unsrer Ekstase; schweigsam vor Übermaß, schreiend im Fanatismus des Gewöhnlichen; inbrünstig vor Gott und der gehaßten Kausalität – erleben wir die Minute des Mittags, die gleich Mitternacht steht, und das Grauen des Schattens im grellsten Licht, und leben im tiefsten Schmerz an den Wegbiegungen, denen unser Weg vorüber muß.

III

Keusch sind wir nicht. Wir zeigen unsre Wunden vor und halten unsre Schreie nicht zurück. Nicht mehr nur die erschütterten Nächte: wir füllen die dumpfen Tage mit unsern Schreien. Wir haben den Mut zu schreien, und werden uns daher im Übermut nicht überschrein. Wir haben sogar den Mut, uns dem Geheul unsrer Schreie nicht nur, sondern uns auch den Verdächtigungen auszusetzen: wir wissen, daß manchmal welche aus lauter Feigheit mutig schrein; aber wir können nicht verwechselt werden, denn jenen wird die Feigheit nicht an den Schreien, sondern an andern Zeichen, von denen aus erst die Schreie als Feigheit interpretiert werden können, nachgewiesen – von Euch, und von uns. Gewiß, das wissen wir, ist es manchmal leichter, zu schrein: aber wir wollen uns himmlisch leicht machen – es soll Euch schwer darunter zumute werden. Und in lauten Zeiten, auch das wissen wir, ist es noch viel leichter, nicht zu schrein. Ihr sollt nicht merken, daß wir uns zu schreien manchmal zwingen – d. h. dazu, unsre Schreie nicht zu unterdrücken. Wir schreien mit dem ganzen Blut, in die Ewigkeit, unser ganzes Blut schreit, und Ihr werdet mit dem ganzen Leibe hören müssen; oder fühlen. Schreie, die sich aus unsern Wunden wühlen; hört ihr unser schreiendes Blut? Wir gießen es offen hin, hoffentlich, öffentlich; wir, als Sozialisten die besten Individualisten, und Sozialisten aus Individualismus, unkeusch im Leiden und leidend um unsrer Keuschheit willen, wir haben unsre private Existenz hinter uns geworfen. Das heißt Gemeinschaft. Und wir werden

Eure Privatheit, den Sündenpfuhl nicht mehr dulden, in
einem öffentlichen, einem tragischen Zeitalter. Gütig ver-
zeihn wir uns die Wut; wir lassen schrein unser Blut; wir
sinken einander in die Arme, und den künftigen Jahrhunderten, die wir schon bewunderten, und die wissen werden,
dessen wir gewiß sind: unsre Schreie waren gut.

ECKART VON SYDOW

Das religiöse Bewußtsein des Expressionismus

Die geistige Revolution Mittel-Europas, welche den Namen
des »Expressionismus« führt, scheint auch die religiösen Tendenzen wieder neu erkräftigen zu wollen. Es ist dies ganz
besonders überraschend; denn: hatte nicht Nietzsche als
größtes Verdienst dies gewonnen, daß er den Gott getötet
hatte? Und nun regen sich, zum mindesten in den verschiedenen Bekenntnissen expressionistischer Führer, »atavi-
stische« religiöse Neigungen in ganz unzweideutiger Art.
So hat Franz Marc als das Problem seiner Generation »die
mystisch-innerliche Konstruktion« bezeichnet und als das
Ziel der jetzigen Moderne ganz konsequent: »durch ihre
Arbeit ihrer Zeit Symbole zu schaffen, die auf die Altäre
der kommenden geistigen Religion gehören und hinter denen der Erzeuger verschwindet«. Kandinsky gar redet von
der »göttlichen Sprache«, die Menschen brauche, um von
Menschen an Menschen gerichtet werden zu können, – von
dem »Ewig-Künstlerischen«, »welches durch alle Menschen,
Völker und Zeiten geht ... und als Hauptelement der Kunst
keinen Raum und keine Zeit kennt«. Deutlicher noch in
seiner charakteristischen Unbekümmertheit proklamiert Kasimir Edschmid die Kunst als eine »Etappe nur zwischen
den Menschen und Gott«, – sie ziele über den Moment nach
Ewigkeit, nach dem Einfachen, Allgemeinen, Wesentlichen;

denn erst unter dem Äußeren liege das Dauernde, Ewige, – »in gesteigerter Sehnsucht Gott zu suchen, durchdringt die Schöpferkraft die Welt und steigt über sich hinaus. Das Werk ... wird der ergreifende Ausdruck der Sehnsucht der Zeit nach dem Unendlichen«.

Man hört überall in den deutschen, deutsch-russischen Erklärungen das Pathos, das aus dem Erfühlen der Ewigkeit, aus dem Willen (vor allem) zur Ewigkeit quillt. Doch ist der Sprachgebrauch, der so altertümelnd den Namen Gottes verwendet, äußerlicher als man zunächst glauben möchte. Denn das Wesentliche, was die moderne Kunst aus der christlichen Mythologie übernommen hat, ist nicht der Gedanke des transzendenten, persönlichen Gottes, den eine Kluft vom Menschlichen und Weltlichen trennt, sondern die Konzeption des *Erz-Engels.* Kaum ein einziger Lyriker wagt den Namen Jehovas zu nennen; wie in alttestamentarischer Scheu hält hier die Sprache und die Vorstellung inne. Nur der Engel tritt im Strahlenglanze seines Lebens auf. Denn der moderne Mensch ist zu selbstbewußt geworden, als daß er eine ewige Wirklichkeit jenseits der Sterne über sich dulden könnte. Auch als religiöser Mensch, – gerade als Religiöser, – steht er zwar der Ewigkeit nahe, aber doch auch wiederum fern; – gerade nämlich in jenem Punkte steht sein innerstes Lebensgefühl und Wollen, wo die Wirklichkeit entspringt aus dem Absoluten, – gerade in jener Schicht, in welcher sich die Schale der Wirklichkeit anschmiegt an den Kern der Ewigkeit, Göttlichkeit. Hierfür ist Symbol der Engel: der ist nicht identisch mit der Ewigkeit Gottes, sondern nur ihr Werkzeug; er ist nicht identisch mit der rastlos fließenden Momentanëität des Augenblicks der Menschlichkeit, sondern nur deren idealisiertes Ähnlichkeitsbild. So ist er rastloser Bote aus dem Jenseits in unsere Welt, Mittler (im eigentlichsten Sinne) zwischen Mensch und Gott, der wahrhafte Übermensch und Untergott. So schwebt er inmitten der ungeheuren und doch stetig von ihm durchflogenen Kluft, die Gott vom Menschen trennt, – aber dem Schöpfer doch irgendwie näher als dem Menschen.

Dies Symbol der Ewigkeit, vielmehr des Hinweises aus der Ewigkeit ins Vergängliche und aus dem Vergänglichen ins Ewige, ist höchst bemerkenswert. Denn würde der Name Jehovas zum Kristallisationspunkt unserer Religiosität, so wäre nicht Mystik, sondern Ekstatik unser religiöses Teil; nunmehr aber ist es die *Mystik*, der wir anheimgegeben sind.

Freilich einer Mystik, die wesentlich anders ist als die des Mittelalters. Denn jene alte, eigentliche Mystik wandte sich ab von der Wirklichkeit; sie fühlte, ihr Angesicht dem Gotte zugekehrt, hinter sich irgend etwas wie eine Luftleere, eine ängstigende Bosheit. Ihr Ziel war letztlich die Ekstase, die den Menschen heraushebt aus der Umwelt, aus der Einheit auch mit den Mitmenschen. Denn mag sie auch noch so sehr voll wirbelvoller Lebendigkeit stecken, sie hat als Sinn doch das restlose Eins-Sein mit jenem Gute, das nicht von dieser Welt ist: das völlige Leben im himmlischen Jerusalem, über dessen Eingangstore der Verheißungsspruch steht: »Es ist noch eine Ruhe vorhanden dem Volke Gottes!«

Man mag über diesen Satz denken wie man will – (er ist die Tröstung unzähliger Mühseliger und Beladener gewesen) –, so besteht er doch heute nicht mehr in seinem alten überirdischen Glanze wie vordem. Die Ruhe ist gründlich verscheucht aus unserer modernen Welt: äußerlich durch den Kapitalismus, innerlich durch die aufpeitschende Dogmatik Nietzsches. Ihn, den Leitstern unserer jüngsten Vergangenheit, hat man in sehr unkluger Weise als den »Mörder Gottes« bezeichnet. Sehr unklug –: denn er trat dem Gotte mit offenem Visier und vor allen Völkern Europas entgegen; und sehr falsch –: weil er in Wirklichkeit gar nicht das Göttliche Wesen in seiner Totalität tötete, sondern nur sozusagen die eine seiner beiden Hälften niederschlug, um in die andere Hälfte alle Macht und Lebendigkeit hinein-

zupressen. Diese zweite, unendlich kräftige Hälfte der Göttlichkeit nannte er das »Leben«. Diese mythologische Gestaltung des »Lebens« gewann die wundervolle Gewalt und
das unheimlich Unbezwingbare der Reden Zarathustras: den
allmächtigen Überschwang der Lebendigkeit und des Willens
zur Macht. Seit Nietzsche beherrscht unsere Bewußtheit
immer stärker der Trieb: immer weiter um uns zu greifen,
immer intensiver und extensiver zu erleben. Die Beweglichkeit und Bewegtheit faszinierte unsäglich. Die Ausströmung
des göttlichen Wesens usurpierte alle Energie: im Hoch-
druck sprühte die innerste Kraft der Welt ins Grenzenlose!

Die Tat des Kapitalismus und des Nietzschetums wirkt auch
heute noch weiter. Ganz unbegreiflich wäre es ja, wie eine
solche tiefstgreifende Umwälzung aller Wertungen nun
etwa sich sogleich ganz anders wenden lassen sollte. Wohl
ist die Ruhe wieder eines jener alten Dinge, nach denen wir
Sehnsucht haben, aber wir erreichen sie noch nicht. Wie die
Hände Ruderern noch zittern in der ersten Muße nach
langer anstrengender Fahrt, sind so auch unsere Seelen noch
tiefstbewegt von allen Zufälligkeiten der jüngst verflos-
senen Epoche? Doch nicht! — sondern: wie Ruderern die
Hände vor Erregung zittern, wenn sie vor einem neuen
Start sich auf die Ausfahrt vorbereiten? Nein, auch so
nicht! — sondern: wie in einer Mischung von beidem:
Rückkehr und Wieder-Ausfahrt! In dieser schwer beschreib-
baren Mischung von Willen zum Ausruhen und Ange-
spanntheit zur Weiterfahrt liegt das Eigentümliche unserer
gegenwärtigen Situation, Haltung der Geistigkeit unseres
Herzens und Gedankens!! Denn selbst jener Künstler, dem
es noch am ehesten gelingt, aus der Vielfältigkeit der Umwelt
die Geistigkeit zurückzuführen in den alleinen Ausgangspunkt der Göttlichkeit und Begrifflichkeit, — auch Schmidt-
Rottluff noch steht gewissermaßen diesseits Gottes, nicht in
ihm. Seine Werke tendieren immer stärker dahin: die Welt
so zu geben, wie sie der göttliche Geist im Momente der

Schöpfung sah, während er ihre Namen dachte und aussprach. *Expressionistische Kunst ist Ausdruck der problematischen Mischung des Hinstrebens zum Göttlichen, Begrifflichen und des Willens, neu gekräftigt wieder an das Tagewerk der Zeitlichkeit zu gehen.*

Die heutige Religiosität der Expressionisten ist eben nicht eindeutig christlich, noch weniger freilich nietzscheanisch. Es kreuzen sich vielmehr in ihr beide Arten des religiösen Welterlebnisses. Denn nicht das ruhige Allgemeine des Absoluten, auch nicht die Ruhelosigkeit der Momentaneität herrscht ihn ihm. Sondern das Gesicht des modernen Menschen ist zwar wieder der dunklen Tiefe der Gottheit zugekehrt, – aber nicht so: daß er (wie der mittelalterliche Ekstatiker) im Rücken irgend eine Feindseligkeit spürte, sondern so: daß er genau weiß, hinter ihm liege eine Welt voll Glanz und Fülle, Kraft und Größe, von der er sich nur abwendet, weil es ihm notwendig und erfreulich erscheint, ältere, tieferliegende Schichten seines Wesens neu zum Leben der Gegenwart zu erwecken, – Schichten, die doch auch (wie spätere) im Feuer leidenschaftlichen Erlebens glühen sollten, doch noch erstarrten und verkrusteten. So ist der Mensch unserer Zeit gleichsam im ruhigen Fluge dem Absoluten zugewendet, um doch in irgend einer lehmbruckhaften Biegung seines Körpers, seines Halses die Bereitschaft und den Willen zu erneuerter Umkehr und vertiefterer Arbeit zu verraten.

Nicht ganz richtig ist es daher, eine starke seelische Verwandtschaft zwischen Theosophie[1] und Expressionismus heraustüfteln zu wollen. Gewiß ist die Theosophie weniger quietistisch wie die alte Mystik, sie glaubt an eine vage Vervollkommnung des göttlichen Geistes während seiner Arbeitsamkeit innerhalb der irdischen Welt, in den Masken der Einzelmenschen. Aber trotz aller Achtung vor der gegenwärtigen Lebendigkeit liegt der höchste Wert dem

---

1. ›Gottesweisheit‹ aus unmittelbarer, mystischer Schau.

Theosophen doch im Kern der Welt, nicht in ihren bunten Schalen. So steht er dem Christentum näher als dem Expressionismus.

Man darf mit gewisser Einschränkung sagen: der deutsche Geist hat nun wieder den unmittelbaren Anschluß an die Weltseele gefunden wie in den Tagen des Mittelalters, und zugleich das Bewußtsein für die Berechtigung der Existenz überhaupt, wie zu den Zeiten Goethes fast. Aus dieser religiösen Einstellung in die doppelte Bewußtseinrichtung: auf das Absolute *und* auf das Weltliche hin und zweitens aus der einfacheren Blickrichtung auf das Absolute allein, ergeben sich die *zwiefachen Formungsmöglichkeiten der expressionistischen Lebendigkeit.* Zwar liegt solcher Doppelheit des Expressionismus zunächst der Lebens-Willen zur Einfachheit und Größe zugrunde: zur Größe – denn wo wäre eine Kraftquelle, die sich mit dem Absoluten vergleichen könnte? und zur Einfachheit – denn hierzu zwingt sie die Nähe des Absoluten, dessen verzehrendes Feuer nichts Raffiniertes duldet, sondern ans Primitive zurückverweist. Aber diese innerste Quelle primitiver Monumentalität kann sich in zwiefacher Richtung ein breites Flußbett bahnen. Denn einmal mag sich der Geist, zurückgewandt zum Göttlichen, so seine Welt im Kunstwerk gestalten, daß die Grundlinien allgemeiner Art immer stärker hervortreten. So formen sich dann die allgemeinen Bilder der Dinge, der Begierden, der Begriffe, der sozialen Verhältnisse: zum *abstrakten Expressionismus.* Oder aber der Geist spürt den Ausstrom des Lebens aus seinem absoluten Kraftreservoir hinaus in die Einzelheiten der Wirklichkeiten. Auch diesem Expressionismus raubt die Primitivität den Willen und das Vermögen zur klaren Umschreibung der Einzelheiten der Welt: das Gegenständliche ruht auf Unendlichem, und dessen Lebensfülle überflutet den engen Raum der natürlichen Gegebenheit. Es weitet sich alles aus, wird größer, machtvoller, intensiviert sich in der Weite und berauscht sich: im *ekstatischen Expressionismus.* Vielleicht kann man diese zweite Art auch als »barocken Expressionismus« bezeichnen, denn gemeinsam ist ihm und dem Barock der Sinn für die Überschwänglichkeit und die unbezähmbare Glut des Herzens. Zwei Richtungen des Expressionismus (deren Analyse spätere Aufsätze gewidmet sein mögen) sollen hiermit angedeutet sein: der absolute und der ekstatische Expressionismus. Diese beiden Richtungen werden wir überall wiederfinden in unserer Gegenwartskunst: in Schmidt-Rottluff und Nolde, Werfel und Becher, Hasenclever und Kaiser. Überall aber pulsiert in überaus engen oder überaus weiten Adern das Blut der expressionistischen *Primitivität und Leidenschaftlichkeit.*

2. Einfühlung und Abstraktion

KURT HEYNICKE

Seele zur Kunst

Die Zeit, die im Expressionismus eine Krankheit ihres Körpers sah, ist tot. Die Kunst der Seele lebt, denn die Seele ist schaffende Mutter der neuen Kunst. Die Bewegung des Alls fängt der Geist auf und gestaltet sie sichtbar durch den Ausdruck der Kraft, die Rhythmus ist, wie das strömende All.

Die neue Kunst ist erwacht. Sie ist die junge Stufe der neuen Menschheit. Die neue Menschheit – vorerst noch *Kreis* in der Menschheit – lernt, mit der *Seele* zu *fühlen.* Bisher *sah* sie mit dem *Auge.* Bisher ging der Mensch über die Sinne zur Seele und wunderte sich, wenn er die Seele nicht fand. Denn die Sinne sind dunkel und leuchten nicht. Die neuen Menschen haben die Seele gefunden, sie fühlen die Kunst mit der Seele. Sie stellen die unaussprechliche Bewegung dar, indem sie sich in die Bewegung stellen und sich selbst bewegen. Sie stellen sich mitten in das bewußt gewordene Gefühl. Das sehende Auge ist nur Gleichnis des schauenden Gefühls.

Einst lehnte der Künstler an den Dingen, heute lehnt er die Dinge ab, er verachtet die Dinge. Er gestaltet sich – sich, Teil der Welt, – und seine Gestalt steht mitten im Kunstwerk. Die neue Kunst führt uns zu uns. Sie ist der Weg zur Seele.

Der Bürger fürchtet sich vor der Seele, die seine Lächerlichkeit tötet. Er fürchtet sich vor einer Kunst, welche Seele fordert, um zu geben. Deshalb schreit seine Stimme nach der Natur. Aber die Natur beugt sich vor ihren Herren und lächelt über die Nachahmer ruhender Ereignisse, über die Nachahmer, welche die Bewegung noch nicht gefunden haben. Nicht die Natur gebar die Bewegung, sondern die Bewegung schuf die Natur. Es ist schwer, die Seele zu finden. Denn sie ist Ewigkeit. Aber mitten unter uns steht die Kunst. Wir brauchen uns nur in die Ewigkeit zu stellen.

Der Willen zur Seele

Das Jahrhundert der Entdeckung der Seele ist angebrochen. Noch zuckt die Erde unter der gesteigertsten Verkörperung der Leidenschaften, aber auf immer mehr Menschen wirft sich die Erkenntnis, daß uns ein Schrei nottut: Mehr Seele! Wir müssen die Seele wieder entdecken. Und die Herrschgewalt der Seele.

Es tut uns eine neue Religion der Seele not, ohne Dogma, ohne Gesetze, – nur Gefühl.

Christus ward Kirche. Deshalb versagte er.

Wir müssen ein Führertum der Seele aufrichten. Es offenbart sich nicht im Äußeren. Es hat keine Gebärde und gehört den Stillsten im Lande, die keinen Namen nötig haben. Denn es wirkt im Stillen. Die Seele hat keine tönende

Sprache, sondern die Schwingungen des Gefühls, die Laut-
losigkeit der Gedanken, die Ausströmungen ihrer selbst,
Kraft und höchste Leidenschaft, rein wie die schaffende Leidenschaft des Allgeistes, dessen Teil die Seelen sind.

Die Gemeinschaft der Seelen ist ein Meer, das an toten
Ufern frißt und immer mehr hineinzieht in den blauen
Kreis seiner Unendlichkeit.

Die Gemeinschaft ist nicht allgemein, nur strömt aus ihrer
unsichtbaren Besonderheit Kraft auf die Allgemeinheit,
suchende Kraft, die Sehnsucht weckt nach der Kraft.

Jeder kann eintreten in den Kreis der Seelen. Nur eines ist
nötig: der Willen zur Seele.

Die Seelen wollen heiligen, und der Ausdruck des Leibes
soll überblüht sein von der Seele. Die Möglichkeit seelischer
Zeugungsakte neuer Seelenkräfte im Weltall wird erkannt.
Geboren aus dem Strom Gottes, der die Seelen durchfließt:
Liebe.

Alles Sinnliche ist Gleichnis. Die Gleichnisse müssen beseelt
werden.

Wir sind Schreitende auf uraltem Weg, den wir neu gefunden haben.

Wir wollen ihn gehen, damit wir vollkommen werden.

OSWALD HERZOG

Der abstrakte Expressionismus

Expressionismus ist Ausdruck des Geistigen durch Form.
Form ist Bewegung-Rhythmus. Das Materielle der Form
für die bildenden Künste sind: die Linie, Fläche und das
Licht (Farbe). Abstrakter Expressionismus ist vollendeter
Expressionismus; er ist die Reinheit der Gestaltung. Er gestaltet geistiges Geschehen körperlich, er *schafft* Objekte
und nimmt nicht Objekte – Gegenstände. Gegenstände sind

an sich schon ganze Komplexe von Ausdrucks-Bewegungs-vorgängen.

Dem *materiellen* Expressionismus dient noch das Objekt zur Gestaltung. Er abstrahiert das Wesen eines Gegenstandes durch Ausscheiden alles Unwesentlichen zur Reinheit und Größe. Es ist das *Nacherleben* eines Objekts – Gestaltung in Vergangenheit. Die Abstraktion offenbart den Willen des Künstlers; sie wird Ausdruck. Der Künstler zwingt durch seinen Willen zum Miterleben.

Der *abstrakte* Expressionismus ist das Gestalten des Geschehens – des Lebens an sich; es ist Gestaltung in Gegenwart. Der Künstler hat bei seiner Intuition keine Vorstellung von Gegenständen. Leben fordert nur Gestaltung. Er läßt Formen entstehen, die Träger seines Erlebens sind und sein müssen. Nichts ist Willkür, alles ist Wille. Wille ist Kunst.

Gestaltung des Geschehens durch Abstraktion der Form ist ein Gebären in der Natur. Es werden Objekte, die nicht der Natur entnommen aber der Natur verwandt sind. Die Einheit des allumfassenden Lebens – der Rhythmus – ergibt die Verwandtschaft. Dinge zu schaffen, die sich jeder Verwandtschaft der Natur entziehen, wird es niemals geben. Selbst die freiste Gestaltungsform – die Gestaltung des Dinges an sich – das Spiel der Fantasie – ein intellektueller Impressionismus – wird seine objektive Spiegelung dort finden, wo das Leben der Natur zerstört ist – im Chaos – wo der Wille vernichtet ist und es jedem überlassen bleibt zu sehen, was er will. Der intellektuelle Impressionismus ist das Spiel des Künstlers mit Formen nach Willkür und Laune. Es ist eine rein persönliche Angelegenheit, die nicht zum Miterleben zwingt; es fehlt die Überzeugung der Gestaltung. *Schönheit* in der Freiheit der Fantasie zu empfinden ist eine Verflachung der Kunst, wie wir es erst vor kurzem im Realismus erfahren haben. Schönheit im allgemeinen Sinne ist dekorative – oberflächliche – Geistigkeit. Absolute Schönheit ist der Wille. Wo kein Wille ist der Zufall;

Zufälligkeit ist das Chaos – die Unordnung – das Fehlen organischen Lebens. Jeder großen Kunstepoche ist die Gestaltung des Willens eigen – in Form einer Neugestaltung.

Der abstrakte Expressionismus ist die Evolution des Naturalismus, die aus der Revolution des Kubismus und Primitivismus hervorgegangen ist. Jede Flucht zur alten Kunst war eine Kunstlaune – Mode – und keine Kunst. Nur aus *Reaktion* zum Naturalismus bildeten sich Kubisten und Primitivisten. Durch Nacherleben ältester Kunstformen werden sie zu einseitigen Stilisten. Will man Kunst nacherleben, darf man nicht einseitig nur etwa die Kunst des Barocks und Rokokos unbeachtet lassen. Oder will man sie für eine größere Kunstlaune reservieren? Der Rhythmus des Barocks und Rokokos ist an sich eine ebenso starke Form als der Rhythmus der ägyptischen oder frühgriechischen Kunst. Das einseitige, aus Reaktion hervorgegangene Nacherleben ältester Kunst hat wenig mit einer Vergeistigung der Kunst gemein. Aus rein geistigem Gestaltungsdrange ging der Futurismus hervor. Er sucht Gestaltung der Expression durch Gegenstände. Gegenstände sind aber schon gestaltet. Er benutzt demnach das Gleichnis – Sinnbild – er ist erzählend aber nicht seiend. Kunst gestaltet das Geschehen selbst.

CARL EINSTEIN

Totalität

I

Über die spezifisch gesonderte Stellung hinaus bestimmt Kunst das Sehen überhaupt. Das Gedächtnis aller geschauten Kunst belastet den Betrachter, wenn er ein einzelnes Bild ansieht oder einen Natureindruck aufnimmt. Die Kunst verwandelte das Gesamtsehen, der Künstler bestimmt die allgemeinen Gesichtsvorstellungen. Somit die Aufgabe, jene zu organisieren. Damit die Augen der Allgemeinheit sich ordnen, sind Gesetze des Sehens nötig, die das Material des physiologischen Sehens werten, um ihm einen menschlichen Sinn zu verleihen. Unsere räumlichen Vorstellungen werden uns bedeutend, da wir durch die Kunst imstande sind, sie zu bilden und zu verändern. Kunst wird wirkende Kraft, wieweit sie vermag, das Sehen gesetzmäßig zu ordnen. Zu oft verwechselte man die Typen des psychologischen Ablaufs des Kunstbetrachters mit den eigentlichen Gesetzen, indem man naiv den Betrachter mit dem Bildwerk verschmolz.

Kunstgesetze ergeben sich nicht aus den Begriffen, die dem Urteil über Kunst zugrunde liegen; vielmehr bauen sich die Kunstgesetze auf den Grundformen auf, die einem möglichen Kunstwerk zugrunde liegen. Unter dem Einfluß der Philosophie erhob man, diese überschätzend, die Lehre vom Kunsturteil zur Grundlage der Ästhetik und glaubte so das der Kunst Eigene konstruieren zu können. Es ist dies die Folge der Lehre, daß Philosophie Wissenschaftslehre von den Begriffen sei, die unserem Erkennen zugrunde liege, so daß man daraus schloß, Ästhetik sei die Lehre von den Begriffen, die dem künstlerischen Urteil zugrunde liegen. Hier zeigen sich deutlich die Folgen eines indirekten Verfahrens, daß nicht die gegebenen Tatsachen zu Voraussetzungen erhoben werden, sondern ein surrogierter psychologischer Verlauf oder intellektueller Bestand, dessen Funktion wiederum gleichsam metaphysische Substrakte unterlegt werden. Eine entscheidende Tatsache ist das Urteil über Kunst nicht, dem stets als mindestens gleichberechtigt der Vorgang des Kunstschaffens entgegengestellt werden kann. Vielmehr die einfache Tatsache, daß eine Reihe von Leistungen vorhanden ist, die Kunst darstellen. Gewiß könnte man annehmen, daß man aus dem Urteil der Kunsterkenntnis bestimmen könne, was denn Kunst überhaupt sei, wo sie beginne und wo sie aufhöre; zumal eine erdrückende Menge angeblicher

Kunst besteht, welche als schlecht, gemein oder unkünstlerisch bezeichnet wird. Hier setzt der Begriff des qualitativen Urteils ein, das zwar nichts Objekthaftes dem Gegebenen hinzufügt, aber auch nicht innerhalb des gegebenen Bestandes verharrt. Zumal der Beschauende durch das Urteil für sich den Tatbestand bestimmend verwandelt und festlegt. Diese Widersprüche sind durch die Natur des Kunsturteils selbst bedingt, da dieses nicht intellektuell ist, vielmehr von den Elementen der Form auszugehen hat.

Vielleicht wird man, um zu einer deutlichen Vorstellung zu gelangen, die Ästhetik nicht mehr als ein Methodengebiet der Philosophie betrachten dürfen, worin die Methode der Kunsterkenntnis untersucht wird, und zwar Erkenntnis in dem Sinne definiert, daß Erkenntnis etwas Postumes sei. Vielmehr verlege man den Begriff der Kunsterkenntnis in das spezifische Schaffen selbst; in dem Sinn, das einzelne Kunstwerk selber bedeutet einen spezifischen Erkenntnis- und Urteilsakt. Gegenstand der Kunst sind nicht Objekte, sondern das gestaltete Sehen. Es geht um das notwendige Sehen, nicht um die zufälligen Objekte. So dringt man zu den objektiven Elementen dessen, was apriorische Kunsterkenntnis ist, die sich im Urteil über Kunst nur a posteriori ausspielt. Der Erkenntnisakt, das heißt die Umbildung der Weltvorstellung geschieht weder durch das Schaffen des Kunstwerks oder das Betrachten, vielmehr durch das Kunstwerk selbst. Denn Erkenntnis, die über ein kritisches Verhalten hinausgeht, heißt nichts anderes, als Schaffen von Inhalten, die an sich gesetzmäßig, das heißt transzendent sind.

Die Gesetzmäßigkeit der Logik ist nicht allgemein, sondern Logik ist spezifische Wissenschaft wie Physik oder irgendwelche, die ihre eigenen Gegenstände besitzt, es aber nicht unternehmen darf, ihre besonderen Gegenstände zum Inhalt einer allgemeinen Wissenschaft umzufälschen.

Aus diesen Anmaßungen der Logik entsprang der Irrtum, daß man mit logischen Hilfen religiöse Systeme zerstören könne, während man nichts weiter erwies, als daß Logik unfähig sei, die gesamten geistigen Bestände zu erfassen und zu gründen. Wie die Scholastik glaubte, daß man mit dem Urteil das Sein erzeuge, so gab man sich dem nicht minder gefährlichen Irrtum hin, daß nur die Logik geistige Systeme auf ihr Daseinsrecht hin begründe. Logik ist nichts weiter als die Lehre von den Begriffen, die der Logik selbst zu eigen sind, die aber auf die geistige Welt nicht beherrschend oder rechtfertigend wirken können, vielmehr mit ihr nur so weit verbunden sind, als sie auch einen besondern Teil des Bestandes darstellen. Aus dieser irrtümlichen, zu verallgemeinerten Anwendung der Logik ergaben sich in jedem Sondergebiet Antinomien, die verschwinden, sobald man jedes Gebiet auf seinen besonderen, objektiven, wirklich erkenntnismäßigen Bestand prüft. Die Logik als allgemeine Wissenschaft ist eine Technik des Vergleichs, woraus sich unmittelbar der dialektische Charakter der logischen Praxis entwickelt, was der Möglichkeit, Gesetze aufzustellen, zuwiderläuft.

II

Psychologie ist nichts anderes als eine Reaktion gegen die Logik. Man hoffte zu bestimmenderen Ergebnissen zu gelangen, konstruiere man einzelne Fähigkeiten oder Funktionen. Die Psychologie begründete ihre Erkenntnis zumeist auf Tatsachen, die gänzlich außerhalb des Philosophischen liegen, die wohl Bestandteile unseres Seins ausmachen, jedoch niemals den besonderen Bestand gesetzmäßiger totaler Gebiete erklären können, da sie vielleicht Vorbedingungen erörtert, aber nicht den unmittelbaren Bestand. (Es ist einzufügen, daß Psychologie häufig mit Mischbegriffen operiert.) Sie verfällt ebenso wie die Logik dem Irrtum, eine Wissenschaft sei fähig, mehr als über sich selbst auszusagen. Dies entspringt dem Fehlen einer allgemeinen Metaphysik, die, ebensowenig wie eine andere Wissenschaft, Regeln der Sondergebiete zusammenzufassen vermag und nur als ge-

schlossene oberste Realität, als intensivste Gewalt unseren
Fähigkeiten gelten darf, nicht aber als extensiv allgemeine.

III

Was alle diese Gebilde der geistigen Welt trennt und somit
ihnen zu einem bestimmt geformten Sein verhilft, ist Totalität. Gebilde sind erst, wenn sie deutlich sind, Form gewinnen; nur die Totalität, ihre Geschlossenheit macht sie
zum Gegenstand von Erkenntnis und ermöglicht, daß sie
realisiert werden können. Denn jede Realisierung und jede
Bewußtheit heißt nichts anderes als Abgrenzung; Totalität
ist nichts anderes als ein geschlossenes System spezifischer
Qualitäten, und dieses ist total, wenn eine ausreichende
Intensität die Totalität begleitet. Totalität macht, daß das
Ziel jeder Erkenntnis und Bemühung nicht mehr im Unendlichen liege, als undefinierbarer Gesamtzweck, vielmehr
im einzelnen beschlossen ist, da die Totalität das konkrete
Sein der einzelnen Systeme rechtfertigt, ihnen den Sinn
verleiht. Totalität ermöglicht die Aufstellung qualitativer
Gesetze, insofern die Gesetzmäßigkeit im einzelnen System
nicht mehr auf der variierten Wiederholung und der Wiederkehr des gleichen beruht, vielmehr auf der Artung ele-
mentarer, spezifischer Gebilde. Hierdurch gelangt man zur
Aufstellung qualitativer Gesetze, die immer ein geschlossenes System ergeben; die nicht quantitativ variieren, sondern intensiv, die nicht endlos wiederkommen, sondern
qualitativ sich ablösen, so daß es möglich ist, solche Gesetze
auf den zeitlichen Verlauf anzuwenden, zum Beispiel die
Biologie, ohne daß man genötigt ist, das Individuelle der
Tatsachen zu zerstören.
Wir betonen, daß Erkennen nicht ein kritisches Verhalten
ausmache, vielmehr ein Schaffen von geordneten Inhalten,
das heißt totalen Systemen bedeutet. Als System gilt uns
nicht mehr die Einordnung einer Vielheit, die gewisse einseitige Merkmale aufweist, wir fassen darunter keine ir-

gendwie quantitativ bestimmte Ordnung, das heißt eine
solche, die eine gewisse Zahl von Gegenständen umfaßt;
vielmehr bezeichnen wir als System jede konkrete Totalität, die nicht durch ein außenliegendes Instrument eine Ordnung oder Gliederung erfahren kann, sondern die an sich
schon organisiert ist. Indem wir das Erkennen als Schaffen
konkreter Organismen definieren, entziehen wir die Erkenntnis der Lehre einer sich wiederholenden Allgemeinheit.
Hierdurch wird die Erkenntnis ihrer theoretischen Isoliert-
heit und Bedeutungslosigkeit entrissen, und das Erkennen
wird dem Schaffen gleichgesetzt und ein Unmittelbares geschaffen, das zwar latent dawar, jedoch nicht dargestellt
wurde.

IV

Totalität ist ein in keiner Weise ableitbarer Begriff, der
weder aus Teilen gewonnen, noch auf eine höhere Einheit zurückgeführt werden kann (rechtfertigt jedes Lebewesen).

Totalität schließt niemals irgend etwas aus, das heißt vor
ihr gibt es weder ein Positives noch ein Negatives, denn der
Kontrast, das heißt die unbedingte Einheit von Gegensätzen
macht die Totalität aus.

Totalität ist niemals irgendwie quantitativ bestimmt und
kann immer eintreten gemäß rein qualitativer Voraussetzungen. Jeder individuelle Organismus muß total sein.

Totalität ist nicht Einheit; denn diese bedeutet stets Wiederholung, und zwar Wiederholung ins quantitativ Unendliche;
während Totalität als endliches System nur unter Mitwirkung aller bestimmten, verschiedengearteten Teile eines
Systems da ist. Infolgedessen wird, was eine übergedank-
liche Tendenz besitzt, innerhalb des Gesetzmäßigen ausgeschaltet.

Die Totalität ermöglicht die konkrete Anschauung, und
durch sie wird jeder konkrete Gegenstand transzendent. Sie
hat als Intensität nichts mit der extensiven Größe des räum-

lich Unendlichen zu schaffen, dessen Abgeleitetes das Zeit-
lich-Unendliche der Physiker ist.

V

Innerhalb des seelischen Verlaufs nehmen wir totale, das
heißt geschlossene Gebilde auf.
Diese Gebilde machen das Gedächtnis aus und funktionieren
als geschlossene Qualitäten, da gerade die Totalität ihren
Sinn ausmacht, insofern sie von der Totalität die qualita-
tive Bestimmung erhalten. Wir wären nie imstande, Bestimmtes vorzustellen und zu bestimmen, wenn unser Gedächtnis nicht die Vereinigung prägnanter qualitativer
Gebilde darstellte, ohne die, da Totalität eine Funktion ist
und eine zeitliche Bestimmung erhält, die Zeit für uns nie
Unterschiede enthalten könnte. Zeit, rein vorgestellt, muß
qualitativer Unterschied der Erlebnisse bedeuten, der, alle-
gorisch an Hand geometrischer Vorstellungen betrachtet,
räumliche Folge bedeutet, während Zeit nur Unterschied
der Qualität ist.
Da wir Erkennen als Schaffen konkreter Gegenstände definieren, sind Prinzipien erst an Hand des Seins, dieser Art
des Erkennens vorstellbar. Die apriorische Voraussetzung
des Prinzips ist die Qualität respektive die Totalität. Alle
qualitativen Prinzipien sind Umschreibungen a posteriori
der Totalität. Kunst erkenntnismäßig betrachtet, geht nicht
auf Begriffe, sondern auf die konkreten Elemente der Darstellung. Der totale Gegenstand absorbiert jeden psychologischen Verlauf, der auf ihn hinzweckt, also auch jede
Kausalität. Die kausale Betrachtung ist eine rein rück-
schauende, welche stets den konkreten Gegenstand über-
schreitet; die Ursachen sind surrogiert, nicht das Totale. Die
Ursachen eines Gegenstandes liegen in einer anderen, postu-
men Ebene als der Gegenstand selbst. Kausales Denken löst
in eine ungegliederte Vielheit auf und veräußert ihren
Gegenstand zur Allegorie eines unsinnlichen Vorgangs, der

außerhalb des Gegenstandes liegt. Darum sagt sie nicht über die Form, die Qualität desselben aus.

Das Gedächtnis ist die reine Funktion qualitativ verschiedener Erlebnisse, die ihrer Qualität nach untergeordnet werden und *simultan* latent sind, um zu agieren innerhalb eines qualitativen Erlebnisses, das Entsprechendes oder Entgegengesetztes hineinnimmt. Am konkreten Erlebnis besitzen wir die Zeit unmittelbar, an der Beziehung des Qualitativen bewußt. Wir messen die Zeit mittelbar wissenschaftlich mit Hilfe der Größe und verwandeln sie in ein simultan Räumliches, während sie unmittelbar Differenz der Qualität ist.

In der Beziehung des konkreten Erlebnisses zu den qualitativen Funktionen der Gedächtnisvorstellungen greifen wir die Zeit unmittelbar.

Jeder Gegenstand kann total sein, insofern es keine einfachen Gegenstände gibt.

Totalitäten unterscheiden sich voneinander durch Intensität, das heißt je kräftiger und reicher der Bezug ihrer Inhalte ist, je stärker diese Elemente darstellen.

Diese Denkweise geht vor allem auf Erschaffen von Gegenständen aus und knüpft aufs engste an den unmittelbaren Lebensprozeß an, der, wie das Gedächtnis, rein qualitativ bestimmt ist; denn die Zahl ist das Mittel eines retrospektiven Denkens, das unaktiv und postum die Täuschung veranlaßt, eine Kontinuität sei nur durch das Unqualitative und die Zahl verbürgt, während die Totalität eine bis ins kleinste gegliederte Zeitfolge erweist, die in jedem Punkt zeitlich, das heißt qualitativ unmittelbar interpretiert, deren Intensität bald zu-, bald abnimmt, je nach Art und Intensität der Erlebnisse und in *jedem* Augenblick tatsächlich beginnen kann. Die Totalität ermöglicht es, daß wir an jedem beliebigen Punkte unserer Erlebnisse diese wie ein Ganzes betrachten, und Zeit das Synonym von Qualität bedeutet.

Die quantitative Betrachtung verbietet, an irgendeinem Punkte stehenzubleiben, da ihre Kontinuität niemals qualitativ bestimmt werden darf, was eine Begrenzung ausschließt. Die quantitative Betrachtung der Erlebnisse erlaubt uns nicht, irgendwie eine nur kleinste Einheit festzustellen, das heißt unsere Erlebnisse lösten sich vollkommen chaotisch auf und wir verlören jeden Weg, unsere Erlebnisse zu latenten bestimmten Funktionen umzudeuten, welche qualitativ bestimmt an jedem beliebigen Punkte hervortreten können.

Da das Quantitative nichts Neues erzeugen kann, sondern nur die Wiederholung einer Einheit darstellt, so kann es niemals als Darstellungsmittel irgendwelcher zeitlicher Prozesse benutzt werden, außer wenn diese selbst rein quantitativer Art sind, das heißt man wiederholt rückschließend einen Prozeß, was jedoch unmittelbar unmöglich erscheint, denn die zeitliche Anschauung stellt immer eine neue Konstellation dar. Trotz der stets qualitativen Verschiedenheit zersplittert unser Sein nicht, da es als Qualitatives eine der Totalitäten darstellt.

3. Aktion und Politik

LUDWIG RUBINER

Aktualismus

Alle künftige Rede, Aussprache, Literatur, Mitteilung fürs Leben wird nicht mehr psychologisch sein, sie wird metaphysisch sein. Übersetzt ins Vokabular unserer Realität, der Realität von Wesen der großen Menschengemeinschaft, heißt das: sie wird ethisch sein. Unsere Ohren, die trotz der Mordjahre in eine neue Zeit hinein horchen, werden anderes nicht mehr zulassen.

Der Weg, den wir in die Ewigkeit nehmen, muß durch die Jetzigkeit gehen. Der Leib des Menschen ist nur einmalig, aber diese Einmaligkeit ist sein höchster Wert. Je tiefer und vollkommener wir einmalig sind, um so gemeinsamer sind wir allen. Je eindeutiger wir uns entscheiden, um so unendlicher ist unser Handlungsbereich. Nur wenn wir unser Leben, das eines menschlichen Wesens, ganz auf der Erde durchsetzen, werden wir auch geistiges Wesen sein. Der Eremit und der (sogenannte) Asket sind Spezialitäten. Sie betrachten das Geistige als Sonderexistenz, wie Kinder das Licht durch ein Kaleidoskop anschauen; sie sind Verwirrer, denn sie lenken das menschliche Denken vom Geist ab, und der Betrachtung eines Betrachters zu; zuletzt, sie verwirklichen nicht, sondern träumen nur die Verwirklichung. Jede Lehre, die allein auf die bloße »Vermeidung des Sündhaften« ausgeht – kann sehr groß sein, sie ist aber nur eine Lehre der schönen Haltung, des Symbolischen und des Niveaus. Nichts ist ruchloser als Exklusivität, und nichts grausamer als Isolation. Nur *die* Lehre, und einzig sie, hat Sinn für den Menschen, deren Wort uns ein Zeichen auf den Weg setzt gegen unsere Frage: Was sollen wir tun?

Was wir nicht tun sollen, wissen wir heute mehr als je.

Aber nie kann eine Antwort auf diese Frage heißen: Abwarten! – Sie muß, im Gegenteil, auf bestimmteste Einzelheit gebracht, heißen: Handeln! Und: Selbst handeln! Und: Gemeinsam handeln! Zu fordern ist noch mehr; die Bestimmung: Wann handeln, wie handeln, wohin handeln.

Wenn wir handeln, begehen wir oft Unrecht. Es ist falsch, darum vom Handeln abzulassen. Unsere Vereinzelung, die des Nichthandelnden, begeht viel größeres Unrecht. Jeder weiß das aus seinem praktischen Leben. Nur das Schlimmste sei erwähnt: der Vereinzelte will nicht »gestört« werden. Es ist uns aber gegeben, oft Unrecht zu begehen, wenn es aus Güte geschieht und für die Gerechtigkeit. Ohne Güte und ohne das Ziel der Gerechtigkeit gibt es kein Handeln; was man, fälschlich, so nennt, ist nur die automatische, wieder in sich zurückschnappende Bewegung eines angestoßenen Uhrwerkes. Wirkliches Handeln ist aber stets: Handeln für den Geist. Und was ist »Vermeiden des Sündhaften« anderes als Schmuck; Dekoration des Ethischen; Kunstgewerblichkeit des Gemeinschaftslebens! Es ist weder seelische noch geistige Gesinnung, das Böse aus dem Leben (– um einen für die Besitzidee bezeichnenden Malerausdruck zu gebrauchen –) »auszusparen«. Es ist nur bequem. Es ist – erbärmlich schauerlichster aller Zustände – zufriedenstellend! Kennen wir nicht jene hohen, hellen und jammerhaft öden Laboratorien, Bierhäuser, Kaufpaläste, in denen das Störende, Unangenehme und sogenannte Unkünstlerische ausgespart und vermieden wurde? Sie sind die Kronzeugen der Monumentalität aus Menschenangst. So führt auch die Vermeidung des Sündhaften zu einer leerhallenden Architektonik des Lebens. Und es bleibt im erhabensten Falle, daß der Betrachter, welcher menschenflüchtend im chaotisch echowerfenden Mittelsaal seines sündlosen Monumentalhauses sitzt, sich von Sünde frei glaubt. Während draußen rings um die Unschuldsburg das Böse an die Mauern schäumt.

Nicht Vermeidung des Bösen gilt es, sondern Widerstand gegen das Böse.

Aber der Widerstand gegen das Böse ist nur ein geringer Kreisausschnitt des Lebens, und schon längst einbegriffen im großen Umkreis des Handelns. Wer handelt, für den Geist handelt, der lebt auch zugleich stets im Widerstand gegen das Böse.

Entrückte und Ekstatiker preisen die Zeitlosigkeit. Mißtraut ihnen! Denn der Zeitlose weiß nur vom Ich, nicht mehr vom Anderen. Er weiß nicht von Gut und Böse, nicht von Recht und Unrecht. Er weiß nicht von Werten. Aber die Werte sind göttliche Stundenzeiger für den Menschen. Der Zeitlose will uns glauben machen, er sei in Gott eingegangen. Aber das kann man nicht. Und er belügt sich und uns um einer Ausflucht willen. Man kann nur, in der größten Stunde des Lebens, zum eigenen Bewußtsein von der Existenz Gottes kommen. Aber diese Stunde gibt unverlierbar die göttlichen Wegweiser, die Werte, in die Hand des Menschen. Dagegen die Zeitlosigkeit der Mystiker ist nur eine Entschuldigung für die Beschäftigung mit der rein psychologischen Verfassung des Menschen, seiner elementenmäßigen. Die eitle, unausgefüllte, alles gleichsetzende – entwertende – Widerstandslosigkeit des Psychologischen gegenüber der metaphysischen Existenz des Menschen wird immer in Zeiten der Krise sichtbar. Vielmehr diese Sichtbarkeit *ist* die Krise.

Heilig sei uns die Zeit. Die erhabenste Forderung vor uns selbst heißt: Jetzt! Entzeitlichung heißt Aufschub. Aller Aufschub entmenscht uns. Nicht Vertröstung tut heute Not, sondern Tröstung. Nur wenn wir geben, aktiv lieben aus dem Geiste, wenn wir handeln: können wir trösten. Nichts bleibt uns übrig, als in die Welt einzugreifen.

Der Aufschub, die leeren Versprechungen, brennen der Menschheit die tiefsten Wunden. Nur die ewige und stets von neuem wundertragende Entscheidung des Augenblicks, der Mut zum unbedingten »Gleich Jetzt!« kann uns heilen. Nicht einmal begreifen werden wir die Ewigkeit, noch weniger in ihr leben, ohne das Gegenmaß des Jetzt. Aber gerade das äußerste, beschränkteste, unmittelbarste und glühendste Jetzt ist das Sprungbrett, das uns im Sturmschwung in die Ewigkeit trägt, und selbst, unter dem Anprall unserer Füße, in Trümmer fliegt.

KARL OTTEN

Adam

Steht eine Menschheit vor der Tatsache Kunst derart, daß sie von kommenden Geschlechtern als tiefster Ausdruck und untrennbare Einheit jener Epoche erlebt und bewertet wird, zwischen beide schon das Kriterium ihres epigonenhaften Geschichtsgefühles als Trennung einbauend – so wuchs den-

noch, aller nachgeborenen Kritik zum Trotz, jener Menschheit Kunst in Ruhe, Unbewußtheit, Gläubigkeit als göttliche, metaphysische Größe ihrer Freiheit in Weltgegenwart
und Zukunft.

Mit allen ihren Kräften und Nachgiebigkeiten schleuderte
sie die Berufenen aus ihrer Mitte in die Höhe näher an den
allen gemeinsamen Gott, damit sie vermittelten zwischen
seinem Glanz und ihrer Sehnsucht. Und wußten nichts anderes, als in demütigem Staunen emporzubeten ihre Güte,
ihre Sünden durch diese Abbilder, so daß göttliche Wun-
derkraft oft auf die Meister, öfter auf ihre Werke über-
geglaubt wurde.

Wieweit verführte das Bildnerische den Occidentalen zur
Abgötterei, da er bewußt oder unbewußt Göttliches in Be-
dingtes, Menschgewolltes bannte?

Wieweit vermag das Bildwerk den Abtrünnigen zurückzuführen zu dem nicht geoffenbarten, nicht den Dingen zu-
gänglichen Gotte?

Wieweit vermag der Künstler wiederzuschaffen im Dampf
des göttlichen Atems, so daß alle seine Werke ebenso nahe
bei Gott wie fern den Menschen und doch beiden nah auf
dem Stern jenseitigen Erlebens sind?

Darüber vermochte der lauteste Schlachtruf, das klügste
Manifest protestierender Expressionisten nicht hinwegzu-
täuschen: Allen fehlte die zwingende Größe des unmittelbar überzeugenden, welterschütternden Erlebnisses.

Der Krieg aber erschüttert jede, auch Künstlers Welt!

Er erschüttert und verschüttet die Kultur des Impressionismus, die im Expressionismus eine willkommene Variante
fand; da sie Gott und Geist vortäuschte, indem sie erklärte,
was nur zu erleben war und so, dem Menschen eine Formel
gebend, ihn der Form, des Willens und der Gläubigkeit an
die Verantwortung mehr denn je beraubte.

An die persönliche Verantwortung:

Teils für so seiende Welt.

Teils für den sich und Welt nicht ändernden aktiven Passivisten.

Der Zwiespalt begann, sich kritisch zu sublimieren, aber weder waren Ruhe, Willigkeit noch Kraft zu methodischer Abkehr vorhanden.

Der Krieg ist das welterschütternde Erlebnis des eigenen Unterganges.

Noch hat alles die große, dumpfe Impression des fürchterlichen Geschehens.

Noch wimmert und brüllt der Schreckensausdruck gejagter Seelen Entsetzen über diesen Anblick.

Ratlosigkeit und Lust, sich zu berauschen, um zu vergessen, sind die überbetonten geistigen Merkmale dieser Zeit, die wie keine jemals proklamiert, verheißt, gewaltigen Expressionen Schallwände mauert, aber den Eindruck des Flüchtigen, der materialisierten Unsicherheit, der materialistisch-objekthaften Improvisation nicht zu verwischen vermag.

Das Vergängliche ist nicht mehr Gleichnis, sondern Tatsache, Ordnung, Ethik, Ziel und Inhalt aller Leben.

Der Expressionismus war nicht die neue Form, sondern auch Ausdruck einer Verzweiflung Ungläubiger, die ratlos geduckt sich den Tag des Gerichts im Toben ihrer subjektiven Empfindungen zu übertäuben suchten. Versprengt in vielen, wie Keim einer neuen Seele eines neuen Menschen, leuchtet Hoffnung auf bessere Zukunft.

Wir könnten uns aber, selbst wenn wir – schwachsinnig und vergeßlich – möchten, nicht mehr mit Programmen für Bildeffekte, Bewegungen, Temperamente und kühne Perspektiven, kurz mit imgrunde materieller Malerei impressionistischer Menschen begnügen.

Der Krieg ist das Erlebnis der Massen-Gewalt-Menschen.

Das Erlebnis des Einzelnen aber ist Gott!

Gelänge es dem Einzelnen, Gott so zu erleben, daß Krieg und Zerstörung wie das Toben beschränkter Menschen gegen die grenzenlose Güte der Natur und Gottes versinkt mit allen Ursachen und Urhebern, so würde sich Gott auch wieder dem Volke zeigen.

Heute aber ist der Einzelne nicht bei Gott, und Gott wird im Kreise 'der Volksgenossen nicht geduldet. Immer aber war das Göttliche und vom Glauben mit Wundern gesegnete Herz mitten in den Werken großer, ewiger Kunst.

So wird der Zwiespalt zwischen Künstler und Werk fortdauern.

Und gelänge es dem einen oder andern, ihn zu überwinden in furchtbarer Buße, Demut und Einsamkeit, so würde gleichwohl kein Laut, kein Seufzer und kein Händedruck hinüberbauen zur großen, unerlösten Masse, die verblutet und verkommt im vagen Eindruck eines fürchterlichen Geschehens, das nicht einmal von Gott, sondern von der Materie an ihr vollzogen wird.

Es wird also nicht die eine Form der Malerei die andere, schlechtere, überwinden. Denn da gibt es keinen Kampf. Was wie Kampf ausschaut, ist nur das Behaupten des Momentes der Verschiebung, ist nur der Ausdruck eines Wunsches, der möchte, daß es sich um ein so äußerliches Problem wie Licht und Schatten, Objekt und Subjekt dreht, daß dahinter in breiter Ruhe die Fülle unerschöpflicher, schaffender, unbewußter, von ewigen göttlichen Zielen menschheitgewandter Kultur lagere.

Aber wir wissen und erleben heute jeden Tag, daß dahinter der vage Eindruck keiner schwankenden Vielheit lag, die – kriebelnd und widerlich interessant – zu jedem Ding paßte, dem ein Mensch, eine Kaste oder Sippe nur ihre Stimmen zu leihen brauchten. Dieses Phänomen täuschte den Eindruck unerschöpflicher Fülle vor und ward überholt, überblendet von neuen Eindrücken, die einander töteten, so daß man nicht einmal von impressionistischer Totalität, sondern Diskrepanz sprechen kann.

Dies alles versinkt unter unseren Füßen mit allen Erinnerungen an große Erlebnisse, an große Historie, an schöne Traditionen und Überbleibsel vergangener Größe, die uns sentimentalisch nach romantischer Wiederkehr verschwundener Kulturparadiese seufzen machten. Jetzt können wir nicht mehr verlernen oder vergessen, wie sehr es auf persönliche, geistige Gefahr, Sauberkeit und Intensität des einzelnen in seinem *Erleben Gottes* ankommt, in seiner Kraft, allen Versuchungen zu widerstehn und bei der erlittenen Wahrheit zu bleiben!

Nicht die Neue Kunst, die Neue Dichtung, der Neue Geist, sondern der *Neue Mensch*!

Er ist nicht größer und nicht kleiner, nicht anders und nicht gleich, er ist weder kommensurabel noch undefinierbar, soweit ein Mensch Maßen unterworfen werden kann. Er wird nur wieder Mensch sein!

Er wird dem Menschen lassen, was ihm zukommt, dem Ding geben, was des Dinges, dem Tier, was des Tieres ist.

Er wird keine zwingende und keine erhebende, keine trennende und keine bindende Beziehung schaffen.

Es wird alles Lebende bei sich selber und gleich in der Hand Gottes sein.

Er wird weder gerecht noch ungerecht, weder heilig noch teuflisch sein.

Er wird in Ruhe warten auf die Tiefe seines Todes, auf die Erfüllung der Zeit, auf das Abfallen der Sterne und die Auferstehung der Toten.

Dafür aber ist jetzt nicht Raum, noch Zeit, noch Mensch.

Deshalb werden wir ihn nicht erleben.

Wir werden ihn nie erleben.

Er wird sich selbst erleben.

Er wird sich nicht proklamieren, ausrufen, noch seinen Jüngern zu erkennen geben oder zu verheimlichen brauchen.

Die Fülle der Materie donnert an die Tore der Ewigkeit.

Die Fülle des Geistes aber öffnet sie in lächelnder Ruhe.

Da aber Unruhe ist und kochendes Gebrüll von Lüge und Dummheit, wird das Werk der Menschwerdung so verschwiegen im Schoß der Mutter keimen und sich vorbereiten, daß es allem erfüllten Ohr, aller leeren Seele entgeht.

Die große Kunst wird wie eine schmerzvolle Fata Morgana zu wenigen empordämmern aus der alten, fernen und frommen Maler, Bildhauer und Kathedralen heiligen Zügen. Wir werden in Einzelgräber, in Massengräber sinken und das Heil nicht schauen.

Der Künstler ziehe alle seine Kraft und letzte Bindung heraus aus dem Verfall, Mißbrauch und der Simonie[1] mit den Gütern des heiligen Geistes: Aus uns Verlorenen protestiert, rächt und übertreibt hinterhältig Vererbtes, Lüsternes, Spekulatives immer wieder tötend und höhnend den einfachen Glauben.

Immer noch ist Boden da und offener Arm für wegzutäuschende Qual.

Gott aber waltet abseits auf unbekannten Sternen, bei unbekannten und uns vielleicht verächtlichen Völkern.

Wir werden nie ein unbekannter Stern, ein unbekanntes Volk sein.

KURT HILLER

Ortsbestimmung des Aktivismus

> Robert Müller, Wien, in enthusiastischer Kameradschaft gewidmet

Es ist ganz dumm, gegen Schlagwörter zu sein. Immer nur Verzögerer sind gegen Schlagwörter. In Dar- und Klarlegungen einer Sache den geistig Hungrigen statt mit Gründen mit Vokabeln zu speisen, ihm anstelle herausgelöster Denkelemente Gemeinplatzschlamm zu verabreichen, das ist freilich vom Übel. Aber der geistige Verkehr wird unmöglich, will man die Abkürzungen verbieten. Eine Haltung gegenüber dem Dasein, eine Einstellung zur Welt, eine Idee (eine der Rede werte) wird allemal etwas Uneinfa-

---

1. Kauf oder Verkauf von geistlichen Ämtern.

ches sein; zutiefst gerecht wird ihr also nur, wer sie in ihrer ganzen Verwickeltheit mitteilt. Doch ihr Bedürfnis, sich abzugrenzen gegen ihresgleichen, zwingt sie, sich einen Namen beizulegen, zwingt sie, die bewegte Fülle ihres Lebens in die Enge und Starrnis einer Bezeichnung zu pferchen. Mit andern Ideen kämpfend, kann sie ihre nuancierte Analyse nicht ständig hinter sich herschleppen; ein grotesker Schweif wäre das, eine Last und die sichere Gewähr der Niederlage. Zumal der tägliche Kleinkampf nötigt zum Schlagwort. Das Schlagwort ist demnach nicht »flach«. Es ist weder flach noch tief; flach oder tief ist immer nur die Ideologie, die dahintersteht; und gewiß muß man statt Ideologie manchmal Niaiserie[1] sagen. Aus diesem Grunde ist das beliebte Gelächter über »Ismen« in der Tat oft angebracht; aber noch angebrachter wäre nachgerade ein Gelächter über das irrige Gelächter jenes Hochmuts, der nicht unterscheiden kann. Welche Komödie! Sie werfen Alle in einen Topf – alle, eingeschlossen die, deren Faust von Rechts wegen sie selber in den Topf befördern sollte; sie selber nämlich gehören zu allererst hinein!

Aktivismus – wer von diesem Ausdruck behauptet »Schlagwort!«, der spricht die Wahrheit. Wer aber glaubt, damit etwas gegen den Aktivismus zu sagen, der irrt sich. Das Schlagwort deckt eine Sache, und man berührt die Sache nicht, wenn man das Wort, das sie deckt, verächtlich mit »Schlagwort« anredet.

Welche Sache deckt dieses nun? Wäre es eine tote, bereits geschichtlich erstarrte, so ließ sich, mit halber Sicherheit, ihr objektives Wesen aufzeigen. Festes ist fest-stellbar; was aber noch in lebendigstem Fluß ist –? Diese Sache hier, keine »Sache«, sondern ein Geistig-Organisches, lebt und bewegt sich, ändert Farbe und Kontur unmerklich von Stunde zu Stunde, und selbst ob der Kern sich gleich bleibt – wer weiß das?, da niemand ihn sehen kann. Ihn bloß-

---

1. Albernheit.

legen, gesetzt es ginge, hieße einen Organismus kostbarster
Art, nämlich spiritueller Art, vivisezieren; und man fände
doch nur, daß der Kern nichts Substanzhaftes, Eigenleben-
dig-»Überpersönliches« ist, vielmehr das Gemeinsame des
Kerns zahlreicher Einzelgeister. Das gerade – um es vor-
wegzunehmen – unterscheidet ja den Aktivismus von der
Mehrzahl der übrigen Lehren: daß er kein durch die Gewalt einer genialen Individualität den andern oktroyiertes
Dogma ist, sondern ein von allem Anfang an gleiches Eingestelltsein Verschiedener, eine gemeinsame Denkart, ein
gemeinsamer Entschluß. Diese Gemeinsamkeit, wenn sie
auch programmatischer Fixierung zustreben kann und, wie
ich meine, soll, wäre natürlich nie entstanden, wenn jemand
sie auf der Platte eines fixen Programms hätte erzeugen
wollen. Die Bewegung, von der hier die Rede ist, befindet
sich noch in ihrer vor-programmatischen Phase*; wird zur
Definition des toten Aktivismus der Historiker einst befugt
sein, so vermag den Begriff des lebendigen allein, der ihn
lebt, zu bestimmen: der Aktivist – von einer vollen Sub-
jektivität, nicht etwa nur der unvermeidlichen seines
Schauens, sondern auch gerade der willentlichen seines Wollens aus. Der Aktivist verrate, wie er sich zu allen grundsätzlichen und belangvollen Weisen der Reaktion aufs Dasein stellt, zu den Richtungen und Haltungen, den Parteien
und Schulen, – und sein Bekenntnis wird vom Aktivismus
mehr aussagen als jeder Versuch einer objektiven Diagnose.
Der Aktivist bestimme *seinen* Ort am geistigen Himmel;
zur Ortsbestimmung des Aktivismus kann er einen besseren
Beitrag nicht liefern.

Aktivismus, als Moral der Aktivität, trägt auf den ersten
Blick einen formalen Charakter; der Aufruf zum Tun ver-
schweigt ja, was man tun solle. Der Aktivist und etwa ein
alldeutscher Gewaltpolitiker[2] finden in der Kontemplativi-

---

* Dieser Aufsatz wurde Juni 1918 verfaßt!
2. Alldeutscher Verband, 1891 mit dem Ziel gegründet, das National-

tät, die sich selbst genügt, zweifellos ihren gemeinsamen Widerpart. »Ihr sollt nicht betrachten, ihr sollt bewirken« – diese Parole könnte von Rubiner so gut wie von ... Reventlow[3] unterschrieben sein. Aber ins Inhaltliche marschiert man bereits, wenn man Aktivität zu ihrem nächstliegenden Gegensatz, zur Passivität, in Beziehung bringt. Aktivismus kontra Passivismus: Nicht indisch-weltabgewandt die Schicksale hinnehmen (die sozialen so wenig wie die naturalen); sich prometheisch gegen sie auflehnen. Ernsthaft Schluß machen wollen mit der Gewohnheit, Opfer der Abläufe zu sein; keine Anstrengung scheuen, Herr der Abläufe zu werden. Mindestens Mit-Herr. Des Einzelnen Wille vermag wenig; der Wille Verbundener alles. Darum ist der Aktivist Feind der Einsiedelei und Eigenbrödelei, des Solipsismus und Sektierertums; darum ist der Aktivist *Sozialist* ... wofern man nur den geheiligten Namen des Sozialismus nicht mit klassenkämpferischen Spießbürgereien verwechselt. »Sozialismus« – das ist weder die Mentalität des Gewerkschaftssekretärs Piefke, noch die Roheit expropriierender Rotten, noch die Doktrin jener gemütlichen Marxisten, die den Geist leugnen und predigen, die Entwicklung geschehe kraft der Wirtschaft von selber. Sozialismus ist keine Parteilehre, sondern eine Gesinnung; es ist das Eingestelltsein der Seele auf Brüderlichkeit. Aristokratischer Sozialismus wäre das Eingestelltsein der Seele höherer Menschen auf Zusammenschluß zwischen höheren Menschen. Und da höherer Mensch nur ist, wer das Glück der Menschenallheit zum Zielpunkt seines welche Wege auch immer bevorzugenden geistigen Wollens macht, so kann aristokratischer Sozialismus sehr demokratische In-

bewußtsein zu beleben, das Auslandsdeutschtum zu fördern und die Außenpolitik der Regierung zu unterstützen.
3. Ernst Graf zu Reventlow (1869–1943), politischer Schriftsteller (Alldeutscher), schloß sich nach 1918 den Deutschvölkischen, 1927 den Nationalsozialisten an.

halte haben; (bei aller Freiheit von distanzgefühlloser Krethi- und Plethi-Verbrüderung).

Man hat dem Aktivismus vorgeworfen, daß er Eudämonismus sei. Aus überholter Schulweisheit entlehnter, ärmlicher Muckervorwurf! Ein Ziel hinter dem Glück (aller Leiber und Seelen) gibt es nicht; daß aber der aktivistische Eudämonismus jede andere Eudämonie meint, nur nicht das Privatglück des lieben Ich, vermag fast ein Tauber zu verstehen. Der Aktivismus feuert den Einzelnen an zum Kampf für das Glück Aller, auf Kosten, wenn nötig, des eignen Glücks. Er zielt übrigens auf durchaus diesseitiges Heil ab und verwirft jene Ausfluchtseudämonistik der Verantwortungslosen und Pfaffen, die dem Erbarmenswürdigsten, Vergewaltigtsten, Elendesten ein »Bewußtsein« von Glückseligkeit durch transzendente Vorspiegelungen und Spiegelfechtereien einzuflößen suchen.

Sozialismus und Eudämonismus aktivistischer Observanz besagen: Verbundenheit zum Zwecke der Änderung ... unter dem Sterne der Heiligung des Lebens und am Maße der Gerechtigkeit (welche nicht Gleichheit ist). Es kommt auf Verbesserung der Dinge, mittels gebesserter Seelen, an; wer am Erfolg des Änderungswillens Verbundener zweifelt, ja dessen Möglichkeit glaubt a priori verneinen zu müssen, der werfe wenigstens alle moralische Phrase fort. Nur wer an den freien, das ist: durch den Geist zu bestimmenden Willen glaubt, hat irgendwann das Recht, »Ihr sollt« zu sagen; wer aber »Ihr sollt« sagt, der hat auch die Pflicht, »Wollet« zu rufen. Gewiß, kausal betrachtet ist der Wille unfrei; jedoch was kümmert den Wollenden die Kausalität? Kausal sehen heißt rückwärts sehen; unser vorwärtsblickender Wille fühlt sich frei, Ziele zu setzen. Er setzt sie, er strebt ihnen zu, er wird sie erreichen. Nicht dein Wille, nicht mein Wille, aber der Wille unsres Typus, der siegen wird. So ist der Aktivist *Voluntarist*[4]. Nicht kausal, wie der

4. den Willen als Grundprinzip der Wirklichkeit Betrachtender.

Intellektualist, nicht unter der Kategorie von Ursache und Wirkung denkt er, sondern teleologisch, unter der Kategorie von Mittel und Zweck. Er ist nicht Forscher, sondern Forderer; er erklärt nicht, er befiehlt; er gräbt nicht hinab in die Erde, er baut hinauf in den Himmel. Was schiert ihn die causa finalis? Ihn lockt das Endziel. Der Schlußpunkt seines geistigen Bemühens ist keine Natürliche Schöpfungsgeschichte, sondern – das Paradies.

Das der Zukunft, versteht sich. Der Aktivist befeindet, zugleich mit dem Passivismus, den Passéismus[5]. Er vermag aus der Geschichte nichts zu lernen, außer dem einen: daß Kerle sie machten, die sich um Geschichte nicht kümmerten. Der Aktivist ist *Futurist*[6]; (auf die Gefahr törichter Verwechslungen hin). Es handelt sich ihm niemals um das, was war; stets um das, was sein wird; das Seinwerdende muß aber, durch die Kraft des Vernunftgeschöpfes, dem Seinsollenden angeglichen werden; dies ist die Aufgabe; und das Seinsollende läßt sich keineswegs ableiten aus dem, was ist. Historizismus, Positivismus, Empirismus – logisch von bedeutenden vor-aktivistischen Bewegungen (z. B. der neukantianischen) längst annulliert, dabei tatsächlich immer noch in der Macht – werden Gegenstand seiner erbitterten Offensiven sein. Er ist *Rationalist*, das heißt: er schaltet im Bereich des Seinsollenden die Erfahrung als Richtunggeberin aus und die Vernunft ein – so sehr er auch anerkennt, daß die Vernunft nicht ins Leere konstruieren kann, vielmehr die Erfahrung der Stoff sein muß, den sie bearbeitet. Der (moraltheoretische) Naturalist verkündet die Ohnmacht des Vernunftwesens vor der Natur; Ratio bedeutet: die Verschwörung des Vernunftwesens wider die

5. im italienischen Futurismus pauschale Bezeichnung für Kunst der Vergangenheit, die als bloßer Ballast vernichtet werden sollte.
6. als »futuristische Bewegung« von Filippo Tommaso Marinetti begründet und in verschiedenen »Futuristischen Manifesten« theoretisch unterbaut; radikaler Anti-Traditionalismus, von Einfluß besonders auf Döblin und August Stramm.

Natur ... überall dort, wo die Natur »böse«, das heißt dem ethischen Willen des Vernunftwesens zuwider ist. [...]
Das Leben ist die Voraussetzung aller Güter; auch der höchsten. Umhegt es also mit Schutz! Staat ist nicht Selbstzweck; ein Territorium, um das er sich bereichern könnte, wäre ein Kothaufen, – ein Menschenleben, das er verlieren könnte: die ganze Welt. Der Staat, der Krieg führt mittels Gezwungener, ist die Perversion seiner Idee. Erringt durch die Kraft der Ratio den dauernden Frieden auf Erden! Pazifikation der Menschheit durch Imperium eines Volkes – wunderschöne Phantasie! Aber solange sich die Völker um die Ehre dieser Aufgabe streiten, bleibt der Imperialismus jedes Volks die Bedrohung des Friedens der anderen. Folglich ist der Imperialismus der Feind der Menschen, die leben wollen. Folglich ist der Imperialismus der Feind der Menschen. Nur Verständigung der Nationen untereinander und Selbstbescheidung, nur Anwendung der anerkannten Verkehrsmoral für Individuen auf den Verkehr auch zwischen Staaten (z. B. einen Streit nicht durch Prügel austragen, sondern durch Richter schlichten lassen), nur Einsicht in die ethische Notwendigkeit, von der eignen physischen Macht einen Teil an die Gesamtheit abzutreten, also die höchste Souveränität auf Erden der *Gesellschaft der Nationen* zu übertragen, genauer: dem durch völkerrechtliche Verträge zu bestimmenden Vollzugsorgan einer Gesellschaft der Nationen, – nur solche Entanarchisierung des Zueinander der Staaten, nur solche Verwandlung ihrer grundsätzlichen Kontraexistenz in Koexistenz kann den ewigen Frieden bringen.
Der Aktivist ist somit unter allen Umständen *Pazifist*. »Utopie!« – er weigert sich, dieser Idiotenphrase die Eigenschaft eines Einwands zuzubilligen. Topisches, das heißt Schonvorhandenes, bedarf ja nicht erst der Schöpfung! Alles Solldenken zielt ab auf Zuständlichkeiten, die noch un-sind; nur utopisches Denken hat Bedeutung und Würde. Das andre ist Deskription, Wiederholung, jämmerliche Wie-

derkäuerei des Weltstoffs. Und als »nie erreichbar« werden Ziele immer bloß von denen verleumdet, die ein Interesse daran haben, daß der Wille sie nicht erreiche.

Ohne eisernen Willen freilich beschwört ihr das uneiserne Zeitalter kaum herauf! Der Aktivist, Feind des Krieges, ist Freund des Kampfes. Flennend und schmachtend dahindämmern, mit frommen Wünschen allenfalls, ist nicht seine Art; darum wendet er sich auch vornehmlich nicht an die, deren Art es ist. Gerade die kriegerischen Naturen sucht er zu paradiesischer Inbrunst zu wecken, ruft er zum heiligen Kampfe auf. Jene schwachen Gemüter, die unter den Schlägen des Teuflischen heute zusammenbrechen, werden himmlische Kraft nie gewinnen; aber der starke Teufel kann starker Engel werden. Im kernigsten, wetterhärtesten Armintypus, der die berühmten Schlachten gewann, das pazifistische Feuer entzünden – das wäre eine Aufgabe! Des gewaltigsten aktivistischen Zauberers wert! Nicht dem Müden zu seiner Müdheit noch das gute Gewissen der Müdheit geben, – nein, der Kampfglut des Glühenden den rechten Krieg!

Eudämonie und Evolution

Für Walter Hämer

1

Der Aktivismus ist kein Dogma, eher die Schöpfung eines Dogmas. Schöpfung: als Akt nicht eines Einzelnen, vielmehr – Wunder der Welt! – einer kleinen, aufs leidenschaftlichste kooperierenden Gemeinschaft (das Zeitalter der Gemeinschaft bricht an!). Wann der Schöpfungsakt beendet sein wird, wissen die Götter; wann und ob je. Dies Dynamische, Werdende, Wachsende, diese »unendliche Melodie« jener Bewegung ist vielleicht das Schönste an ihr – »schön« nicht in irgendeinem haut- oder netzhaut-ästhetischen Sinn, sondern im Sinne von Herzkern und Menschentum.

In ihrer gegenwärtigen Phase ist sie »logokratischer[1] Aktivismus«[*] und arbeitet an einer politischen Synthese – genauer, da man vorerst noch nicht aufs Praktischpolitische hinauswill (und -darf!), politosophischen[2] Synthese: deren drei Hauptbestandteile sein werden:

1. Der fundamentale Gedanke unbedingter Heiligung von Leben und Leib;
2. wirtschaftspolitisch der Quintessenzgedanke[3] des Sozialismus–Kommunismus (seine Forderung! nicht seine Ontologie);
3. verfassungspolitisch der gereinigte aristokratische Gedanke: nicht Mehrheitswille, sondern Geistwille sei Gesetzgeber.

Mit der Einstellung auf diese Synthese verscherzt sich, das sieht ein Blinder, der Aktivismus die Gunst sämtlicher bestehenden Parteien, noch bevor er an irgendeine reale Aktion denkt. Und er verscherzt sie sich geflissentlich. Denn die Minderwertigkeit sämtlicher bestehenden Parteien ist ja schließlich der Grund seines Daseins; sie rechtfertigt ihn ... und verpflichtet ihn. Er wird ringshin kämpfen, zukunftsgewiß, einerlei ob nach dem Ermessen fortgeschrittenster Seelen- und Volksseelenkenner Sieg und Gloria im Bereich seiner Möglichkeit liegen, ob nicht.

[*] *Literatur hierzu:* »*Das Ziel*«, Jahrbücher für geistige Politik, Band I, II, III (IV in Vorbereitung), Kurt Wolff Verlag, München, 1916 ff.; »*Der Strahl*«, Mitteilungen des Bundes der geistig Tätigen, Wien, Verlag: Bund d. g. T., 1919 ff.; *Otto Flake*: »Das Ende der Revolution«, S. Fischer Verlag, Berlin, 1920; »Die fünf Hefte«, Roland-Verlag München, 1920; *Kurt Hiller*: »Ein Deutsches Herrenhaus«, Der Neue Geist Verlag, Leipzig, 1918; »Geist werde Herr«, Erich Reiß Verlag Berlin, 1920; *Robert Müller*: Essays in seiner Zeitschrift »Die Neue Wirtschaft«, Wien, 1918 ff.
1. die Vernunft als Herrscherin einsetzend.
2. politwissenschaftlich.
3. Grund-, Kerngedanke.

2

Der Gedanke unbedingter Lebensheiligung, juridisch ausgedrückt: des Ur-Rechts auf Leben, trennt den Aktivismus
nicht bloß von den Vulgär-Militaristen zur Rechten, sondern auch scharf von allen Waffenwilden zur Linken, von
den Liebhabern der »roten« Armee wie von denen der
»weißen«, und ganz besonders von jenen »Demokraten« der
Mittellinie, die in ihrem Programm »baldigst« – aber in
ihren Wahlaufrufen verschweigen sie's keusch – die Wiedereinführung der allgemeinen Wehrpflicht fordern, das heißt
die Wiedereinführung der barbarischsten Form von Staats-
sklavenwirtschaft, des Superlativs der Tyrannei; die ihre
Enkel also schon heute Mars ans Messer liefern, vielmehr:
schon heute höchsteigenhändig die Messer wetzen, mit denen das Geschlecht der Enkel sich gegenseitig abschlachten
soll. [Es heißt im »Programm« der Deutschen Demokrati-
schen Partei, sie verlange die allgemeine Wehrpflicht »zur
Verteidigung unserer nationalen Unabhängigkeit«; da jedoch unsere nationale Unabhängigkeit, wie als objektiver
Betrachter der Dinge sogar der Anationalist einräumen
wird, zurzeit keineswegs die Eigenschaft hat, vorhanden
zu sein – Okkupation! Abreißung deutscher Gebiete! Die
unermessenen Wirtschaftslasten! – und wir ein Gut nicht
»verteidigen« können, das wir nicht besitzen, so bedeutet
»Verteidigung unserer nationalen Unabhängigkeit« entweder einen Blak ... oder es bedeutet »Wiedereroberung unserer nationalen Unabhängigkeit« (mittels der uns seit Ver-
sailles verbotenen allgemeinen Wehrpflicht, bedenke man!):
woraus, da deutsche Demokraten gewiß keine Blakschwät-
zer sind, mit Präzision folgt, daß sie Revanchepolitiker
sind, Verewiger des kriegerischen Zeitalters, blutrünstige
Rückwärtsdreher am Rad der Geschichte, anspeiwürdige
Mordgesellen – diejenigen wenigstens unter ihnen, die das
Programm ihrer Partei billigen oder jedenfalls es unterlas-
sen, in ihr gegen die Mehrheit, die es geschaffen und gebil-

ligt, bewußt zu frondieren. – Wie? Ich benutze die Gelegenheit einer theoretischen Darlegung, um gegen eine bestimmte Partei »zu hetzen«? Gegen Leute, die planvoll auf Tötung lebfreudiger Menschen, gar deutscher, hinarbeiten, gegen Mörderpack werde ich »hetzen«, wann und wo immer ich kann.]

Der antikapitalistische Gedanke wird natürlich von den kapitalistischen und kryptokapitalistischen Parteien verworfen; der aristokratische von der Gesamtheit der Parteien, zweifellos auch von der rechtsradikalen – deren »Aristokraten«schaft Plebsschaft ist und deren Aristokratiebegriff man als vor-, nicht nachdemokratischen, als einen historisch-formalistischen, geistfreien, menschenfeindlichen, nahezu perversen, auf jeden Fall grausig dämlichen zu diagnostizieren hat. Der Rechtsradikale klatscht dem logokratischen Aktivisten möglicherweise Beifall, wenn dieser ... »Demokratie« mit »Mehrheits-, Mittelmäßigkeits-, Spießer-, Piefkeherrschaft« oder mit »Gesetzgeberei durch Minderwertige« übersetzt, aber er will seinerseits die Herrschaft einer (durch politisches Talent nicht einmal ausgezeichneten, eher blamierten) Kaste; der Aktivist: die Herrschaft eines Typus.

3

Alle, die an der erwähnten, notgedrungen nur schlagwortkurz-andeuterisch hier erwähnten, Synthese arbeiten, erörtern miteinander und jeder mit sich die Einzelproblematiken, die sie aufwirft (... erheblich umstritten zum Beispiel sub 1: der Notwehrbegriff); aber einig ist jeder mit sich und sind alle mit allen in der Überzeugung, daß überhaupt Politik stattfinden und zu ihrer Begründung Politosophie getrieben werden müsse, und zwar als Dringlichstes; das heißt: es komme zuallererst darauf an, das Zusammenleben der Menschen vernünftig zu regeln; andere Probleme und Projekte des Geistes haben hinter diesem zurückzutreten.

Das ist eine Erkenntnis, die ursprünglich durchaus nicht so selbstverständlich war, zumal vor dem Kriege nicht; viele Zeitgenossen hielten sich für geistgewaltig oder gar für tief und übten öffentlich einen Einfluß aus, die auf das koexistentielle Problem (ich sage »koexistentielle«; denn wenn ich »das politische Problem« sagte, würden vorsätzlich Mißverstehende es leicht haben, zu tun, als glaubten sie, ich meinte das parlamentspolitisch; und sagte ich »das soziale Problem«, so schöbe man mir Nur-Ökonomismus in die Schuhe); ... die auf das koexistentielle Problem als auf etwas Inferiores herabsahen oder, hindurch durch die metaphysischen und musivischen[4] Nebel, in denen sie hochgestuft schwammen, es überhaupt nicht sahen. So hatte in ihrer ersten (durch Kerr, Heinrich Mann, Landauer, Rubiner initiierten) Phase die aktivistische Bewegung, innerhalb einer Geistwelt gegen Geistige gewendet, zunächst das gute Recht ihrer Fragestellung zu erstreiten; sie war keine »politische Richtung« neben anderen »politischen Richtungen«; sie mußte erstmal »formal«, mußte »Politizismus« sein. Die Aufgabe Politisierung der Geister mußte der Aufgabe Vergeistigung der Politik zeitlich vorangehn. (Gegenwärtig sind wir bei »Vergeistigung der Politik«.)
Die erste Aufgabe scheint heute gelöst, der formale Aktivismus, der Politizismus durchgesetzt.

RUDOLF LEONHARD

Literarischer Aktivismus

Wenn der Name nicht sogar ein Vorzeichen sein sollte, so ist er doch ein untrügliches Zeichen: der »Aktivismus« ist die Gesinnung der Aktion, nicht die Aktion selbst, nicht der

---

4. mosaikartig.

»Aktivität« heißende Zustand der Aktion oder der Bereitschaft zu ihr. Nun hatte der Aktivismus einen Aktionsbegriff geschaffen – von und für zwei Arten von Aktivisten: denen, die es aus Aktivität waren, denen die Aktion nötig war, und den nicht verächtlichen, aber unverbundnen und unwirklichen, denen er nur Überzeugung war, welche die Aktion nötig hatten. Dieser Aktionsbegriff war und blieb formal. Sie hatten, ihrer Herkunft aus den Bezirken des Betrachtens zufolge und in notwendigem zugehörigem Gegenklang gegen eine alles andre als aktive Umwelt, die Welt des deutschen Bürgers, der zwar handelt und verhandelt, aber nichts tut, die Tat entproblematisieren müssen, und dann, vielleicht in einem Anflug von Schwäche, in schöner Gewissenhaftigkeit, die Antwort zwar, aber nicht die selbstverständliche Haltung, die Selbstverständlichkeit dieser Antwort gefunden. Sie waren genugsam skeptisch geschult, um nur in Ausnahmefällen Dogmatiker zu werden, sie waren aber nicht fanatisch genug, um außer in der Frage- und Antwortstellung, im Programm, in der literarischen Äußerung konsequent zu sein. Die Voraussetzung des Aktivismus müßte Aktivität, seine Folge müßte Aktion sein, oder viel direkter, schneller und lebendiger: Aktivität und nichts andres müßte der erhebende Grund des Aktivismus sein, er müßte nichts als dieses grundhaften Seelenzustandes Bestätigung sein, und in die unaufhörlich knatternden Explosionen der Aktion müßte er sich entladen. Jenes aber war selten, dieses geschah nie.

Der Aktivist kann es sich verbitten, daß man ihm vorwerfe, die Welt sei noch nicht geändert, und sich auf die Trägheit der Materie berufen. Daß seine heißen Aufrufe »Literatur« blieben, kann auch am mangelhaften Gehör liegen – und liegt in dem unpolitischen Lande, in dem auch die Schulkinder auf Ausflügen in Reih und Glied geführt werden, das völlig »verwaltet«, also fern von aller Tat be-handelt wird, wirklich zum Teil an ihm. Zum andern Teil aber liegt es am Aktivisten. Wie jeder Chiliast[1] beschränkte er sich auf Rufe und Warnungen. Wie jeder Chiliast rechnete er falsch, aus falschem oder falsch gehörtem Rhythmus seines Bluts. Während frühere Chiliasten um des Duldens willen die Tat verwarfen, verwarf er um der geforderten Tat willen mit dem Dulden das Leiden. So unsinnig der Vorwurf gegen die Aktivisten wie gegen alle »Melioristen«[2] ist, sie wollten der Menschheit das »große fruchtbare Leiden« nehmen, während sie doch den Menschen durch Befreiung vom Leibleiden, vom kleinen Leiden, für das große Weltleiden frei machen, so unsinnig dieser Vorwurf ist, der es sich schenkt, den Wert des Leidens zu untersuchen, und der auch gegen alle Ärzte erhoben werden müßte, so fern dem immer tragischen Sinne der Welt und der Universalität des Leidens jene aufgereckten Empfindler sind, die von der Fruchtbarkeit der Leiden sprechen, sich also das Leid rationalisieren müssen und sich den Leib aufreißen müssen, um zu gebären, statt von der Frucht gesprengt zu werden – dem Aktivisten gelang es nicht, die große Verbundenheit der Leiden zu sehn, wie es ihm nicht gelang, die Tat verbunden, unzerstückelt, universal zu halten. Er war besser als die Hinlebenden, weil er eine Utopie hatte, aber diese Utopie flottierte[3] und fand nicht den utopischen Augenblick; er war geringer als die, welche ein Weltbild hatten, ob es sie im heutigen Europa gibt oder nicht – denn nicht nur die Aktion der Aktivisten, sondern die gesamte deutsche Revolution scheiterte daran, daß keiner ein Weltbild hatte: Zusammenbruch ohne Untergang, Kreißen ohne Geburt.

Die Aktivisten hatten die Forderung der Aktualität gestellt, doch ihre eigne Aktualität war brüchig. Ihr formelhafter, gründlicher, aber beziehungsloser Aktivismus ge-

1. Anhänger der Lehre von Christi Wiederkehr vor dem Weltende.
2. ›Verbesserer‹.
3. verschwamm.

nügt für ein Programm, eine Notwendigkeit also, aber nur
ein Mittel. Da ihnen das Weltbild fehlte, hatten sie Ziele,
aber kein Ziel. Für jedes einzelne suchten sie Verbündete,
um des Aberglaubens der »breiten Basis« willen, die allein
zielgewisse und wegsichre Entschiedenheit mitunter verra-
tend, und blieben unverbunden; ihre »Aktion« war bezie-
hungslos, ihr mangelte die Universalität der Tat, weil sie
vereinzelt blieb, an den Flanken der großen Bewegung
herumirrte, nicht aus dem universalen Reiche der Tat, sondern aus einzelner Orientierung erwachsen war. Sie konnten sich nicht verbinden, weil sie Vorbehalte hatten: denn
nicht der Geist, sondern ihr Glaube an die Geistigen trug
ihren Willen. Wie auch die andern Vernünftler, die sich
begnügen, dem Selbstvertraun der Vernunft zu glauben,
frevelten sie an der Irrationalität der Vernunft. Daß sie
Intellektualisten sind, ist kein Vorwurf; daß sie nur Intellektualisten sind, wäre einer. Sie waren es wohl – trotz
und wegen der fast lyrischen Konzeption ihrer zwar nicht
universalen, weil ganz beziehungslosen, aber sehr reichen
und ganz vagen Grundstimmung. Ihre Bewußtheit ist ein
Stolz – aber sie müßte, die nach-skeptische, naiv sein. Wer
das Tiefste gedacht hat, grade der liebt das Lebendigste.
So kamen sie in die Lage der meisten deutschen Politiker:
statt zur Tat geschlossen zu sein, zwischen den Tat-sachen
und hinter ihnen her zu irrlichtern – als ob sie Gewerk-
schaftsführer seien, denen sie doch so unvergleichlich überlegen waren, mußten sie zu den raschen Schritten der Welt
immer von neuem Stellung nehmen. Wie diese zum Kriege,
zur Revolution, zur Gegenrevolution, immer eine halbe
Stunde hinter dem Ereignis her und immer überrascht, Stellung genommen und Stellungen gefunden hatten, wie diese
und fast alle deutschen Politiker Opportunisten sind, so
fanden sich die Aktivisten, die keine sind, immer ab. Sie
konnten nicht verzweifeln, auch in den verzweifelten Optimismus nicht. Die Bilanz des Aktivismus, dessen Buch und
Bücher abgeschlossen sind, ist glatt, kein Schuldkonto und

kein J'accuse[4]; der Strich war die Bestätigung durch die Revolution; die Bilanz ergibt, da er eine Vorfrage war und da er ohne Beziehung blieb, zwar keine Schulden, nicht einmal Schulden, sondern Null.

4. Anspielung auf Emile Zola, der 1898 mit dem offenen Brief »J'accuse« (Ich klage an) für den unschuldig verurteilten Hauptmann Dreyfus eintrat.

III. Sprachtheorie und Poetik

1. Sprachtheorie

CARLO MIERENDORFF

Erneuerung der Sprache

Es sind nicht 25 Jahre, seit die Bevölkerung Europas ihre Zahl in das Vierfache schnellte, so daß, ehe noch Revolutionen kamen, *vor* der akuten Diktatur dieses oder jenes Proletariates jener Faktor alle Kultur beherrscht: Masse. Entgegen Marx wissen wir, sie allein vermag sich bewegend Kultur nicht zu schaffen. So anonym auch dieser Prozeß sein mag, wo Unwägbares motorisch ist, vorgeschoben, gehemmt, gefördert und abgedrängt wird, gestaltend bleibt die Idee getragen vom Einzelnen, verwirklicht in mystischer Hochzeit in dem mütterlichen Acker: Masse. Idee und Masse müssen in ein untrennbares Konkubinat kommen. Wir stehen an einer Wende. Wieder, daß eine Zeit erfüllt ist. Was sich ankündet, scheint so ungeheuer, so unerhört, zu erstmalig und so unvorstellbar, dies – die Befreiung des Proletariats, dies eine neue Epoche einleitende, zum drittenmal sich wiederholende Einsetzen des untersten Stands in gleiche Rechte, daß Erbeben davor durchaus menschlich erscheint. Mag man es zornig, verächtlich verheerenden Einbruch der Kanaille, Einfall von Heuschreckenwolken nennen – da ist nichts mehr aufzuhalten, nicht durch Geschrei, nicht durch Hände über dem Kopf zusammenschlagen; da wird sich nichts bremsen lassen. Denn da wird nichts »gemacht«. Unsinnig zu behaupten, ehrgeizige Demagogie von ein paar Desperados sei im Spiel, wo der Antrieb viel tiefer liegt, ein Gesetz sich niederschreibt, Entwickelung aus unendlicher Verschränkung und Verspannung. Mit der hartnäckigen Zähigkeit von Lawinen wälzt sich das voran: die amorphe Masse, die herauf will aus der Anonymität, der Prozeß ihres Bewußtwerdens. Das ist – schon gesagt – kein Aufspringen eines neuen Faktors. Wenn etwas unsere Kultur profilierte, war es Masse. Sie bestimmte den Zuschnitt, war Zentrum; schon immer Gefürchtetes, erzwang Fürsorge und Eindämmung, gigantischen Maßes nicht bloß, jeder Art überhaupt. Der massenhaft auftretende Mensch zwingt dem Dasein das Tempo auf, fordert Fabriken, Schienennetze, Quadratmeilen, elektrische Geschwindigkeit – erzwingt dies alles (so sehr es ihn auch wiederum erzeugt). Durch Dasein fordernd bisher und so Schöpfer gleichsam, tut er jetzt nicht mehr als den einen Schritt vorwärts in seinem Terrain: hin zur Sanktionierung.

Die in der großen Rotte Marschierenden, in langem, dröhnendem Zug aus Schächten seitheriger Existenz Hervorstoßenden, die nichts haben als »ihre Sache«, die nicht erst von Parolen zu Ermunternden, die ihr Trieb dirigiert, die mit dem dunklen Befehl in sich, gedrängt, immer in Marsch zu bleiben, die nicht kümmert ob links, ob rechts geschwenkt wird – sie werden recht und schlecht den Weg machen, also den Erdball in andere Bahn wälzend. Aber es ist ein Unterschied, ob Armeen nach Landkarten vordringend Königreiche planvoll in sich schließen oder in Ungewisses vorbrechend Landstriche zerstampfen. Die unterwegs sind, werden so oder so alles Überlieferte, alles was ihnen begegnet, in sich reißen. Werden es umschmelzen, sein Antlitz irgendwie verändern. Mehr läßt sich nicht sagen. Wer die von Echtheit schweren bronzenen Dokumente aller Vergangenheit in sich trägt, nicht das Nippes dieses oder jenes trauten Jahrfünfts, wer wirklichen Wert weiß jeglicher jemals geleisteten Leistung, nicht mit lächerlichem Radius einen arg verengten Kreis der Überheblichkeiten um Gewesenes schlägt – solchem Menschen mag es wohl selbstverständlich und doch tragisch sein: auf das Vergangene zu pochen und den Fuß entgegenzustemmen. Anders aber, wo aus dem Blut der Zwang kommt, auf jene Seite sich zu schlagen, der keiner

nach Geburt, Ahnen und Lebensart zugehörig ist, Befehl,
alles aufzugeben, anherrscht, aus dem zutiefst von innen
her Überzeugtsein, gelenkt von untrüglichem Glauben. Solche
Desertion ist Opferung. Ohne diese Überläufer bleiben Revolutionen unfruchtbar, die erst wahrhaftig werden jenseits
der Lohnkämpfe. Klassenkampf – die eherne Entscheidung
in den blanken Realitäten – gut, es sei. Wir sind nicht Rudolf Steiner[1], psalternd zu kneifen; noch weniger lieben wir
die geschäftige Offertengeste sich anbiedernder Intellektueller. Gibt es eine Schuld, so ist sie ihrer: daß sie sich
nicht auflehnten. Man wird auf sie pfeifen, kriechen sie
nach dem Sturmangriff aus den Löchern hervor, um bequeme Vollender zu werden. Man verschreibt sich – dann
heißt das mit Haut und Haar, oder man opponiert; aber
man schielt nicht nach den Rosinen.
Ist einmal der Hunger, der große Helfershelfer aller Revolutionäre, gestillt, peitschen nicht mehr hart auf hart
splitternd krasse Alltäglichkeiten den Impetus an, hat sich
aus Gewohnheit oder Erschlaffung, aus Überspannung alles
eines Tages stabilisiert – auf solchem toten Punkt wird wieder deutlich sein, wie gewaltig und schier unverwüstlich
über den Menschen geschwungen bloß *Jenes* Geißel ist: die
Idee.
Die russische Revolution stand auf der Schneide, als sich
entscheiden mußte, ob es möglich würde, die Intellektuellen
sich zu Diensten zu verpflichten. Intellektuell weit gefaßt,
als jene die ganze Gesellschaft durchzusetzende Schar der
Überblickenden, der Erfahrungskundigen, der Kartenleser,
der Lotsen. Es ist eine geographische Begünstigung der kapitalistischen Bourgeoisie, daß sie von Hügeln kämpft, mit
weiter Überschau gegen die aus der Ebene Heranstürmen-
den. Zusammenhänge erhaschen und den Apparat histori-
scher Analogismen sich gefügig zu haben, macht überlegen.

1. Rudolf Steiner (1861–1925), philosophischer Schriftsteller, Begründer
der Anthroposophischen Gesellschaft.

Hier steht eine diffizile Maschine komprimierter Kraft gegen bärtig-offensive Brust. So kann man nicht kämpfen. Da gibt man auf oder es wird Gemetzel. Das Problem der Fortsetzung einer Revolution, ihrer Fruchtbarmachung und der Erhaltung ihres Schwunges schlechthin wird zum Problem der Übermittlung der Idee. Und so zum Problem der Führerschaft. Die mysteriöse Reizsamkeit der großen Führerpersönlichkeiten, dieser schaukelnde Austausch von Antrieb und Reflex, die ganze seismographische Natur und die mitreißende Aktivität, die alles riskieren kann, auch ungerecht strafen, auch in den Tod führen, die übermenschliche Faszination ist ein Geschenk des Himmels. Die Tribunen muß die Zeit gebären. Ein Kalkul ist nur auf anderes zu machen: die Untersuchung ihrer Wirkungsmöglichkeit, Plan ebnen, Schneisen schlagen.

Es brauchte nicht vier Wochen einer aus Forderung in Dasein umgesetzten Revolution, um zu erkennen, wie lächerlich und ohnmächtig der theoretische Humbug ist, heiligzusprechen, daß schon aus sich selbst heraus eine schlechte Gesellschaftsordnung in das Ideal umspringen werde. Es schändet nicht die rote Fahne, Naive und Berauschte in solchen Gedanken enttäuscht zu haben. Es schändet, faul auf sie wie auf Zauberei oder auf einen Automaten zu setzen. Es brauchte also nicht vier Wochen Umsturzes, um den um das Geistige mannhaft Besorgten deutlich zu machen, daß nun nichts anderes einzusetzen habe, als einfach Erziehung. Erziehung ganz großen Stiles. Pädagogik von Massen. Der Mensch, der Backstein des Weltbaues. Er – der Anfang. Durch ihn allein Änderung der Erde. Nichts auf Organisationen setzen, sie bleiben Apparate. Ihn vorbereiten, bereitet allein die Gemeinschaft vor, den Sozialismus, ersten und letzten festen Ankergrund. Wenn nach Rousseau in der Sozialität der Menschen der Grund allen Übels ist, so kann Erlösung nur durch die Rettung zur Sozialität kommen.

Wir müssen diesen endgültigen Schritt tun. Es bleibt uns als erstes nicht mehr und nicht weniger, als einfach das:

aufeinander wirken, zu einander sprechen, immer und wo
es auch sei. Das ist das Ganze. Daß Mensch in Mensch sich
wieder einzupassen beginne, Kontur seiner und fremder
Wesenheit aneinander spüre, alle sich zu allen in Beziehung
setzen, damit von nun an das Zusammenleben planvoll sei.
Dasein heißt aufeinander angewiesen sein. Niemand entzieht sich der Verstrickung in den Rhythmus des Unbekannten Schulter an Schulter neben uns, den man nicht
sieht, von dem man nichts weiß, und der doch da ist.
Tat vermag an der Welt zu rütteln, alle zu bewegen. Sie
ist unübersteiglich. Ihr Gehilfe ist das Wort, die Sprache,
die Vorbereitung. Außer ihr keine Brücke hin zum Nächsten. Dürre, schwankende Brücke. Lasso von Worten hinaus-
geschleudert in Ungewisses, in das Leere, oft vergeblich.
Strom, ausgesandt von heißen Herzen, abprallend an der
mörderischen Isolation, die alle umschließt, Planke zu kurz
zwischen den Graten, die uns zerklüften. Gibt es anderen,
größeren Maßstab für den Wert von Menschen, als den der
Überzeugungshaftigkeit? Die Fähigkeit, Diesen oder Jenen
zu bestimmen, in den eigenen Schwung, sei er nun gewaltig,
sei er nur flach, hineinzureißen, scheint mir mehr als die
beste ganz auf sich gestellte Leistung. Sie ist selten geworden. Ein Abbild dieser Zersplitterung der anarchischen Zer-
rissenheit, des unbekümmerten Nebeneinanderherlebens gibt
die Sprache, die Gott gab, als das unzerstörbar starke einzige Band, das alle umfaßt und alle zusammenhalten kann.
Sie *wurde* von den Menschen zerstört. Die wirkliche Verwirrung von Babel geschah erst im vorigen Jahrhundert,
denn was bedeutet die Trennung in tausend Idiome gegen
die Zerspellung in eineinhalb Milliarden Einzelner? Was
mußte da aus der Sprache werden, wo jegliches Gemein-
schaftliche aufgehört hat, wo Sezessionen über Sezessionen
sind. Das Konzert des Kontinents von 1914 war ein gigantisches Solistengezwitscher, kein Symphon. Jede Logik fand
ihre Jünger, jede Losung Freiwillige, jede Tribüne Applaus.
Irren in Wildnis, kein Zuschnitt auf das Wichtigste. Man

pries die Mannigfaltigkeit, es war Tohuwabohu. Betrieb hatten wir, keine Brüderlichkeit. Ellenbogen, kein Händereichen. Menschtum zerfiel. Gestoßen in den Strudel der Geschäftigkeit schurrten die Individuen aneinander, wie Steine sich in Gießbächen abschleifen. Moränen Schutt fielen zur Seite. In Großstädte ineinandergepfercht, frönend um Existenz, lebte der Mensch, Augen geradeaus, stumm nebeneinander her. Müde nebeneinander, fremd zu einander. Und so entwickelte sich die seltsame Fähigkeit, die Welt immer mehr durch das Auge zu empfangen. Der Mensch hört schon mit den Augen. Da es unmöglich ist, so vielen Nächsten nahe zu kommen, treibt er vorüber: stumm Passant an Passant vorbei, stumm sich gegenüber in Trams und Vorortzügen, stumm in Stockwerke geschichtet. Wo hätte er die Gabe pflegen sollen, zu einander zu kommen, Innerstes austauschend, sich zu geben und zu empfangen? Wann reden noch (o Rarität) Redner von Autodächern herab? Die stumme tonlose Zeichensprache der Leitartikel hat sie längst verdrängt. Das Wort wurde Schemen. Sagt einer »Baum«, »Pferd« oder »Himmel« – da leuchtet nichts mehr auf. Man lebt nur noch vom Bilde: der Lustbarkeit der illustrierten Blätter, den Rhapsodien langen Kinodramas. Dazu kommt jener plötzlich mitwirkende Zustrom der untersten Menschen, die nicht bloß Beachtung heischen, sondern an allem teilnehmend, Anspruch und Berücksichtigung erzwingen. So profilieren sie die Kultur irgendwie. Sie, die Klasse der ohne Gedrucktes Lebenden, die mit dem Sprachschatz von 60 Worten, die vielleicht noch ein Flugblatt erreicht – in einer Wahlkampagne. Seht also die zwei Seiten: von unten die noch nicht zur Station heiligender Mitteilsamkeit Durchgebrochenen, oben der irre Veitstanz in bedrucktem Papier. In Saus und Braus verjubelt man die Worte. Jede Prägung verschleißt. Revolution und endlose Wahlkämpfe, Millionenauflagen und Geschwätzigkeit haben das Wort endgültig degradiert; es ist billig und schal und kann niemand mehr berauschen. Wie wir Papier haben statt blankem Gold, haben wir Schall und Speichel aus dem Maul, nicht harte, gezirkelte elastische, zu festem Schnitt geschärfte Klinge der Sprache. (Die beste Tat Lewins[2] war, daß er in München – revolutionär! – alle Zeitungen verbot. Eine war genug. Der Mensch stehe auf sich und seinem Nächsten; das war prophetisch. Das war radikale Operation, heilsame Operation.)

Wie aber, mit dieser Sprache, diesem schartigen Messer sollen wir daran gehen, die zukünftige Menschheit zu modellieren? Mit dem Jargon der Morgenblätter und dem Geklatsch der five o'clocks? Das geht nicht gut. Wir müssen weiter vor.

Zurückgestoßen, verbannt und verlacht, arbeiten daran – vielleicht liegt das unendliche Ziel nicht so nahe und so klar ihnen vor Augen – die Dichter. Die aus jeder Zeile, jedem Vers den ungeheuersten Respekt, die tiefste Ehrfurcht vor dem Wort beweisen. Expressionismus, der die Sprache siebt, nichts will, als für jede Sache den treffendsten, knappsten und deutlichsten Ausdruck. In dem Wort selbst die ganze Dynamik eines Vorganges. Das ist (sieht man die Bäuche Ullsteins[3]) Askese; das ist nicht Spielerei oder Hirnverrücktheit. Hunger ist ein feiner Markscheider. Die Dichtungen dieser Generation zeigen eine Geladenheit, die wie Muskelspiel unter der Haut ist, Blut und Duft in dünnwandige Mägen gepreßt, sodaß darüber Hinlesen sie immer gleichsam leicht ritzt, und immer von neuem steht das Ganze frisch von Saft überströmt da.

Frankreich hatte seinen Mallarmé[4]. Apollinaire[5] (obschon er starb), er ist noch nicht tot. Sie fühlten sich da zu nichts

---

2. damaliger Münchener Polizeipräsident.
3. Anspielung auf nivellierenden Produktionszwang der Massenpresse.
4. Stéphane Mallarmé (1842–98), frz. symbolistischer Dichter, Poe-Übersetzer.
5. Guillaume Apollinaire (1880–1918), frz. Dichter zwischen Symbolismus und Surrealismus, bedeutender Experimentator, Begründer der kubistischen Schule.

anderem, als das Wort neu zu schaffen. Mit weitem Ziel.
Auch unsere Aufgabe drängt. Wir müssen wach sein. Ist
aber das Wort in der Dichtung heute nicht überzüchtet, ist
– man protestiere – es kein Filigran, raffiniert und absolut
dem entgegen, was hier gefordert wird? – Man bedenke,
stand sie nicht auf verlassen umpeitschtem Eiland, hielt man
nicht ein Randfort? Es hieß sich rein erhalten oder verloren sein. Man goutiert sie in den Salons, gewiß, aber
– sie mußten leben. Ihr Sinn, Erfüllung war es ihr nicht.
Ihr Amt wußten sie: dienen und *so* beherrschen. Ihr Ziel:
alle, nicht der Kotau vor diesem oder jenem. Nun ist es
Zeit. Das Wort muß wieder in den Dienst der menschlichen
Verständigung, der grenzenlosen. Die Dichter mußten die
Sprache schaffen, vestalisch hüten, heilige Gabe, wie man in
Laboratorien Verfahren, festere Metalle, wohltätige Sera
destilliert für Handel und Gebrauch. Sie schufen Ewiges.
Das Größte kommt erst jetzt. Dort sollen sie helfen. Die
Überwindung des Individualistischen. Das kann nicht dik-
tiert werden. Sozialisierungen bleiben ökonomisch. Was
hülfe es aber, dort oder da der Idee einen Proselyten zu
machen, sporadisch? In alle Gehirne muß die Idee gerammt
werden; alle müssen gewalkt werden. Die Werkzeuge prägen sich nach dem Stoff, der zu formen ist. Die Aufgabe ist:
mit jenem großen Ethos durchzudringen bis an den letzten
Mann. Damit *eine* Gemeinschaft werde, kann nur *eine*
Sprache sein. Es ist nicht lange her, daß man fordern konnte
ohne zu irren (doch es ist heute falsch, weil es nicht mehr
genügt): in doppelter Diktion sollen die Dichter schreiben.
So, wenn es ans Volk geht, so, wenn an die Geistigen.
Heißt das nicht neue Barrieren aufrichten? Oder die alten
behüten (obwohl es aus tiefer Einsicht eine Hilfe war)? Sie
seien doch zu *überwinden*. Es gibt nur Menschen, für sie nur
ein Ethos, dies nur durch *eine* Sprache. Es mit machiavel-
listischen Mitteln predigen? Das Ethos der Idee gebiert und
verschwistert sich als erste Tat das Ethos der Sprache. Ein
großer Vorläufer lief uns voraus, der das forderte und es

auch schuf: Johann Amos Comenius[6]. Nur daß er in Gott,
nicht so sehr auf dem Erdball, das Gesicht aber trotzdem
immer nach der Welt gewandt, alle Menschen zu einander
führen wollte, dadurch zu Gott. Er sah den Urgrund des
Übels, da er sprach: »Wir tragen das Kainszeichen der Vereinzelung an der Stirn.« Was durch die Zeit läuft und was
sie erzwingt, ist aus solcher Erkenntnis heraus das Geringste: wütender Durchbruch zur Einfachheit. Noch formulieren die Dichter so: weil Einfaches (die Ruhe) darzustellen schwerer sei als das Chaos, müsse es versucht
werden, da es als Problem locke. Aber das ist eine Luftspie-
gelung. Dahinter liegt erst das Größere: um wessentwillen
die Einfachheit komme. Gewaltig wird aus dem comenia-
nischen Grundsatz der Einfachheit, Spontanität und Gerad-
heit aller menschlichen Beziehungen, des Beisammenseins
und der Verhandlung der zukünftigen Dinge, der Repara-
tur und der Verwirklichung des Paradieses, bald wie aus
basaltenem Steinbruch die neue Sprache gebrochen werden,
von großem Zweck geboren, der großen Bestimmtheit des
unmittelbaren Eindrucks auf alle. Aufrufende Beispielhaf-
tigkeit kann das nicht allein. Auch nicht bloß Bildhaftig-
keit der Idee. Höheres: zum Guten verführend, *Leibhaf-
tigkeit* aller Gestaltung, alles zu Fordernden, der Predigten
des göttlichen Diesseits, denen niemand entgehen kann. Mit
neuer unerbittlicher Eloquenz die Herzen bestürmend, werden Redner laut auf den Tribünen stehen. Die Vorposten
sind gestellt. Die es in sich tragen, sind da. Wozu noch
deutlicher skizzieren? Zur Unterhaltung für die auf den
Chaiselongues? Die Legionen dröhnen ferne schon, Dienst
wird den Dichtern höchster Adel sein. Wer wird noch ent-
weichen können?

---

6. Jan Amos Komenský (1592–1670), tschech. Philosoph und Pädagoge,
führender Vertreter des barocken Universalismus.

HERWARTH WALDEN

Das Begriffliche in der Dichtung

Das Material der Dichtung ist das Wort. Die Form der Dichtung ist der Rhythmus.

In keiner Kunst sind die Elemente so wenig erkannt worden. Der Schriftsteller stellt die Schrift, statt das Wort zu setzen. Schrift ist die Zusammenstellung der Wörter zu Begriffen. Mit diesen Begriffen arbeiten Schriftsteller und Dichter. Der Begriff aber ist etwas Gewonnenes. Die Kunst jedoch muß sich jedes Wort neu gewinnen. Man kann kein Gebäude aus Mauern aufrichten. Stein muß zu Stein gefügt werden. Wort muß zu Wort gefügt werden, wenn ein Wortgebäude entstehen soll, das man Dichtung nennt. Die Sichtbarkeit jeder Kunst ist die Form. Form ist die äußere Gestaltung der Gesichte als Ausdruck ihres inneren Lebens. Jedes Gesicht hat seine eigene Form. Nicht zwei Gesichter sind gleich, um so weniger zwei Gesichte. Ein Kunstwerk gestalten heißt ein Gesicht sichtbar machen. Nicht aber, sich über das Gesicht zu verständigen. Kein Mensch wirkt auf den andern gleich. Wie darf man diese Gleichheit von dem Übermenschlichen, von dem Unmenschlichen fordern. Nichts darf vom Kunstwerk gefordert werden, aber das Kunstwerk selbst fordert. Jedes Kunstwerk fordert seinen Ausdruck. Der äußere Ausdruck ist die innere Geschlossenheit. Die innere Geschlossenheit ist die Schönheit des Kunstwerks. Die innere Geschlossenheit wird durch die logischen Beziehungen der Wortkörper und der Wortlinien zueinander geschaffen. Sie sind in den bildenden Künsten räumlich sichtbar, in der Musik und der Dichtkunst zeitlich hörbar. Man nennt sie Rhythmus. Jede Bewegung entsteht durch Bewegen, nicht durch Bewegtsein. Die Dichter sind gewöhnlich bewegt über sich oder über andere oder über anderes, aber sie bewegen nicht. Sie sind gerührt aber sie rühren nicht. Sie fühlen Gedachtes, statt Fühlendes zu denken. Sie nehmen Formen statt Formen zu geben. Der Vergleich wird hingestellt statt daß ein Gleichnis steht. Diese Dichter betrachten statt zu schauen. Sie berichten Übersinnliches unsinnlich, statt Übersinnliches den Sinnen sichtbar zu machen. Aussagen sind unkünstlerisch, weil sie nicht zum Glauben zwingen können. Aussprachen sind unkünstlerisch, weil sie nicht einmal etwas aussagen. Das künstlerische Verstehen ist keine Verständigung. Das künstlerische Verstehen ist das Fühlen. Nur das Fühlen ist Begreifen. Wir geben uns die Hand und wir fühlen, wir wissen das Fühlen, wir geben uns den Mund und wir fühlen, wir wissen das Fühlen. Wir brauchen nichts zu sagen. Das ist das Wissen um die Kunst. Das ist das Wissen der Kunst. Die Kunst begreift das Unbegreifliche, nicht aber das Begriffliche.

> Kind! Es wäre Dein Verderben,
> Und ich geb' mir selber Mühe,
> Daß Dein liebes Herz in Liebe
> Nimmermehr für mich erglühe.

> Höhne meine sanfte Plage!
> Einmal muß ich doch gestehen
> Daß ich Dich im Traum gesehen
> Und seitdem im Busen trage.

> Ihr verblühet, süße Rosen,
> Meine Liebe trug Euch nicht,
> Blühet ach! dem Hoffnungslosen,
> Dem der Gram die Seele bricht.

Der Rhythmus dieses Gedichtes ist durchaus einheitlich. Nur ist es kein Rhythmus. Das Einheitliche ist das Metrum, das Maß. Der Rhythmus, die Bewegung ist gemessen, und zwar nach der Betonung. Der Ton bestimmt, damit die Stimme betont. Die Stimme betont:

Kind	Höhne	Ihr
Und	Einmal	Meine
Daß	Daß	Blühet
Nimmermehr	Und	Dem

Der Ton bestimmt und der Wille des Dichters offenbart sich. Er wird sinnfällig. Schon in der Beschränkung zeigt sich jeder Meister. Keine wilde maßlose Rhythmik. Alles milde maßvolle Metrik. Geschlossenheit der Form. Jede Zeile bekommt ihre wohlgezählten vier Betonungen zugemessen. Was ist Wort. Das Wort hat sich nach der Betonung zu richten. Dafür geben die Wörter auch einen Sinn. Der Dichter begreift das Sinnliche unsinnlich. Und zwar mit Hilfe des Begrifflichen. Er sagt aus, daß er sich selber Mühe gibt. Das liebe Herz darf nimmermehr in Liebe für ihn erglühen, weil das Kind vor dem Verderben geschützt werden muß. Er trägt es deshalb im Busen, nachdem er es im Traum gesehen hat. Er konnte es aber nicht tragen, weshalb ihm der bekannte Gram die Seele bricht. Das Gedicht ist ohne weiteres zu verstehen. Es ist also ein Gedicht. Denn es ist logisch. Da der Dichter aber aussagt, habe ich das Recht, seine Aussagen zu prüfen. Ich möchte es noch dahingestellt sein lassen, ob es für das Kind ein Verderben wäre. Bei der betonten Sorge wäre es doch möglich, daß er es doch etwa heiraten könnte, wenn er sich Mühe gäbe und daß auf diese einfache Weise die ganze Angelegenheit tonlos geregelt werden könnte. Oder aber ich glaube das Geständnis nicht, daß er das Kind im Traum gesehen hat. Wenn Dichten Träumen heißt, ist jeder Träumer ein Dichter. Hingegen geht dieser Dichter schon in das Unnatürliche hinüber, wenn er das Kind im Busen trägt. Das Unnatürliche scheint also doch schon auf die Meister einen gewissen Reiz ausgeübt zu haben. Es ist ebenso natürlich, daß Rosen verblühen, wenn man sie in die Liebe pflanzt. Bei dieser Unnatur ist es dem Gram nicht zu verdenken, daß er die

Seele bricht. Die Wortverfechter meisterlicher Kunst werden
um sich schlagen. Was ist das Wort. Man darf das Wort
eben nicht wörtlich nehmen. Ist es nicht ein tieferer Sinn,
daß der Gram die Seele bricht oder daß das Herz nimmermehr erglüht. Was kann man sich nicht alles unter einer
brechenden Seele vorstellen oder unter einem glühenden
Herzen, einem nimmermehr glühenden Herzen. Die Seele
ist schon an sich poetisch und das Brechen auch, wenn die
Seele der leidtragende Teil ist. Der Beinbruch ist unpoetisch,
weil man ihn sehen kann, der Seelenbruch poetisch, weil
man sich ihn denken muß. Was man sich denken kann ist
geistig, also künstlerisch. Wer kann sich einen Beinbruch
denken.

Man sieht, die Meister kommen ganz gut ohne Wort und
Rhythmus aus. Und wer dieses Gedicht etwa noch nicht für
ein Gedicht gehalten hat, wird sofort seine Haltung wieder-
gewinnen, wenn ich die Namen der drei Meister nenne, die
ich gebeten habe, sich zu einem Gedicht zu vereinigen. Wir
danken die erste Strophe Heinrich Heine, die zweite Stefan
George und die dritte keinem Geringeren als Johann Wolfgang von Goethe. Sie alle zeigen sich genau auf der gleichen
Höhe der Meisterschaft. Sie sind zum Verwechseln ähnlich.
Meisterschaftsringer der deutschen Lyrik, die man durch
Nummern unterscheiden müßte, wenn man sie durchaus unterscheiden will. Mit andern Worten: Nur das Wort, jedes
Wort ist Material der Dichtung, nicht der Begriff, der das
Wort verstellt. Oder: Der Beinbruch ist sichtbar der Seelenbruch nicht. Und auf die Sichtbarkeit kommt es an. Es entsteht kein Bild, wenn Sichtbares mit Unsichtbarem verbunden wird. Das Leben des Sichtbaren oder des Unsichtbaren
ist der Rhythmus. Nur Bewegung ist Leben. Die sachliche
Aussage sogar wird künstlerisch, sogar ohne die sogenannten dichterischen Hilfsmittel, wenn das einzelne Wort lebt
und die Wörter in ihren Beziehungen zueinander durch
ihren Rhythmus leben.

Es war eine schöne Jüdin,
Ein wunderschönes Weib.
Sie hat eine schöne Tochter
Ihr Haar war schön geflochten.
Zum Tanz war sie bereit.

Ach Mutter liebste Mutter
Mit tut das Herz so weh
ach laß mich eine Weile
spazieren auf grüner Heide
bis daß mir besser wird.

Die Mutter wandt den Rücken
Die Tochter sprang in die Gaß'
Wo alle Schreiber saßen
Ach Schreiber lieber Schreiber
Was tut mir mein Herz so weh

Wenn Du Dich läßest taufen
Luisa sollst Du heißen
Mein Weibchen sollst Du sein

Eh ich mich lasse taufen
Lieber will ich mich versaufen
ins tiefe, tiefe Meer

Gut Nacht mein Vater und Mutter
wie auch mein stolzer Bruder
Ihr seht mich nimmermehr.
Die Sonne ist untergegangen
im tiefen tiefen Meer

Das ist von Goethe nicht, von Schiller kein Gedicht. Es ist
ein sogenanntes Volkslied. Veröffentlicht in der Sammlung
Des Knaben Wunderhorn. Aber der Dichter ist mehr Künstler als diese Meister, die kaum Dichter, viel weniger also

noch Künstler, nämlich Gestalter sind. In diesem Gedicht
ist nichts bemessen, aber alles bewegt. Nichts gedacht, aber
alles gefühlt. Es ist ganz schlicht natürlich. Das Herz bricht
nicht, es tut nur so weh. Es ist nicht das Höchste der Kunst,
es steht aber auf der Höhe der Kunst. Denn das Gesicht
ist sichtbar. Es ist nicht das Höchste der Kunst, weil es
noch einen Gedanken voraussetzt. Kunst aber ist ohne jede
Voraussetzung. Kunst ist gegenwärtig, nichts darf voraus
sein, wenn Kunst gesetzt wird. Nur was das Auge sieht,
das Äußere oder das Innere ist sichtbar. Die Jüdin ist nicht
zu sehen.

Die gegenständliche Dichtung ist also dann Kunstwerk,
wenn das zu Fühlende durch sachliche und logische Gegenständlichkeit sichtbar und begreifbar gemacht wird. Wird
aber das Mittel, das Gegenständliche, mit dem Zweck, dem
Gefühl, für das es Gleichnis ist, in derselben Dichtung an-
gewandt, so wird der Zweck unvermittelt neben das Mittel
gestellt, das Mittel selbst also zwecklos. Es ist überflüssig
weil es den Fluß, den Rhythmus, hemmt.

Die gegenständliche Dichtung ist also mittelbar,
Die ungegenständliche Dichtung ist unmittelbar.

Jede Dichtung ist aber alogisch. Die Dichtung als Kunstwerk hat nichts mit der Logik zu tun, die aus der Erfahrung hergeleitet wird, aus der Erfahrung der Sinne oder
aus der Erfahrung der Tatsachen. Jede Erfahrung entsteht
aus der Wiederholung des Erfahrenen. Aus der Kunst holen
wir, was unerfahren ist. Deshalb hat der Unerfahrene nicht
die Hemmungen bei der Kunst, weil er noch erfahren kann.
Nur wer die Erfahrung aufgibt, kann Kunst aufnehmen,
denn jede Erfahrung ist nur ein Mittel, nicht ein Zweck.

Das Gegenständliche in der Dichtung ist stets Gleichnis und
darf nie Vergleich sein. Der Vergleich hängt von dem Vergleichenden ab, er ist also persönlich gebunden. Das Gleichnis aber ist unpersönlich und ungebunden. Sichtbar wird es
nur durch seine innere Bindung. Die Bindung der Kunst ist
aber ihre Bewegung. Der Rhythmus.

Jede Verständigung ist willkürlich. Jede Dichtung unwill-
kürlich. Oder ist es nicht willkürlich, daß der B sagen muß,
wer A sagt. Oder ist es nicht willkürlich, daß ein Hauptwort ein Zeitwort bedingt. Ist das Haupt nicht ohne Zeit.
Oder ist die Zeit nicht nur im Haupt. Oder was zwingt das
Haupt, eine Eigenschaft zu haben. Oder was hat das Wort
mit dem Geschlecht zu tun. Oder warum sieht man für ein
Neutrum an, was man nicht deklinieren kann. Oder ist es
nicht Willkür, wenn man die Sonne in Deutschland für eine
Dame und in Frankreich für einen Herrn hält. Oder warum
sind Zeitwörter manchmal regelmäßig und manchmal un-
regelmäßig. Oder warum ist keine Regel ohne Ausnahme,
aber jede Ausnahme ohne Regel. Diese Grammatik ist so
regellos, weil ihre Regeln Willkür sind. Gewollt aus der
Erfahrung. Wiederholungen. Kunst kann die Grammatik
verwenden, wenn ihre Regeln durch die Kunst ihre Bestätigung finden. Kunst ist aber keine Grammatik. Und noch
weniger ist Grammatik Kunst. Warum soll nur der Satz zu
begreifen sein und nicht das Wort. Da doch der Satz erst
das Begriffliche des Wortes ist. Nur die Wörter greifen den
Satz zusammen.

Wenn das einzelne Wort so steht, daß es unmittelbar zu
fassen ist, so braucht man eben nicht viele Worte zu machen.
Man darf es dann sogar nicht, weil man sonst das Wort
umstellt, unsichtbar macht. Die Kunst aber ist es, das
sichtbare Wort sichtbar oder wieder sichtbar zu machen.
Welchem Künstler ist es je eingefallen, ein Gebäude aus
edlen Steinen zu bemalen. Man bemalt, um edle Steine vor-
zutäuschen. Und doch ist jeder Stein edel, wenn er Stein
ist. Und jedes Wort ist edel, wenn es Wort ist. Und diese
Dichter bemalen diese edlen Wörter, oder sie stimmen sie
nach ihren Verstimmungen ab. Dem einen paßt die Liebe,
dem andern paßt sie nicht, dem einen paßt die Sonne, dem
andern paßt der Regen. Und alle diese endlichen Verstimmungen werden als unendliche Stimmungen vorgesagt und
eingeredet. Was geht das Wort die Stimmung an. Was geht

das Wort die Persönlichkeit an. Die Persönlichkeit bedient
sich des Wortes. Das Wort wehrt sich, indem es der Persönlichkeit nicht dient. Das Wort herrscht, das Wort beherrscht
die Dichter. Und weil die Dichter herrschen wollen, machen
sie gleich einen Satz über das Wort hinweg. Aber das Wort
herrscht. Das Wort zerreißt den Satz, und die Dichtung ist
Stückwerk. Nur Wörter binden. Sätze sind stets auf-
gelesen.

Die Sätze werden in Absätze aufgeteilt und der Rhythmus
ist fertig. Nur ist es kein Rhythmus; denn diese Verse sind
willkürlich. Der Dichter mißt sie und bricht sie ab wie es
ihm paßt. Er macht die Zeilen gleich. Und der Versfuß
hinkt. Man kann eben nichts Wesentliches gestalten, wenn
man nur mit Füßen arbeitet und den Versen wohl gezählt
auf die Füße tritt. Man kann den Fuß nicht stellen, wenn
man sich bewegt. Kunst aber ist Bewegung. Rhythmus.

Jedes Wort hat seine Bewegung in sich. Es wird durch die
Bewegung sichtbar. Die einzelnen Wörter werden nur durch
ihre Bewegung zueinander, aufeinander, nacheinander gebunden. Nichts steht, was sich nicht bewegt. Kreist doch
selbst die Erde. Kreist doch die Welt. Das ist die innere
Sichtbarkeit. Die ungegenständliche Dichtung.

Auch die innere Sichtbarkeit ist sinnlich sichtbar. Auch sie
hat eine Oberfläche, die man fassen, also fühlen kann. Aber
sie bewegt sich unter dem Stehenden. Sie steht, wenn man
nicht verstehen will. Sie greift, wenn man sich nicht ver-
greift. Denn nicht der die das Mensch greift die Kunst.
Kunst greift über Menschheit hinaus, ballt Menschheit zusammen.

Kunst kreist die Menschheit in ihrem All.

FRANZ WERFEL

Substantiv und Verbum

Notiz zu einer Poetik

I

Den Wert des Verswortes macht seine assoziative Potenz aus.

Eindeutigkeit ist der Tod des dichterischen Wortes, ebenso wie sie das Leben der Prosa ist.

Das Prosa-Wort schließt eine Vorstellung ein, die tausend grammatische und syntaktische Mittel hat, sich mit anderen Vorstellungen in Beziehung zu setzen. Das Vers-Wort ist diese Beziehung selbst.

In der Prosa ist das Substantiv der Träger der Betonung. »Er war *Landarzt* und lebte in einem kleinen Flecken der *Oberpfalz*.« Auch die Betonung beim Vorlesen ist damit gegeben.

In der Poesie ist der Träger der Betonung das Verbum. Diese Unterscheidung ist selbstverständlich ungemein übertrieben, aber nur durch Übertreibung wird Wesentliches deutlich.

Das Substantiv des Verses ist vieldeutig, assoziativ, symbolisch. Es ist ein Gefäß, das es dem Leser überläßt, die eigene durch das Verbum des Dichters aufgerufene Vision einzufüllen.

»Wo *nehm* ich, wenn es Winter ist?«

Dieser Winter ist tausenddeutig. Und gerade in dieser Tausenddeutigkeit besteht sein überwältigend Konkretes. Konkret ist nicht, was sinnlich eindeutig faßbar, sondern was am assoziativsten ist, was mehr Welt in sich hat. Das Substantiv des Verses ist delphisch, es hat die innere vieldeutige Überdeutlichkeit, doch auch das Gedämpfte des Geheimnisses.

In der Deklamation bleibt es unbetont.

Das Verbum des Verses ist mehr, als eindeutig. Es ist über-
bestimmt und gegen den Leser unerbittlich, denn es ist der
Träger der Leidenschaft und der Tat. Nicht ist es der Ausdruck eines Tuns, sondern dieses Tun selbst. (Darum ist
wohl die mittelbarste Verbalform, das Imperfektum, dem
Verse fremd.) Das Versverbum ist von klarer sinnlicher
Vision, dabei durchaus übertrieben, erscheint gleichsam
immer mit zusammengebissenen Zähnen, oder die Hand auf
dem Herzen!
»Im Winde *klirren* die Fahnen.«
Das Verbum des Verses ist im Tun ein Verbum militans, im
Leiden ein Verbum martyre, immer aber cantabile oder
furioso.
Ein guter Rezitator wird dabei fast immer allen Ton auf
das Verbum legen, denn es ist das dynamische Regulativ,
Zeitmaß und Manometer des Verses, und dabei seine höchste
Realität.
In der Welt, die in der Sprache ihr Gleichnis hat, leiht sich
das Licht den Dingen. In der Welt, die im Vers ihr Gleichnis hat, wirft sich das Licht einzig auf die Bewegung, auf
den Willen oder auf die Gelenktheit der Dinge, jedenfalls
auf ihr Zueinander. Die Dinge selbst bleiben gespenstisch
und im Schatten.
In der Welt des Traumes ist es nicht anders. Den Traum
erleben wir, tiefer in ihm stehend, als wir im Wachen stehn,
zugleich doch ferne über ihm stehend. Im Traume ahnen
wir die Erlebensart absoluterer Wesen, als wir es sind. Die
Gegenstände vereinfachen sich in ihrer Form, und verviel-
fachen sich in ihrer Bedeutung. Sie werden, indem sie
scheinbar den Weg der Abstraktion beschreiten, zu den
höchsten Realitäten des Lebens, zu Sinnbildern. Überzeugend zeigt das Strindberg im »Traumspiel«. Die Kulissen
einer Dekoration verwandeln sich zu vielen wechselnden
Bedeutungen. – Die Bühnentüre wird zur Kontortüre der
Advokatenkanzlei, endlich zur Türe des Geheimnisses selbst.
Das Bleibende ist, daß immer Menschen vor ihr *warten*.

Die Orgel im Hintergrund der Kirche wird zu den Basalt-
säulen der Fingalsgrotte; gleich bleibt nur, daß sie die
Stimme der jammernden Menschheit und die Stimme der
Winde *tönt*.

Im Zustand des Traumes und der Dichtung, in absoluteren
Zuständen, ist *wirklich* allein das Geschehen, das Ding aber
gleichnishaft und wehleidig zurückgezogen.

II

Schon aus diesen unvollkommenen Bemerkungen erhellt,
daß die Erlebnisformen von Zeit und Raum im Verse durchaus verschieden von den gültigen Erlebnisformen sind.

Die dichterische Zeit ist paradox. Sie läuft ab, ohne sich von
der Stelle zu rühren. Sie rennt, ohne vom Fleck zu kommen,
bis an ihr Ende. Sie ist eine tumultuare Dauer. Auch hier
lebt der Bann des Träumenden, der das Ereignis vollbringt,
ohne sich bewegen zu können. Das allgemeine Zeiterlebnis hat
seine ausschlaggebende Bedingung darin, daß diese konventionelle Zeit ein Abenteuer ist, nur unbekannte, trotz Hoffnung, Ahnung, Angst, Schlußfolgerung unberechenbare Ereignisse auf ihrer Fläche tragend, durch das Bewußtsein
stürzt, daß sie ihrem Wesen nach unvorhergesehen, daß sie
Zukunft ist. Für das höhere Bewußtsein des Dichters oder
des Träumenden ist aber das Zukünftige, ehe es noch eintritt, Vergangenheit. Das hat mit Weisheit und hoher Einsicht in Kausalitäten nichts zu tun, der Träumende und der
Dichter erfährt hier die Ahnung eines göttlichen Attributs,
das die Theologie »Allzeitlichkeit Gottes« nennen könnte. –
Die Aufeinander-Folgen durchdringen sich nach einem andern Gesetz, man mag an den Schritt zweier gegeneinander
gerichteter Füße denken.

Die seltene Lebenserscheinung der faux connaissance, das
plötzlich blitzhafte »Das habe ich schon erlebt«, dieses Phänomen dauert in der träumenden und dichtenden Seele, und
verläßt sie nicht. Die Zeit, die im Verse dahingeht, hat sich

schon erfüllt, ehe sie abgelaufen ist. Sie erlaubt keine Hoffnungen, und wenn Hoffnung ausgesprochen wird, so ist ihr schon bewußt, ob sie in Erfüllung geht oder nicht. Von diesem überschwebenden Wissen rührt die immanente Schwermut alles Vershaften her. (Auch Heiterkeit ist Schwermut.) Das normale Bewußtsein, je tiefer stehend, je mehr, ist sich nur des Zufalls bewußt, das dichterische Bewußtsein, je höher, je mehr, nur der Notwendigkeit. Das Regime des Lebens heißt: Zufall (TYXH), zugleich das größte Verbrechen der Kunst, deren Wertmaß die Notwendigkeit (ANAΓKH) ist.

Ein Zeichen dafür, daß die Bewegung, das Geschehen innerhalb des Verses, ein dauernder Vorgang, gleichsam ein ewiges Stürzen, ein unermüdendes Rasen ist, scheint mir die Art der Anwendung des Participiums zu sein.

Das Participium ist die stärkste dichterische Verbalform, denn es ist die Bejahung des Vorgangs, der Moment, wo der Dichter dem Unerbittlichen sich entgegenwirft, um das Geschehen unendlich zu machen. Das Participium übertrifft bei weitem den Infinitiv an Kraft, weil es zugreifend ist, immer bestimmt, immer etwas faßt, und mit Leidenschaft im Arm trägt, während der Infinitiv abstrakt ist, einem blutlosen Theoretiker gleicht, der im entscheidenden Augenblick ausreißt. Das Particip ist die angemessene Ausdrucksform der Trunkenheit, der Ekstase, der Raserei, und der dazu polaren Spannungen, immer aber mit einer kleinen weiblichen Betonung von Resolutheit oder Innigkeit.

Mir fällt dazu ein, daß Wagners Text zu Isoldens Liebestod (fast bis zur Lächerlichkeit) Participien aneinanderreiht.

Eine sehr schöne Stelle will ich aus einem Gedichte der Lasker-Schüler noch hiehersetzen.

»Und meine Sehnsucht, *hingegebene*.«

Das Substantiv Sehnsucht ist hier mit hoher Absicht blaß, mädchenhaft verzagend gewählt, damit ein Übermaß von

Innigkeit auf dem Participium ruhe: *hingegebene!** Es
wird hier bis zur Schwärmerei verstärkt durch die Form
der *Substantivierung* und *Postposition,* beides an die göttliche antike Grammatik gemahnend.

Die Hingebung hier will nicht enden, will keine Liebes-
erfüllung; sie ist sich mit ihrer Schwermut genug, kaum daß
sie die Lippen eines Schlafenden küssen will, um weiter zu
wachen über Endymion, unvergänglich in ihrem E-Laut.

Hier möchte zu besserem Verständnis noch einiges über
die dichterische Bedeutung der Vokale vorweggenommen
werden. Der E-Laut bedeutet alles Ebene, alles unendlich
als Fläche in die Ferne Gestreckte. Das E hat den sehnsüchtig starren Blick einer liebenden Fürstin, die ihr Herz ver-
schließt: Ebene, Nebel, ewig, elend, Schnee, Leere, Sehnsucht, Seele. Wie ist dies alles ins Unendliche gerichtet!
Wundervoll korrespondieren in dem zitierten Vers all diese
Bedeutungen. Fünf E-Laute treten in Beziehung und sammeln sich in dem starren Liebesblick der Verbalform:
»Sehnsucht, hingegebene.«

Das Reimwort Ebene, endloser Blick bebenden Mundes,
weht unterirdisch mit.

An dieser Stelle ist die Sendung des Participiums vollauf
klar, die Verewigung des Zeitlichen.

III

Dichterischer Raum ist geometrisch gesprochen die Beziehung aller Punkte zu allen Punkten, jedes einzelnen zu
jedem einzelnen; also im Verse die Beziehung jeder Association zu jeder Association. Vollendet wird ein Gedicht nur
dann sein, wenn kein Teil ohne Gegenteil bleibt, kein Wort
seine Hände ins Leere strecken muß. Der dichterische Raum
ist *absolute Gebundenheit.*

Ich bin mir selbstverständlich bewußt, daß mit dieser ratio-
nalen Formel nichts vom Geheimnis ausgesagt ist. Der dich-

---

* Ein Wort nur, und die herrlichste Kantilene.

terische Raum ist zu vergleichen mit großem hallenden
Hausflur, mit dem Innern eines Domes, wo jedes Lispeln,
jeder Schatten, jedes Bild und Gerät sein Echo hat. Der
Wert dieses Raums beruht in der Armut seines Reichtums,
in der Kargheit seiner vieldeutigen Gestalt. Ebenso wie
beim Substantiv im Dunkel, im Rätsel, im Zerfließen. Seine
Gegenstände müssen sich sanft wehren gegen die Raserei
des Zeitlichen, so wie das Dunkel einer Kirche sich gegen
den Farbenrausch der festlichen Menge und gegen die
Stürme des Gesanges zu wehren scheint.

Also der Raum eines Gedichtes, das die Dinge deutlich und
eindeutig aussagt, mag in ihnen die Zeit triumphierend ihr
Wesen vollenden, ein solcher Versraum ist unvollkommen,
weil er das Gesetz der Beziehung nicht erfüllt und das Gegenständliche vereinzelt. (Dies ist oft der Fall in den Gedichten von F. W.) Es liegt hier die tiefste Gefahr des Pathetischen, die Entwurzelung. Wenn das Gewebe nicht in
überbewußter Logik sich selbst hält und balanciert, so
schnellen elastisch die Fäden einer nach dem andern zurück,
die so entstehende Unruhe beginnt sich selbst zu mißtrauen,
und die Folge ist, wie bei jedem Selbstmißtrauen, Angriff,
Appell nach außen.

Das Extrem dieser Krankheit ist das bös Rhetorische, das
gänzlich undichterisch ist, weil es seinen Raum aus abstrakten unassociativen Mauern baut.

Alle lyrischen Revolutionen (in Ermangelung anderer)
handeln von Abkehr und Wiederkehr zur Strophe. Die
Prämisse ist immer falsch, denn sie heißt »konventionelle
Architektur«. Der freie Vers wird gegen die vierzeilige
Strophe, die vierzeilige Strophe gegen den freien Vers immer wieder neu erschaffen. Ob aber geleugnet oder gehul-
digt wird, diese konventionelle Strophe ist durch keine ad-
äquate, gleich mächtige und allgemeine Form ersetzt, so
verschweint sie auch ist. Alle Reformen sind eben Reformen, geboren aus Willkür und nicht aus biologisch genialer
Notwendigkeit. Es ist nicht wahr, wie vegetarische Pan-

theisten meinen, daß man Gott am besten unter freiem Himmel anbetet. Gottes-Dienst ohne Gottes-Haus ist paradox. Gott muß Mensch werden, um in Erscheinung zu treten. Die Grenze ist die Bedingung der Offenbarung.

Ich glaube an die Geburt einer neuen strophischen Dichtkunst, die ganz frei sein wird von der scholastischen Symmetrie bisheriger Architektur, aber ebenso frei von der Zufälligkeit der aus dunklem Widerspruch kommenden, sich selbst nicht beweisenden, immer auch anders möglichen, permutationsfreien Erneuerung. In der modernen Literatur haben solche Strophen Hölderlin (in den Hymnen), Poe[1] und Swinburne[2] geahnt.

2. Poetik

Lyrik

ERNST BLASS

Vor-Worte

Aufrichtig sein als ein Erkennender –: ein Ideal, das für Zweifler an der Fundiertheit und den Aussichten menschlichen Erkennens nichts Überzeugendes hat; das als letzte Wahrheit nicht behauptet werden darf; doch (schlimmstenfalls immer noch) die heut reichste Schönheit und Vitalität besitzt, also auch vormaligen Skeptikern an der *Wahrheit*, späteren Verherrlichern des Chaotisch-Lustspendenden genügen müßte, als der heutige *Glaube*. (Schlimmstenfalls.)

1. Edgar Allan Poe (1809–49), amerik. in romantischer Tradition stehender Dichter, von Einfluß auf frz. Symbolisten.
2. Algernon Charles Swinburne (1837–1909), engl. Dichter, später Präraffaelit.

Als Dichter ein Erkenner: das wird der Lyriker der nächsten Jahrzehnte sein.

Weil er ehrlich ist und bewußt, wird er eins auch im Traume nie vergessen: daß er nicht immer ein Engel ist, nicht immer ein Urwesen, nicht immer schwebend und alltagsfern (sondern wie große Erdenreste ihm zu tragen peinlich bleiben). Das wird in seinen Klängen liegen: das Wissen um das Flache des Lebens, das Klebrige, das Alltägliche, das Stimmungslose, das Idiotische, die Schmach, die Mießheit. Die Klänge des nahenden Lyrikers werden nicht »rein« und »aus der Tiefe« sein. Er wird nicht einfach ein potentseliges Urgeschöpf sein, sondern einer, der erkennt und zugibt, daß man manchmal recht ins Alltägliche hineingeklebt ist; der noch in der Erhebung weiß, daß man nicht immer erhoben ist. So ist es. Und es wird eine *Erhebung* für ihn sein, dies zuzugeben.
Es wird für ihn darum eine sein, weil er für *Ehrlichkeit* ist. (Der Lyriker wird finden: der Fortschritt in der *Chaosklärung*, wenn es ihn nicht gibt, muß erfunden werden. Er streitet für die Wahrheit auch aus Gründen der Schönheit.)

Der Lyriker der nächsten Zeit wird sich nicht schämen.

Auch seiner mehr träumerischen Stimmungen nicht. Doch seine Träume werden anders aussehen, als die weniger Kultivierter; nämlich: gehetzter, weltstädtischer, mit dem lebhaften Willen zur Kritik, mit einem das Träumerische Nicht-Für-Voll-Nehmen. Noch als schwebender Engel im Traum aber weiß er, daß er vielfach als Herr Soundso auf Erden lebt – und viel Irdisches zu ertragen hat. Noch wenn er Lyrik dichtet, wünscht er nicht zu lügen.

Seine Art Lyrik ist »fortgeschrittene« Lyrik genannt worden; von einem, der, ein großer Lehrer all dieser Dinge,

für Europa schafft; von Alfred Kerr. Nicht wegen Groß-
stadtmilieus so genannt, sondern wegen jener kritischen,
beschwingten, fechtlustigen Daseinsstimmung selbst in der
Lyrik.
Der neue Dichter (der den Alltag kennt, der den Schwindel durchschaut) wird gegen künstlerisches Schaffen überhaupt, soweit es unkritisch ist, etwas skeptisch sein, – dennoch wird er eine Melodie haben ...
Weil er wahrheitsliebend ist, werden seine Dichtungen um
viel Melodieloses im Erdenleben wissen, – dennoch Dichtungen sein; Dichtungen voll der Schönheit und Intensität
eines großen Willens zur Ehrlichkeit. Er wird etwas geben,
was, wie Kurt Hiller sagt, funkelt »zwischen Stahl und der
Blume Viola«.
Zusammengefaßt: Der kommende Lyriker wird kritisch
sein. Er wird träumerische Regungen in sich nicht nieder-
drücken. Noch im Traume wird er den ehrlichen Willen
zur Klärung diesseitiger Dinge haben und den Alltag nicht
leugnen. Und diese Ehrlichkeit wird die tiefste Schönheit
sein.

Der kommende Lyriker wird, wie gesagt, auch ein Darsteller des Alltags sein. Kein alltäglicher Darsteller! Er
wird aber kein Schilderer der Weltstadt sein, sondern ein
weltstädtischer Schilderer ...
Sollte dann das Niveau noch nicht über kunstbehandelnde
Dozenten vom Verstande des Herrn Bab[1] hinübergelangt
sein und noch immer in den Gazetten gelegentlich der Gedanke auftauchen, Rhinozeroshaftigkeit und Neid auf Fei-
ner-Behäutete lasse sich schon durch den Willen zu einer
neuen, sozusagen synthetischen Andacht überwinden –: so
wird der Lyriker für diese Frömmigkeit den gelinden Ausdruck »Lammfrömmigkeit« bereit haben.
Er selber wird voll Andacht sein, nicht voll dumpfig-stöh-
nender oder fett-enthusiasmierter Andacht, sondern voll

1. Julius Bab (1880–1955), Schriftsteller und Dramaturg.

einer skeptischen, gefiederten, fortgeschrittnen, kriegstüchti-
gen, voll einer tänzerischen und erkennenden und geschwin-
den Andacht.

RUDOLF KAYSER

Verkündigung

Prolog

> Nichts ist poetischer als alle Übergänge
> und heterogene Mischungen.   *Novalis*

Dies Buch ist nicht Ausdruck eines literarischen Programms.
Es ist auch kein Manifest; kein Chor von Propheten und
solchen, die es werden wollen; keine breit flatternde Fahne
»neuer Gesinnung«. Trotzdem heißt es: »Verkündigung«.
Aber man nehme das Wort nicht im eudämonistischen
Sinne, der heute selbst feine Köpfe verflacht. Nicht irdische und himmlische Glückseligkeit, Neuländer der Menschengemeinschaft und der Ideen, Heimsuchungen und Er-
lösungen werden verkündet, sondern anderes, strengeres,
wesentlicheres: die Zeit in ihrem ernsthaften Sprecher. Diese
Zeit – es ist Herbst 1920, und die Atmosphäre sehr müde
und verbraucht – ist alles andere als Aufstieg oder Voll-
endung. Sie ist Unter- und Übergang, und Aufgang erst
als fahler Schatten vorm Morgendämmer. Sie ist der Aus-
klang einer (sehr fruchtbaren und schöpferischen) Kultur,
die mit der Renaissance begann. Dieser Ausgang ist tragisch, und schmerzlich das Schicksal, das uns in ihm zu leben zwingt: da wir nichts besitzen als diese Erkenntnis des
Endes und noch nichts über den Ort der Neugeburt aussagen können. Nach Jahren jugendlichen Brausens, aufflam-
mender Rufe und ·Revolutionen müssen wir heute bekennen: uns ward keine Erfüllung; wir sind Gejagte und Suchende, wartend zwischen Sohnes- und Vaterschaft. Daß

diese ersten Worte einer Anthologie junger Lyrik nicht voll
überschwänglichen Brausens sind – ist der besondere Stolz
des Herausgebers. Zum ersten Male in unseren Tagen ist
hier eine Jugend versammelt, die kein übertreibender Optimismus anführt. So hat der Herausgeber sich auch das
Recht der Kritik gewahrt: er weiß, daß die Landschaften
dieses Buches, so mannigfaltig und leuchtend sie auch sind,
kein Hochgebirge bedeuten; daß die heutige Lyrik ihre
Zeit nicht sehr überragt: daß sie problematisch und zer-
klüftet ist wie sie. Und das soll auch der Sinn dieses Buches
sein: unseren Hoffnungen, Enttäuschungen, Zweifeln, Zu-
versichten, Schmerzen und Lüsten vielfältige Gestalt zu
geben. Daß diese Gestaltung bei manchen Dichtern sehr
einsam sich vollzieht: auch das ist eine späte Erkenntnis
derer, die Gemeinschaft – süßes Ziel aller brüderlichen
Herzen – in allzu greifbare Nähe rückten.

Die Aufgabe als Zeit-Buch kann eine lyrische Sammlung
besser erfüllen als jede andere. Denn Lyrik ist direkte
Dichtung: ohne die psychologisch-zeitlichen Symbole des
Romans, ohne die räumlichen des Dramas.

Sie ist eine sehr egoistische Kunst, da sie vom Ich nie los-
kommt und über kein außer-selbstisches Material verfügt.
Desto größer ist ihre Intensität; der Reichtum der Gesichte; die Fülle ihrer Erlebnisse: ihre Musik. Sie ist gesät-
tigt mit Instinkt und andererseits, durch den abstrakten
Charakter des Worts, auch nachdenklicher Klarheit verpflichtet. »In jedem guten Gedicht muß alles Absicht und
alles Instinkt sein (Friedrich Schlegel).«

Gerade unserer Zeit, in ihrer schmerzlichen Sehnsucht und
Unerfülltheit, ist Lyrik der identische Ausdruck. Große
Dramatik geschieht in klassischen Epochen, wo Welt- und
Kunstanschauungen rund und gesichert sind; große Epik,
wo der eigene Standpunkt noch weite Betrachtung erlaubt.
Es ist deshalb kein Zufall, daß dies Lyrik-Buch unsere Zeit
zu repräsentieren wagt, da deren Gehalt ja wesentlich ly-
risch ist. Das mag paradox erscheinen: dies Zeitalter der

Untergänge und Not, der Schreie und Verzweiflungen, der Kriege und Rebellion, der Stürme und Hoffnungen sei – lyrisch?! Ja, wenn ihr von diesem Wort alle Pseudo-Romantik, Waldeinsamkeit und Wiesengeruch, abtut und es zum Namen herzlicher Gesänge und panischer Klänge macht. Die Lyrik unserer Zeit, ganz aus Not und Zukunftsfreude geboren, sucht neue Heimat und neuen Glauben. Sie ist religiös. Sie wagt den Weg zu Gott: einem heidnisch-christlichen Gott, der, allen Höllen und Paradiesen zugekehrt, doch Rettung und Erlösung verspricht.

Die Lyrik der älteren Generation ist bezeichnet durch die Namen George, Rilke, Hofmannsthal. Sie einigt das Erlebnis der Form, die restlose Sprachwerdung seelischen Gehalts. Nie ward seit der deutschen Romantik die Magie des Worts so empfunden wie bei ihnen. Wieder geschieht hier (nach der süßlichen Monotonie der Butzenscheibenlyrik und dem vulgären Sprachgebrauch des Naturalismus) letzte Bildwerdung innerer Dinge. So sehr diese drei Meister Zeitgenössisches verbindet – im Esoterischen der Form und des Gehalts –, so sind sie doch keine Gemeinschaft. Georges metaphysische Feiern; Rilkes franziskanische Frömmigkeit; Hofmannsthals Spätknabentage (die uns wieder merklich nahe rücken): scharf heben sich die einzelnen Profile aus der gemeinsamen Atmosphäre heraus. Diese Atmosphäre ist artistisch-verfeint und psychologisch-gestuft. Nichts von gemeinsamen Aufständen gegen ein zivilisatorisch-materialistisches Zeitalter. Nichts von Pathos und moralischem Kampf. Nichts von gleichgerichteter Leidenschaft. Die technisch-biologische Gesinnung der Jahrhundertwende läßt dem geistigen Menschen nur noch das Reich innerer Erfahrungen, ohne es nach außen hin schöpferisch zu machen.
In dieser Atmosphäre schmerzlich-feinen Fühlens und relativistisch-nihilistischen Denkens erwachsen Kinder, »die das Lächeln lernen, noch ehe sie das Lachen gekonnt haben (Rilke)«. In ihren Jünglingstagen beginnt der Aufbruch zu

neuen Zielen: verschwenderisch an Hoffnung, Forderung und Glut. Dostojewskis Epik, diese menschlichste Kunst; Strindbergs Bekennertum; Whitmans Prärien-Harfe und der stürmisch fortschreitende Zusammenbruch des imperialistischen Europas: durch alle Lebensgebiete hindurch dringen Not, Wille und Sehnsucht. Diese Symbole beweisen es.

Die Dichtung solcher Jünglinge – moralisches Pathos; visionärer Sturm; Intensität – mußte lyrisch beginnen. Sie ward die Verkündigung der Gegensätze zu dem, woran unsere Kindheit schwer trug (deshalb die häufige Metapher des Kampfs gegen die Väter). Wieder einmal besinnt sich Kunst auf ihre Mission der direkten Rede: aus aller Fülle menschlichen Erlebens heraus Gott anzusprechen. Wieder einmal gilt es (seit Gottscheds Auftreten das ständige Ereignis der deutschen Geistesgeschichte), alte Formvorstellungen zu zertrümmern: diesmal die der l'art pour l'art-Epoche. Es tritt eine Gesinnung auf, – vielfach unklar, gestaltlos, chaotisch betäubt – die aus den Zwängen der Form und der Materie, der Feste und des Alltags heraus will zu freiem Bekennertum und kosmischem Schauen. Man ist müde geworden der Wiederholungen: sei es von Natur, sei es von innerem Geschehen. Man will nicht länger nachzeichnen, was ist – im Ich oder außerhalb seiner –, sondern mit zuckenden Knabenhänden ins All greifen und singen und sagen und beten.

Für dieses Wollen erfand man das nichtsnutzige Wort »Expressionismus«. Es ist nichtsnutzig nicht nur wegen seiner Banalität, sondern weil es trotz ihrer so anspruchsvoll ist: eine programmatische Gemeinschaft vortäuscht, die nicht vorhanden ist. Im letzten Grunde gewannen wir ja keine neue Formidee, sondern im Zertrümmern der alten morsch gewordenen nur die menschlich-religiösen Voraussetzungen zurück, die das Zivilisations-Jahrhundert uns geraubt hatte. Wir sind noch immer im Aufruhr; Rebellen der Worte und Klänge; sehnsüchtig nach neuem Gelingen.

LOTHAR SCHREYER

Expressionistische Dichtung

Der Expressionismus ist die geistige Bewegung einer Zeit, die das innere Erlebnis über das äußere Leben stellt.

Der Expressionismus in der Kunst schafft die Gestalt, in der der Mensch sein Inneres Erlebnis kündet.

Die Gegenwart errichtet ein Reich des Geistes.

Expressionisten sind die Künstler und Dichter der Gegenwart.

Die Kunst hat ihre Stellung zum Leben, im Leben gewandelt. Weil wir Menschen uns gewandelt haben. Von der äußeren Welt haben wir uns wieder zur inneren Welt gefunden. Der Machtwille, der unser äußeres Leben beherrscht, hat sich unserem inneren Leben zugewandt. Die Grenzen, die das äußere Leben unserem Machtwillen setzt, fallen in unserem inneren Leben. Das Grenzenlose zu fassen, ist unser Machtsehnen. Wir kämpfen um mehr als ein Reich der Natur. Wir kämpfen, das Reich des Geistes zu gewinnen, das grenzenlos ist. Erst im Grenzenlosen werden wir der Macht bewußt. Der Eine versinkt im All, für dessen Sein er wird.

In der Kunst künden wir das geistige Reich. Das Geistesleben ist nicht das Leben der Wissenschaften, sondern das Leben der Visionen. Neben das äußere Leben der natürlichen Erfahrung tritt ein Erleben intuitiver Erkenntnis. Die europäische Kunst der letzten Jahrhunderte gibt Abbilder der natürlichen Erfahrung. Die Kunst der Gegenwart gibt Bilder intuitiven Erlebnisses. Es gilt nicht mehr, eine natürliche Erscheinung zur Vollkommenheit, zur Harmonie zu führen. Der Künstler von heute gibt im Kunstwerk nicht eine natürliche Erscheinung, so wie er sie sieht, oder sucht sie nicht in eine so vollkommene Erscheinung zu wandeln, wie er sie sich wünscht. Er gestaltet das innere Gesicht, das sich ihm gibt, in dem er intuitiv die Welt erkennt. Das in-

nere Gesicht ist unabhängig vom äußeren Sehen. Es ist
Vision, Offenbarung. Das ist das Wesen des Expressionismus.
Die Kunst der Gegenwart ist Kunde einer offenbarten Er-
kenntnis.
Diese Kunde der Offenbarung, die Kunst, ist der Mittelpunkt des geistigen Lebens der Gegenwart. Die Kunst
schafft den geistigen Menschen. Jeder Mensch kann ein geistiger Mensch sein. Wer lebt, vermag auch zu erleben.
Die Wirkung des Kunstwerkes ist Genuß und Erlebnis.
Jeder Mensch mit gesunden Sinnen kann das Kunstwerk
genießen. Es gehört kein Verstand dazu, kein Wissen, kein
Können, keine Bildung. Die Gebildeten haben kein Bild.
Der Mensch ist verbildet. Er stellt sich vor das Bild und
verlangt, daß das Bild etwas vorstelle, aber nicht, daß es
ein Gebilde sei. Jeder Mensch, jeder unverbildete, kann die
Worttöne der Dichtung hören, die Worttongestalt genießen. Wir nehmen die Kunstgestalt in uns auf, daß sie unser ist, daß wir sie sind. Was wir genossen haben, ist nicht
mehr außer uns. Der Rhythmus des Werkes wirkt in uns.
Er fließt mit unserem eigenen Rhythmus zusammen. Wir
sind außer uns. Der erlebende Mensch, der Schöpfer ist der
ekstatische Mensch. Wir und der Kosmos sind eins. All ist
eins.
Jede Kultur, die eine Erkenntnis in Offenbarung findet,
kündet diese Erkenntnis mit Kunstmitteln. Jede Zeit, die
das Geistesleben herrschend über das Naturleben stellt, die
im Geist nicht den Diener der Natur, sondern in der Natur
ein Mittel des Geistes sieht, hat die Kunst. Es sind die Zeiten, denen das Licht der Aufklärung ein Irrlicht ist, die
Zeiten, deren Menschen im Dunkel sehen können. Durch
die Nacht des Lebens, die keine Aufklärung klärt, sieht das
Gesicht. Alle Menschen sind Seher. Alle sind umrauscht von
der Ekstase. Ekstatische Menschen, Schöpfer und Erlebende,
sind die Naturvölker, sind die Bekenner Buddhas, sind die
Menschen des deutschen Mittelalters. Sie gehören dem Reich

an, das heute wieder aufersteht. Die Zeit, deren Rhythmus den Geist zur Macht hebt, macht uns zu rhythmischen Menschen, denen die Harmonie der Persönlichkeit nichts ist, denen der Rhythmus der Ekstase Erfüllung ist.

Wir haben keine Weltanschauung mehr. Wir schauen die Welt nicht an. Wir schauen. In der Schau, im Gesicht sind wir und die Welt eins. Gelöst von der Natur sind wir erlöst. Erlöst vom Leben sind wir lebendigen Geister Geist.

Das Gedicht der deutschen Gegenwart, das Wortkunstwerk, strebt nicht danach, eine natürliche Erscheinung zur Vollkommenheit zu wandeln. Wir wissen, daß die Erscheinung nur vollkommen scheint. Es gibt keine Vollkommenheit. Das Wortkunstwerk gibt keine Vollkommenheit. Es ist nicht harmonisch. Es ist wie jedes Kunstwerk der Gegenwart rhythmisch.

Die Gegenwart zertrümmert die Vergangenheit. Unsere Kunst hat eine andere Wahrheit als die Kunst der Vergangenheit. Unsere Kunst hat eine andere Schönheit als die Kunst der Vergangenheit. Unsere Wahrheit ist nicht die Lebenswahrheit. Denn es gibt keine Lebenswahrheit. Wir leben nicht wahr. Es gibt in Wahrheit kein Leben. Unsere Schönheit ist nicht ein Wohlgefallen. Solche Schönheit kann wohl zu Fall kommen. Unser Leben ist eine solche gefallene Schönheit. Aber unsere Schönheit und unsere Wahrheit ist das Alleins des kosmischen Erlebnisses.

Wir verlernen die Dichtung der Vergangenheit, weil sie keine Gestalt der Gegenwart ist.

Das Wortkunstwerk, das Kunstwerk bildet uns ein in den Kosmos. Der Eingebildete ist der Gebildete der Gegenwart. Die Bildung der Vergangenheit ist tot. Räumen wir die tote Bildung fort, daß Raum wird für die lebendige Einbildung des Eins ins All, des Menschen in die Welt.

Die humanistische Bildung ist der Feind des Geistes. Die humanistische Bildung und ihre harmonische Gestalt haben die deutsche Sprache in Fesseln geschlagen. Die Fesseln sind zersprengt. Die Kraft des Rhythmus, der ungeheueren

Machtgestalt der Gegenwart, macht die gebundene Sprache ungebunden. Nur die ungebundene Sprache wirkt den Geist. Nur die freie Sprache wirkt das Wortkunstwerk. Nur die Ungebundenheit des Rhythmus kündet das geistige Erlebnis.

Der Rhythmus ist das Gestaltungsprinzip der Gegenwart. Denn er ist der Ausdruck der Macht. Die Harmonie will Endlichkeit, Vollkommenheit. Die Macht will kein Ende. Sie ist nie vollkommen. Unvollkommen, unendlich ist der Rhythmus. Er ist die Auflösung jedes Maßes. Das Kunstwerk der Gegenwart ist aharmonisch, ist rhythmisch.

Die Dichtung der humanistischen Vergangenheit hat keinen Rhythmus. An Stelle des Rhythmus setzt sie das Metrum.

Das Metrum ist eine Gestalt der Sprachtonbewegtheit der griechischen, klassischen Weltanschauung. Die griechische Weltanschauung hat die Gestalt der Harmonie zu einem Sieg geführt, der die Kunstgestalt von Jahrhunderten bestimmt hat. Der Grieche fühlt die Vollkommenheit seiner Persönlichkeit, wenn er »Frieden mit dem Dämon in seiner Brust gefunden hat«. Im klassischen Griechenland hat Apollo den Dionys gebunden. Das Maß, das Metrum besiegt den dämonischen Rausch. Das Metrum zwingt die ungebundene Sprache der Italer in seine Fesseln und schafft das klassische Latein. Klassisch heißt mustergiltig. Uns ist die Klassik ein Muster ohne Wert.

Das Metrum, das Maß ist mäßig. Jede metrische Dichtung, jede Dichtung, die sich ein Maß setzt, der durch das Metrum ein Maß gesetzt ist, ist mäßig. Nicht das Maßvolle ist das Künstlerische, sondern das Maßlose. Ein Werk, das mit einem Maß ausgemessen werden kann, ein Werk, das nach einem Maß gearbeitet ist, ist ein Handwerk und kein Geistwerk, kein Kunstwerk. Der verhängnisvolle Irrtum der Vergangenheit war der Glaube an das Alleinseligmachen des Könnens. Der Vergangenheit ist Kunst ein Können. Und das Können ist lernbar. Lernbar ist aber nur ein Fremdes. Das Eigene können wir nicht lernen. Das Eigene ist in uns. Es wächst in uns. Wir wachsen in die Welt. Kunst ist Kunde dieses Wachstums.

Die Vergangenheit hat das deutsche Wortkunstwerk gezwungen, in eine bestimmte feste Form hineinzuwachsen. Solche Formen sind der Hexameter, der fünffüßige Jambus, Romanze, Ode, Sonett. Die gegebene Form mit Inhalt zu füllen, war das Werk des Dichters. Also: die Form wurde nicht vom Inhalt geschaffen, sondern der Inhalt wurde für die Form geschaffen. Von der großen Anzahl der bestehenden Formen wurde eine gewählt, die für den Inhalt geeignet schien, und in dieses Maß suchte man das maßlose künstlerische Erlebnis zu pressen. Dies ist nur dort möglich, wo das künstlerische Erlebnis kein kosmisches Erlebnis ist. Das Gedicht der Vergangenheit gibt nur, wie man so schön sagt, »Schöne Gedanken in schöner Form«. Es vermittelt Gedanken und Formen, aber das Erlebnis fehlt. Die Vergangenheit hat wirklich gebundene und ungebundene Rede. Wer, was er sagen wollte, in gebundener Rede, also metrisch sagen konnte, wurde Dichter genannt. Die gebundene Rede hieß Poesie, die ungebundene Prosa. Es gibt keine Poesie und keine Prosa. Es gibt auch in der Sprache nur Kunst und Nichtkunst.

Der Dichter der humanistischen Bildung gibt nicht eine Fülle von Gesichten, sondern eine Fülle von Vergleichen. Vergleichen aber ist nicht dichten. Vergleichen ist nicht bilden. Das Bild ist ein Gebilde. Der Vergleich ist ein Ersatz für die Wirklichkeit. Das Bild ist eine Wirklichkeit. Es ist eine geistige Wirklichkeit. Dichten ist: diese geistige Wirklichkeit dicht machen. Dichten ist konzentrieren, auf die komprimierteste, einfachste Form bringen. Jedes gedichtete Erlebnis hat eine andere Gestalt. Die feste metrische Gestalt schafft keine Dichtung. Sie macht nicht dicht. Sie erweitert, sie vervielfacht. Sie gibt keine Tatsache, sondern sie schmückt eine Tatsache, sie macht die »unpoetische« Tatsache »poetisch«.

Die Zusammengehörigkeit gleicher Metren wird durch den

Endreim betont. Der Endreim ist außerordentlich verbreitet in der Dichtung der Vergangenheit. Er ist eine Formspielerei. Er ist nur dort Spiel, also Kunst, wo die Zusammengehörigkeit verschiedener Wortgestalten in der gleichen Lautgestalt gestaltet ist.

Der Vers der humanistisch geschulten Dichtung ist ein metrischer Abschnitt. Der Vers unserer Dichtung ist eine rhythmische Einheit, ohne Metrum, aharmonisch. Nur rhythmisch bewegt die expressionistische Dichtung den Sprachton.

Der Rhythmus gestaltet die Sprachtonbewegtheit. Er gibt die Reihe der Entwicklungsstufen der Bewegungsrichtung. Das Wortkunstwerk wirkt in der Zeit, ist ein Nacheinander von Wortgestalten, die nur durch die Bewegung, das Nebeneinander zu einer Einheit zusammengeschlossen werden können. Die Bewegung jedes Wortkunstwerkes, jeder künstlerischen Einheit ist in bestimmter Richtung gestaltet. Soviel Gefühlsrichtungen im Kunstwerk gekreuzt sind, so viel Bewegungsrichtungen lassen sich auch feststellen. Aus dem Verhältnis der Bewegungsrichtungen resultiert das Gefühl, das vom Wortkunstwerk ausgelöst wird. Jede einzelne Bewegung zerfällt in Entwicklungsstufen. Die Reihe der Entwicklungsstufen ist die rhythmische Reihe der Bewegungsrichtung. Jede Entwicklungsstufe ist eine rhythmische Einheit. Diese rhythmische Einheit ist der Vers.

Die Worte im Vers sind aus den Grundwortarten gebildet. Jedes Wort im Wortkunstwerk ist ein selbstständiger Wert. Alle Worte im Wortkunstwerk stehen untereinander in Beziehung. Diese Beziehung kann in der einzelnen Wortgestalt selbst gestaltet sein. Solche Beziehungsarten sind die Deklination und die Konjugation. Es kann also jede Biegungsform jedes Wortes eine Kunstgestalt sein. Die Biegung beschränkt die Beziehungsmacht in bestimmter Richtung oder in bestimmten Richtungen.

Eine Wortreihe, in der alle Worte derart zueinander in Beziehung stehen und also auch in Beziehungsformen gebracht sind, daß die ganze Wortreihe eine in sich geschlossene Einheit bildet, ist ein Satz. Der Satz ist ein Formbegriff. Es ist nicht notwendig, daß der Satz im Wortkunstwerk eine gedankliche Einheit ist. Der Satz der Umgangssprache ist freilich eine gedankliche Einheit. Für das Wortkunstwerk ist es wesentlich, daß der Gedanke der Wortreihe ein konstruktiver ist. Die Wortreihe, der Satz hat nur dann einen über den konstruktiven Gedanken hinausgehenden Gedankeninhalt, wenn der Satz gleichwertig neben der einzelnen Wortgestalt steht. Der Satz ist dann für das Wort gesetzt.

Jedes Wort, jeder Wortsatz hat einen Inhalt. Ein Wort kündet nur dann seinen Inhalt, wenn Gestalt und Inhalt adäquat sind. Der Begriff ist der Ausdruck für das Erlebnis von etwas Ungreifbaren. Jeder Begriff ist unbestimmt, vieldeutig. Jeder Begriff ist ein komplexer Wert. Für den komplexen Wert die Sprachtongestalt zu schaffen, ist Wortschöpfung. Jeder Dichter ist Wortschöpfer. Jeder Dichter hat jedes Wort neu zu schaffen. Der Ausdruck für das ungreifbare Erlebnis des Kosmos kann von niemandem übernommen werden. Die Gestalt stellt sich mit Notwendigkeit ein, wenn der Mensch eingestellt ist in die Einheit des Alls. Wo der Dichter die Gestalt aus der Notwendigkeit schöpft, schafft er.

Die Grundsätze, die unsere Gegenwart, unsere Kunst gestalten, sind Organisation und Rhythmus.

Die Organisation ist die Machtform des Endlichen, der Rhythmus die Machtform des Unendlichen. Beide verbinden sich in der Sprachtongestalt der Dichtung, und zwar ist die Organisation dem Rhythmus untergeordnet.

Die Gestaltungsarten des Rhythmus sind Konzentration und Dezentration.

Die Wortgestalt als Einzelwort konzentriert den Begriff in ein einzelnes Wort. Diese Wortkonzentration ist eine Konzentration des Inhalts und der Gestalt. Mit möglichst wenig Lautmitteln den Begriff zu gestalten, ist das Ziel. Wortverkürzung ist die Folge.

Die Wortverkürzung kann auf das Stammwort zurück gehen.

> Bären für gebären
> schwenden für verschwenden
> wandeln für verwandeln.

Die Endungen der Deklination und der Konjugation können wegbleiben.
Der Artikel fehlt überall, wo er nicht notwendig bedingt ist.
Aus den Wortverkürzungen werden Wortveränderungen.
Die Wortveränderungen führen zur Bildung neuer Worte.
Aus Verben werden Substantive, aus Substantiven Verben gebildet, z. B. aus Kind das Verb kinden.
Die Wortgestalt ist ein Wortsatz, wenn die Begriffsgestalt nicht in einem Einzelwort zu geben ist. Der Wortsatz ist wie das Einzelwort eine Einheit nach Inhalt und Gestalt.
Die Konzentration wird im Wortsatz erreicht durch Umstellung der Worte oder durch Satzverkürzung.
Die Hauptstellungen des einfachen Aussagesatzes mit verschiedener Konzentration sind folgende:

1. Der Frühling ist gekommen.
2. Ist der Frühling gekommen.
3. Gekommen ist der Frühling.
4. Der Frühling gekommen ist.
5. Ist gekommen der Frühling.
6. Gekommen der Frühling ist.

Die Satzverkürzung ist eine Erweiterung der Wortverkürzung.
Einfache Satzverkürzungen sind das Auslassen der Präpositionen, der Kopula und die transitive Verwendung intransitiver Verben.
In den einfachen Satzverkürzungen wird das für die Aussage Überflüssige weggelassen. Sie sind noch keine eigentlichen Konzentrationen.

Wie sich aus der einfachen Verkürzung die Konzentration nach Inhalt und Gestalt entwickelt, zeigt folgendes Beispiel:

> Die Bäume und die Blumen blühen

ist eine einfache Aussage.

> Die Bäume, die Blumen blühen

ist eine einfache Verkürzung. Die Kopula bleibt weg. Ebenso ist

> Bäume und Blumen blühen

eine einfache Verkürzung. Die Artikel fallen weg. Aber

> Baum und Blume blüht

ist keine einfache Verkürzung mehr, sondern eine Konzentration. Der Begriff ist tiefer gefaßt. Aber die Einheit der Begriffe Baum und Blume und Blühen kann noch konzentrierter gestaltet werden. So ist die Form möglich

> Blühender Baum, blühende Blume.

Aber hier ist nur die Einheit des Blühens gebildet. Baum und Blume sind als Gegensätze gefaßt. Erst die Form

> Baum blüht Blume

fügt die drei Begriffe zu einem Einheitsbegriff zusammen. Dies ist ein Wortsatz.
Dieser Wortsatz kann noch bis in ein Einzelwort konzentriert werden, wenn die Wortreihe keinen Satz, sondern ein Wort fordert. Dieses Wort heißt dann

> Blüte.

Die komplexe Vorstellung des Wortes Blüte umfaßt Baum und Blume im Blühen.
Wichtige Mittel der Dezentration sind die Wortfiguren.

Solche Wortfiguren sind die unmittelbare Wiederholung, die Wiederholung in Zwischenräumen, die Parallelismen der Wortsätze. Die Umkehrung der Wortstellung wirkt die Einheit umgekehrter Begriffe.

Nicht nur die Umkehrung der Begriffe, auch die Abwandlung der Begriffe nach Unterbegriffen und Oberbegriffen ist ein wichtiges Dezentrationsmittel. Auch der Teilbegriff kann abgewandelt werden. Seine Abwandlung wird bezeichnet durch die Stellung des Wortes in der Wortfamilie.

Mittel der Dezentration ist vor allem die Assoziation von Wortform zu Wortform. Die Assoziation ist eine komplexe Vorstellung. Kunstmittel ist sie, wenn der Assoziation der Wortgestalt eine Assoziation des Wortinhaltes entspricht.

Konzentration und Dezentration sind die Mittel, die Begriffsgestalten der Worte in Kunstgestalten der Worte zu wandeln.

Der Rhythmus ist das Band, das die einzelnen Wortgestalten zur Einheit bindet. Die rhythmische Kette gestaltet die Einheit des Wortkunstwerkes, die logische Kette gibt die Einheit der Umgangssprache. Die logische Kette ist unwesentlich im Wortkunstwerk. Denn die logische Kette beschränkt das einzelne Wort, gibt ihm einen singulären Wert durch eine bestimmte Beziehungsmacht. Die Beziehungsmacht des Wortes als Kunstgestalt aber ist unbestimmt, vielfältig. Das einzelne Wort ist ein komplexer Wert, dessen Kunstmacht auf der Vieldeutigkeit der Assoziation beruht.

Es ergibt sich eine Handwerkslehre der Dichtung, völlig abweichend von den Lehren der humanistischen Ästhetik. Die Leitsätze sind folgende:

1. Das Wortkunstwerk ist keine Mitteilung von Gedanken oder von Gefühlen, sondern Kunde einer Offenbarung. Das Wortkunstwerk kann wohl Gedanken und Gefühle auslösen, aber kein Gedanke und kein Gefühl gibt uns den Zustand der Offenbarung. Erst im Nichtdenken und Nichtfühlen sind wir und das Kunstwerk eins.

2. Diese Einheit wird von der Kunstmacht gewirkt. Die Kunstmacht ist die Wirkung der Kunstmittel.

3. Kunstmittel der Wortkunst sind Laut und Rhythmus.

4. Die Sprachtongestalt, das Wort, ist rhythmische Lautgestalt.

5. Das Wortkunstwerk ist Einheit und Gestalt. Die rhythmische Einheit schließt die rhythmischen Einheiten zur Gestalt zusammen.

6. Jede Sprachtongestalt als rhythmische Einheit ist rhythmische Lautgestalt eines Begriffes.

7. Der Begriff ist gestaltet, d. h. er ist kein Begriff mehr, sondern Kunstgestalt.

8. Die Wortkunstgestalt ist eine Wirklichkeit, kein Vergleich.

9. Die Logik des Wortkunstwerkes ist der Rhythmus. Die Grammatik der Umgangssprache ist für die Dichtung belanglos.

10. Das Wortkunstwerk ist Sprachtonwerk.

Diese Leitsätze sind keine Kunstregeln. Jedes Werk trägt seine Regel in sich. Es gibt kein Gesetz für die Kunst. Aber es gibt unwandelbare Voraussetzungen, ohne die kein Kunstwerk möglich ist. Zeiten, die diese Voraussetzungen verkennen oder nicht kennen, sind keine künstlerischen Zeiten, haben keine geistige Welt und schaffen Nichtkunst und Unkunst, die ihnen Kunstersatz ist. Solche Zeiten durchlebte das Europa der letzten Jahrhunderte. Erst die Gegenwart des Expressionismus hat uns von ihnen befreit. Wir wissen heute wieder die Voraussetzungen der Kunst. Sie sind in den Leitsätzen der Dichtung ausgesprochen. Sie können ausgesprochen werden. Sie können ausgesprochen werden, nachdem sie ein deutscher Dichter zum ersten Mal seit Jahrhunderten wieder im Kunstwerk gestaltet hat. Dieser Dichter heißt August Stramm.

An Stelle der Ästhetik setzen wir eine Lehre der Kunstmittel. Das Handwerk der Dichter muß ebenso gelernt

Epik

CARL EINSTEIN

Anmerkungen über den Roman

Ich schlage vor, bis auf weiteres die Bezeichnung Roman
aufzugeben – das Wort Epos genügt und ist bei zeitlich aus-
reichender Distanz von humanistischer Bildung und dem
Idylliker Vergil weniger diskreditiert.
Der psychologische Roman beruht auf kausaler Schluß-
weise und gibt keine Form, da nicht abzusehen ist, wohin
das Schließen zurückführt und wo es endigt. Dies ist zumeist an die Anekdote gebunden – also induktive Wissenschaft.
Hingegen die Anekdote ist die Unkunst des Vermischten
stets tendenziös und moralisch, denn die Pointe ist immer
willkürlich. Welches Motiv und welches Ende einer Anekdote ließen sich nicht schmerzlos 'rumdrehen. Denn die
Anekdote ist das nicht Seiende. Die Stärke der Darstellung
bildet sie zum Faktum.
Lyrismus ist Koketterie. Zweifellos wirft man einen Piani-
sten, der eine Fuge von Bach spielt und darunter eigene
Themen mischt, vor die Tür des Saales. Dies geschieht mit
einigem Recht.
Der deskriptive schildernde Roman setzt vollständige Un-
kenntnis des Lesers von Tischen, Nachttöpfen, jungen Mäd-
chen, Treppenstiegen, Schlafröcken, Busen, Hausklingeln
und so weiter voraus. Die Ereignisse werden zu Begleit-
erscheinungen von traumhaft verschlungenen Fingern, opal-
schillernden Spucknäpfen und so weiter. Ob dies neuartig
gesagt wird oder im Ton der Marlitt, beruht nur auf dem
Alter des Schreibers und ähnlichem Unfug.
Diesen Dingen Seele zu geben – ist immer pantheistischer
Lyrism. Ein Nachttopf, ein Lockenkopf, selbst Orchideen,
die mit violettem Protoplasma genotzüchtigt sind – bleiben

Dinge und haben sich vor dem Schicksal der Menschen zu
verkriechen.

Gefühl hat immer statt – wenn es gilt, Impotenz zu verbergen. Das Epos wurde in die Länge gezogen – aus dem
sklavischen Nachahmen des Homer und so weiter. Der
Knabe Vergil liefert hierfür eklatante Beispiele. Die Ilias
ist eine Ansammlung von Geschichten um ein zentrales
Schicksal gerichtet und von dem und jenem gemacht. Vergil
hingegen eine in die Länge gezogene Anekdote. Das zentrale Schicksal wurde vergessen – denn der Mythos ging
verloren, was blieb – die Technik des Indielängeziehens.

Ein Ereignis mit Vorbedingungen und Folgen geben. Wo
beginnen jene und endigen diese? Mit dem Tod der Betei-
ligten? Ich sehe nicht ein, warum nicht jeder, dem sieben
Gattinnen, vier hoffnungsvolle Söhne, drei Töchter, zwei
Väter, ein Kind im Mutterleib verlorengingen, wenn er sich
aufhängte, abgeknüpft werden kann? Der Abgeknüpfte ist
wahrscheinlich bemerkenswerter und erfahrener als das Fa-
milienkaninchen. Jede Handlung kann auch anders endigen – wenn man nicht orthodox katholisch ist, und selbst
hier gibt es die unerforschliche Güte Gottes, das Wunder
und so weiter.

Also das Kunstwerk ist Sache der Willkür respektive be-
nommener Trunkenheit. Ich ziehe die erstere vor, da sie imstande ist, Rücksicht und Takt zu üben.

Das Kunstwerk ist Sache der Willkür, also der Wahl, des
Wartens. Was soll gewählt werden? Sicher, man kann alles
nehmen. Jedoch – es ist langweilig, von Dingen zu hören,
die zu oft gesagt wurden. Was einmal mit Gottes Hilfe an-
ständig traitiert ist, lasse man ruhen. Wir wiederholen ja
doch.

Seien Sie versichert, mir sind Tristan und Isolde ganz egal –
aber Gullivers Reisen bete ich an. Nichts wird einen Trottel
hindern, Tristan zu machen – jedoch Gullivers Reisen bedingt Intelligenz, Erziehung, Gewalt.

Man stelle das Epos in Zukunft nicht mehr allein in den

Dienst des geschlechtlichen Verkehrs. Das Besingen mehr oder weniger komplizierter Genitalien dürfte überflüssig sein – da der Zeugungsakt respektive Beischlaf mit seinen mitunter nicht ganz reizlosen Präludien und seinen meist sichern Folgen wie Kinder, Abtreibung, Ekel, Verdummung, gegenseitige Gewöhnung, regelmäßiges Vollziehen oder Lüderlichkeit und so weiter von jedem einigermaßen realisiert werden kann. Liebesgeschichten haben nur Sinn für von Jugend an kastrierte, schwer frauenleidende Personen.

Man gewöhnte sich, Dinge, die mit einer gewissen Anstrengung zu erreichen sind, als künstlich zu bezeichnen. In dieser Kategorie stehen Enthaltsamkeit, Gott, Denken und so weiter. Wer aus der Empfindung schafft, ist meist auf die Liebe, das Weib und so weiter angewiesen. Ich hingegen schlage eine Literatur für differenzierte Junggesellen vor – Denken ist eine Leidenschaft ersten Ranges, die von den Philosophen, der Schule, dem Militär, dem Staat, vor allem der Ehe, vergewaltigt, nur mühsam im Religiösen fortbesteht. Wer hätte nicht ein philosophisches System? – Wer aber weiß um die Menschen, die nicht anwandten, die Gedanken erfanden, an ihnen beteten, Tee tranken, rauchten, ja starben.

Entscheidend für Einrichtungen und Übereinkünfte sind zweifellos Systeme. Die Ehe ist das System des allgemeinen Beischlafs, der gehemmten Erlebnisse, der moralischen Meinungen – dies alles sind Dressuranstalten für Menschen, die allein sich nicht benehmen können, ihre kleine Anbetung genießen müssen, die infolge dionysischen Lebens à la commis voyageurs am Abgrund standen. Der größte Teil der Literatur ist eine Institution für Eheleute und solche, die es werden wollen, für beherrschte Naturen Anleitung zum Flirt und Teesalon.

Wer edel und schön schreibt, treibt sein Handwerk für Gemeine.

Die erhabene Schreibweise ist oft gerade naturalistisch – da sie immer, wenn auch gegensätzlich, auf das gemeine Wesen hinzeigt. Sie wirkt oft grotesk, da sie als bezwungene Steigerung der Wirklichkeit empfunden wird – die verschönt und so weiter werden soll.

Es gilt, im Roman Bewegung darzustellen – eine Aufgabe, der das Deskriptive gänzlich fernliegt. Ich wüßte kaum – warum es als Kontrakt eingeführt werden sollte. Jedenfalls die Ruhe, das Deskriptive in die Gegenstände zu verlegen, ist sinnlos. Wertvoll im Roman ist – was Bewegung hervorbringt. Ruhe ist genug da – weil das Ganze schließlich doch fixiert ist.

Ich weiß nicht, ob man Typisches gibt. Häufig werden jedoch intensiv vorgetragene und fixierte Ereignisse später als typisch empfunden.

Das Absurde zur Tatsache machen! Kunst ist eine Technik, tatsächliche Bestände und Affekte zu erzeugen.

ALFRED DÖBLIN

Bemerkungen zum Roman

An der Epik, der niederen und besseren, arbeiten seit einiger Zeit Schädlinge. Ich will mit der Tür ins Haus fallen.

Man hält seine Stuben nicht sauber; die Spannung ruiniert den Roman, die Verfasser geben nach und sitzen bereits auf einem dürren Ast. Die Verfasser vergessen zusehends mehr, daß sie Epik produzieren sollen, sie drängen immer mehr auf das Drama, auf Konfliktschürzung und -lösung in der oder jener Richtung, Schauspiel, Tragödie, Komödie. Es hat sich in den Roman etwas eingezwängt, was sicher nicht von Deutschen hergeholt ist, sicher von den Franzosen: die Sucht nach Zusammendrängung, klipp und klarer Problemstellung, eine abstrakte Strenge, Balkenversteifung, entschlossene Abdachung und Beendung. Es scheint auf eine Romanform, – die es gar nicht gibt und so nicht geben darf, – abgesehen mit Grundriß, Gerüst, Architektur.

Schein, falsche Vorspiegelung. Man gibt da Handlungen, Menschen und Vorgänge vom Ei ab, am liebsten möglichst wenig Menschen, abgedunkelt als Hintergrund, Staffage, Füllsel andere Menschen, dann ein bißchen Milieu, Szenerie, soweit nötig; es ist nur Anhängsel; auf dies, auf glatte, enge, fortschreitende Handlung hin wird alles vereinfacht. Sogleich soll dies Spiel entlarvt werden: es wird betrogen, man hat verkappte Dramatiker vor sich, man hat erzählte Dramen auf dem Papier. Keine neue Kunstform, überhaupt keine Kunstform, – was für ein stolzes Wort, – sondern eine Unfähigkeit und ein plagiatorisches Wesen. Der Roman hat mit Handlung nichts zu tun; man weiß, daß im Beginn nicht einmal das Drama damit etwas zu tun hatte, und es ist fraglich, ob das Drama gut tat, sich so festzulegen. Vereinfachen, zurechtschlagen und -schneiden auf Handlung ist nicht Sache des Epikers. Im Roman heißt es schichten, häufen, wälzen, schieben; im Drama, dem jetzigen, auf die Handlung hin verarmten, handlungsverbohrten: »voran!« Vorwärts ist niemals die Parole des Romans.

Die Vereinfachung des Romans auf jene fortschreitende eine Handlung hin hängt mit der zunehmenden, raffiniert gezüchteten Leseunfähigkeit des Publikums zusammen. Zeit ist genug da, aber sie werden völlig ruiniert durch die Zeitungen. Ungeduld ist das Maß aller ihrer Dinge, Spannung das A und Z des Buches. Anderthalb Stunden Folter, man spuckt aus, das Buch hat seine Pflicht getan. Was nicht spannt, ist langweilig; das ist die unverhüllte, naive Schamlosigkeit: Defekte als Vorzüge demonstrieren, Forderungen daran knüpfen. In die gleiche Kerbe wie die Zeitung schlägt der Film. Es ist das völlige Debakel des Romans. Mögen sich die besseren Autoren nicht bluffen lassen. Das Publikum ist frech, der gewöhnliche Verleger gehört zum Publikum.

Im Drama war ehemals die große pathetische Szene Zentrum und Hauptgegenstand; sonst ein Drum und Dran, auch etwas wie Handlung in Vorrede, Nachrede, Zwischenrede. Dann mußte man den und jenen Helden, besonders auch die und jene Heldin näher beschnüffeln, sie sich »menschlich näher bringen«. Das Hauptgewicht war bald auf etwas Intellektuelles, bequem Verständliches, nachbarlich Interessierendes gelegt, auf den Ablauf des Heldenlebens. Psychologie knallte das Pathos nieder. Mit »Entwicklung« wurde der Brei verdünnt und schmackhaft serviert. Bestialisch hat der Begriff Handlung, Entwicklung aufgefressen, was sich stolz, von Gnaden der Kunst, auf Bühne und im Roman blähte.

An der Erschütterung, der Freude, dem Lachen, dem inneren Ausgleich ist es ihnen nicht genug. Sagen wir, was geschieht: das schlechte Publikum geht ihnen aus dem Wege. Nun ist die zweite Maske herunter. Man läßt sich nicht zu nahe kommen, man haßt die plumpe Vertraulichkeit, man wird sich nicht operieren lassen, man wird sich nicht in den Eingeweiden wühlen lassen, wehrlos, von wem es auch sei, man hat seine Gasmaske, man verlangt Spannung. Das genügt. Statt Gebete Worte, statt Erschütterung geistige Beschäftigung, statt Dichtung Handlung. Das übrige wird konzediert, wird geschenkt, ist ein übriges.

Es ist schon verkehrt, anzunehmen und unter dieser Annahme zu arbeiten und zu lesen: der Mensch sei Gegenstand des Dramas oder des Romans. Sie haben beide weder mit den Menschen noch der Wichtigkeit eines einzelnen Helden oder seiner Probleme etwas zu tun. Das alles überlasse man dem Pädagogen, Pfarrer, Psychologen, Psychiater; gedichtete Psychologie ist ein Unfug. Es handelt sich um buntes oder einfarbiges, freudiges, trauriges, tiefes, flaches Lebensereignis; mache man wie man will. Aber der Mensch und seine Dinge sind sehr bequem erreichbar, man bleibt im Hause dabei, Problem, Konflikt liegt am Boden herum, mit ein bißchen Konstruktion ist nachgeholfen: fix hat man sich um die Dichtung herumgeschlichen.

Vorbilder sind vielmehr Homer und Cervantes, ferner

Dante. Dostojewski darf nicht ungenannt bleiben. Sie zeigen, daß Moment um Moment sich aus sich rechtfertigt, wie jeder Augenblick unseres Lebens eine vollkommene Realität ist, rund, erfüllt. »Hier stehe ich, hier sterbe ich«, spricht jede Seite. Wenn ein Roman nicht wie ein Regenwurm in zehn Stücke geschnitten werden kann und jeder Teil bewegt sich selbst, dann taugt er nichts.

Die Buckligen in der Kapelle des Heiligen Remacle bei Charles de Coster sind epische Dichtung. Ulenspiegels Späße und Abenteuer sind an der Quelle geschöpft. Von der ungeheuren »Hölle« Dantes kann man nicht sprechen, im Einzelnen und im Ganzen, nur verstummen. Rogoschin im »Idiot« des Dostojewski, die Szene der Banknoten im Ofen, die Aussprache der Dirne und des Fräuleins, der Diebstahlsversuch des verkommenen Generals: bodenständiges Wachstum. Was soll man vom Don Quijote erwähnen, vom Windmühlenkampf, von seinem dicken Begleiter? Odysseus im Kampf mit den Freiern, seine Begegnung mit dem Schweinehirten, Göttergespräche auf dem Olymp, die sogenannten Beschreibungen der Ilias – wer vermöchte noch so zu beschreiben? – die Rüstungen, Schiffe, Heeresordnungen, Zusammenstöße. Darüber hinausweisen mit »fortschreitender Handlung«: das ist die Statue des Michelangelo als Kerzenhalter, Gebrauchsgegenstand benutzt.

Zehn Novellen machen keinen Roman. Nichts im Roman darf sich zur Novelle auswachsen: es gibt trotz alledem Zusammenhänge. Man muß balancieren zwischen der Ariensammlung der alten Oper und der unendlichen Melodie Wagners.

Der Roman kann sich schwer als Kunstäußerung behaupten; das macht der scheinbar fließende Übergang vom ausführlichen, romanhaften Zeitungsbericht zum Roman. Das ist richtig. Das Leben dichtet unübertrefflich, Kunst hinzuzufü-

gen ist da meist überflüssig. Diese Nähe zur alltäglichen
Mitteilung diskreditiert den Roman, macht ihn für manche
zur niedrigsten Kunstgattung. Das soll den Epiker nicht
genieren. Er verachte überhaupt die Kunst. Er mache aus
der scheinbaren Ungunst seiner Position einen Vorteil: er
steht dem lebendigen Leben am nächsten kraft seines Ma-
terials, des Wortes. Zehn Schritte halte er sich Kunst vom
Leibe. Die einfache erzählende, darstellende Rede ist eine
Gottesgabe, die er sich nicht rauben lassen darf. Der Stil
soll über der Darstellung nicht einmal wie nasser Flor liegen. Stil ist nichts als der Hammer, mit dem das Dargestellte aufs sachlichste herausgearbeitet wird. Es ist schon
ein Fehler, wenn Stil bemerkt wird.

Ungeheuer das Stoffgebiet des Epikers. Man merkt davon
wenig in der Epik. Der Durchschnittserzähler bleibt auf der
Ebene des Schriftstellers, hat in der Regel nichts vom Leben
durchgefühlt, dann fehlt Gestaltungskraft. Er übernimmt
ohne weiteres das mannweibliche Verhältnis als das ihm zu-
gefallene Stoffgebiet. Der Roman hat natürlich mit Liebe
so wenig zu tun wie die Malerei mit dem Weib oder dem
Mann. Durch das Festlegen hier ist der Tagesroman gänzlich sterilisiert. Es gibt auch Knochen, Muskeln, Lungen,
Nieren, nicht nur Geschlechtsorgane. Der Tagesroman wird
sich nicht eher erholen, als der Grundsatz zum Durchbruch
kommt: mulier taceat, zu deutsch: die Liebe hat ein Ende.
Der geschmähte Räuberroman, Karl May, die Schundlite-
ratur ist besser. Sie quillt stärker, breiter, auch aus stärke-
ren, reicheren und reineren Instinkten.

GOTTFRIED BENN

Schöpferische Konfession

Ich finde nämlich in mir selber keine Kunst, sondern nur in
der gleichen biologisch gebundenen Gegenständlichkeit wie
Schlaf oder Ekel die Auseinandersetzung mit dem einzigen
Problem, vor dem ich stehe, es ist das Problem des *südlichen
Worts*.

Wie ich es einmal versucht habe darzustellen in der Novelle
»Der Geburtstag« (Gehirne); da schrieb ich: »da geschah
ihm die Olive«, nicht: da stand vor ihm die Olive, nicht:
da fiel sein Blick auf eine Olive, sondern: da geschah sie
ihm, wobei allerdings der Artikel noch besser unterbliebe.
Also, da geschah ihm »Olive« und hinströmt die in Frage
stehende Struktur über der Früchte Silber, ihre leisen Wälder, ihre Ernte und ihr Kelterfest.

Oder an einer anderen Stelle derselben Novelle: »groß
glühte heran der Hafenkomplex«, nicht: da schritt er an
den Hafen, nicht: da dachte er an einen Hafen, sondern:
groß glühte er als Motiv heran, mit den Kuttern, mit den
Strandbordellen, der Meere Uferlos, der Wüste Glanz.

Oder in einer anderen Novelle schreibe ich weichliche Freu-
dengrüße über: »Anemonenwald«. Allen Leichtsinn, alle
Wehmut, alle Hoffnungslosigkeit des Geistes enthülle ich
oder trachte ich zu enthüllen als Schichten dieses Querschnit-
tes von Begriff. Da sollte einer sein, der ging durch diese
kleinen Blumen, im Wald, durch die verwehenden Gebilde,
er dachte, das ist noch nicht so weit, wir brauchen uns noch
nicht so zu beunruhigen, es ist ja bis zum Abschluß noch
sehr weit, dies ist nur »zwischen den Stämmen feines, klei-
nes Kraut; anderes würde kommen bis in das Unendliche
hinein, Anemonenwälder und über sie hinaus Narzissenwie-
sen, aller Kelche Rauch und Qualm, im Ölbaum blühte der
Wind und über Marmorstufen stieg, verschlungen, in eine
Weite die Erfüllung«. – Dann aber nach Jahren eben des

Lebens Jahren, sah er, »dies war der Anemonenwald gewesen, um ihn gebreitet, am Saum den Hauch«.

Mich sensationiert eben das Wort ohne jede Rücksicht auf seinen beschreibenden Charakter rein als assoziatives Motiv und dann empfinde ich ganz gegenständlich seine Eigenschaft des logischen Begriffs als den Querschnitt durch kondensierte Katastrophen. Und da ich nie Personen sehe, sondern immer nur das Ich, und nie Geschehnisse, sondern immer nur das Dasein, da ich keine Kunst kenne und keinen Glauben, keine Wissenschaft und keine Mythe, sondern immer nur die *Bewußtheit,* ewig sinnlos, ewig qualbestürmt –, so ist es im Grunde diese, gegen die ich mich wehre, mit der südlichen Zermalmung, und sie, die ich abzuleiten trachte in ligurische Komplexe bis zur Überhöhung oder bis zum Verlöschen im Außersich des Rausches oder des Vergehens.

CARLO MIERENDORFF

Wortkunst / Von der Novelle zum Roman

Die deutsche Dichtung, soweit ihr ein Ziel vorschwebte, das sich zum Begriff »Expressionismus« fixierte, unterschied sich äußerlich vornehmlich durch die Sprache, durch ihre formale Unerhörtheit.

Die Aufgabe, vor die sie sich zunächst einmal gestellt sah, war, eine Sprache schaffen, einen Sprachschatz schöpferisch erneuen. Im Tumult der Flug- und Extrablätter war das Wort verloren gegangen. Die Rotationspressen hatten es zerquetscht. Was die Morgenzeitungen und Abendposten noch füllte, war ein stinkiger Absud. Es hieß die Sprache sieben, Abgegriffenes und Entwertetes endgültig außer Kurs setzen, das Gediegene aussondern. Im Grunde ein philologischer Akt. Zugleich aber ein Akt der Askese, denkt man an die Bäuche Ullsteins. Ganz unten war anzufangen; man wurde karg. Wog die Worte, überschärfte die Empfindlichkeit, operierte die Wucherungen weg, jätete, ätzte, beschnitt. Suchte nach dem Gesetz, wie denn ein Satz gefügt sein müsse, daß er gut sei. Raffte zusammen, baute sehr klug mit dem Hirn und sehr hell von Gehör, sich aufs heftigste bescheidend und genügsam. Die Diät von Rekonvaleszenten lebend, kam langsam die Kraft. In diesem Prozeß geschah es nicht von ungefähr, daß man gerade die Novelle an sich riß. Es bedurfte eines Gerüstes zum Exerzieren. Ehe für Marathon konkurriert werden kann, muß auf der 100 Meter Bahn trainiert sein. Die Novelle ist als eine Sache von geringem Format leicht durch- und überschaubar und darum eher zu bewältigen. Indes diente sie ja zuerst anderen Zwecken. Handlung, Stoff, Problem, Vorwurf und Inhalt waren subalterne Angelegenheiten. Die akademische Theorie des Expressionismus hat das hochtrabend begründet: »visionär schaffen«. In Wirklichkeit geschah, weil es viel näher stand, viel unmittelbarer beschäftigte: Das Problem der Wortgebung der Einzelheiten, die Erfassung *jeden* Dinges in der Welt, nicht ihrer Gesamtheit. Um der sprachlichen Bewältigung von Landschaft, Rednern, Blumen oder eines Droschkengauls war die Novelle da. Das Detail und die Fülle in ihr wichtig, nicht eine imposant verschrobene Komplikation von Geschehnissen oder ein noch so genial und weitmaschig angelegtes Netz von Verhältnissen. Soweit war man noch nicht. Erst galt es die Balken zurichten. In der Novelle ließ sich dann mit einem schlichten, zuweilen groß und schön gewölbten Bogen (was ein ästhetischer Reiz dazu ist) überspannen, indem ein X-beliebiger sein Leben von Geburt zum Tod hin abschritt, oder einem sehr zufälligen »Er« ein von wundersamen Ereignissen angefüllter Ausschnitt eines Tages unterschoben wurde. *Sein* Schicksal war nebensächlich und oft darum die Verknüpfung zwischen ihm und dem Erlebten äußerst bizarr. Von weltentdeckerischer Bedeutung wurde aber, wenn dieses oder jenes mit einem Griff gefaßt und hingestellt war. Dies zu erledigen blieb nicht der Ge-

nialität allein vorbehalten. Es mußten sehr viele mit Hand
anlegen. Sie werden sich bescheiden müssen, dafür anonym
in der Historie zu rangieren. Ihre Arbeit bleibt.
Zudem kommt noch ein anderes. Im Erblicken erlebte die
Welt eine Wandlung. Sie begann sich aufzulösen. Sie zerfiel
vor dem Beschauer. Sie bestand nicht mehr aus in sich Ru-
hendem, Gesetztem und Gefügtem. (Das rührt nicht bloß
von den Autos, den Films, den Trambahnen und den Lifts
her.) Die Dinge rückten sehr heran, wurden problematisch
und enthüllten sich aus der Nähe als endlose Bewegungen
in sich. Sie noch in statischem Übereinander zu reproduzie-
ren, war fürderhin unmöglich. Das Problem, sie in ihrem
Schwingen darzustellen, wurde brennend. Den *Flug* der
Dinge statt ihres So-seins galt es zu geben, alle ihre Bezo-
genheiten aufeinander, ihr Nachbarliches, ihr Da-beginnen
und Dorthin-weisen. Das hieß, in einem gesagt, die Sprache
dynamisieren. Die Impressionisten hatten einmal etwas davon geahnt, als sie nervös zu kritzeln begannen; es blieb
ein Nacheinander. Auch Naturtreue vermag nimmer das
Wesen einer Sache aufzuspießen. Es *ist* geschehen, wurde
ihre Atmosphäre eingefangen. In der Verspannung des Satz-
gefüges ist die Verspannung der Dinge ausgesagt, die so
gewaltig sein kann, daß sich die Diktion bis zu skurrilen
Verschränkungen schrauben muß. Aber die ungeheuer diffe-
renzierten Spannungsunterschiede hört nur ein feines Ohr
und das ist das Maß: Bild und Nachbild dürfen untereinander nicht divergieren. Sie müssen auf denselben Grad gestellt sein, dann ist es derselbe Klang.
Für solche völlig neue Einstellung gewann alles Diesseitige
neuen Reiz, er war neu zu erschaffen. Denn erst was gesagt
ist, existiert. In dergestalt Schilderung federt alles, lastet
und wiegt sich, wippt und ist immer in Bewegung durch
sich selbst. Da ist alles fabelhaft in einander verzahnt und
verflochten. Alles ergreift Geschwindigkeit, nimmt Tempo
an und strömt in Bewegung ein. Es zittert in den Planken,
bäumt sich und schießt in unerhörter Galoppade los. Kein

besseres Übungsfeld dafür als der schmale, lange, nach den Seiten durch Zäune wohl behütete Sprunggarten der Novelle.

Unter diesen Aufgaben stand eine Generation, erkennbar im Lauf der Zeit an den Exponenten der Linie von Frank, Döblin, über Sternheim und Edschmid bis Kafka laufend. Heute, wo die Vorarbeit geschafft und das Werkzeug geschliffen ist, geht es an das eigentliche Werk. Jetzt braucht es nicht mehr Zurückhaltung, weil ein Versuch verfrüht und eine gefährliche Verführung sei. Man muß heran und wer stark ist, wird die Aufgabe suchen. Am Roman haben die Repräsentanten der Generation sich zu beweisen. Der Tag ist da. Novellenbücher, die hervorschießen haben keine Bedeutung mehr. In der Avantgarde steht der Roman. Um rechten zu können, ist aber immer zu bedenken, von welcher Seite her unsere Epoche an ihn herankommt, um wieviel schwerer hier der Ansprung ist. Denn niemand ist in diesem Jahrhundert, dem im Blut die Tradition der großen Form gegeben wäre. Sie will in jeder Hinsicht und Schritt für Schritt erst experimentell errungen werden. Es heißt sich über sie stürzen, um sie ringen.

Dramatik

WASSILY KANDINSKY

Über Bühnenkomposition

Jede Kunst hat eine eigene Sprache, d. h. die nur ihr eigenen Mittel.

So ist jede Kunst etwas in sich Geschlossenes. Jede Kunst ist ein eigenes Leben. Sie ist ein Reich für sich.

Deswegen sind die Mittel verschiedener Künste äußerlich vollkommen verschieden. Klang, Farbe, Wort! . . .

Im letzten innerlichen Grunde sind diese Mittel vollkommen gleich: das letzte Ziel löscht die äußeren Verschiedenheiten und entblößt die innere Identität.

Dieses *letzte* Ziel (Erkenntnis) wird in der menschlichen Seele erreicht durch feinere Vibrationen derselben. Diese feineren Vibrationen, die im letzten Ziele identisch sind, haben aber an und für sich verschiedene innere Bewegungen und unterscheiden sich dadurch voneinander.

Der undefinierbare und doch bestimmte Seelenvorgang (Vibration) ist das Ziel der einzelnen Kunstmittel.

Ein bestimmter Komplex der Vibrationen – das Ziel eines Werkes.

Die durch das Summieren bestimmter Komplexe vor sich gehende Verfeinerung der Seele – das Ziel der Kunst.

Die Kunst ist deswegen unentbehrlich und *zweckmäßig.*

Das vom Künstler richtig gefundene Mittel ist eine materielle Form seiner Seelenvibration, welcher einen Ausdruck zu finden er gezwungen ist.

Wenn dieses Mittel richtig ist, so verursacht es eine beinahe identische Vibration in der Seele des Empfängers.

Das ist unvermeidlich. Nur ist diese zweite Vibration kompliziert. Sie kann erstens stark oder schwach sein, was von dem Grad der Entwicklung des Empfängers und auch von zeitlichen Einflüssen (absorbierte Seele) abhängt. Zweitens wird diese Vibration der Seele des Empfängers entsprechend auch andere Saiten der Seele in Schwingung bringen. Das ist die Anregung der »Phantasie« des Empfängers, welcher am Werke »weiter schafft«.* Die öfter vibrierenden Saiten der Seele werden beinahe bei jeder Berührung auch anderer Saiten mitklingen. Und manchmal so stark,

---

* Heutzutage rechnen u. a. besonders Theaterinszenierungen auf diese »Mitwirkung«, welche natürlich stets vom Künstler gebraucht wurde. Daher stammte auch das Verlangen nach einem gewissen freien Raum, welcher das Werk vom letzten Grade des Ausdruckes trennen mußte. Dieses Nicht-bis-zuletzt-Sagen verlangten z. B. Lessing, Delacroix u. a. Dieser Raum ist das freie Feld für die Arbeit der Phantasie.

daß sie den ursprünglichen Klang übertönen: es gibt Menschen, die durch »lustige« Musik zum Weinen gebracht werden und umgekehrt. Deswegen werden einzelne Wirkungen eines Werkes bei verschiedenen Empfängern mehr oder weniger gefärbt.

Der ursprüngliche Klang wird aber in diesem Falle nicht vernichtet. sondern lebt weiter und verrichtet, wenn auch unmerklich, seine Arbeit an der Seele.*

Es gibt also keinen Menschen, welcher die Kunst nicht empfängt. Jedes Werk und jedes einzelne Mittel des Werkes verursacht in jedem Menschen ohne Ausnahme eine Vibration, die im Grunde der des Künstlers identisch ist.

Die innere, im letzten Grunde entdeckbare Identität der einzelnen Mittel verschiedener Künste ist der Boden gewesen, auf welchem versucht wurde, einen bestimmten Klang einer Kunst durch den identischen Klang einer anderen Kunst zu unterstützen, zu stärken und dadurch eine besonders gewaltige Wirkung zu erzielen. Das ist ein Wirkungsmittel.

Die Wiederholung aber des einen Mittels einer Kunst (z. B. Musik) durch ein identisches Mittel einer anderen Kunst (z. B. Malerei) ist nur *ein* Fall, *eine* Möglichkeit. Wenn diese Möglichkeit auch als ein inneres Mittel verwendet wird (z. B. bei Skrjabin), so finden wir auf dem Gebiete des Gegensatzes und der komplizierten Komposition erst einen Antipoden dieser Wiederholung und später eine Reihe von Möglichkeiten, die zwischen der Mit- und Gegenwirkung liegen. Das ist ein unerschöpfliches Material.

Das 19. Jahrhundert zeichnete sich als eine Zeit aus, welcher innere Schöpfung fern lag. Das Konzentrieren auf materielle Erscheinungen und auf die materielle Seite der Erscheinungen mußte die schöpferische Kraft auf dem Gebiete des Inneren logisch zum Sinken bringen, was scheinbar bis zum letzten Grad des Versinkens führte.

* .So wird mit der Zeit jedes Werk richtig »verstanden«.

Aus dieser Einseitigkeit mußten sich natürlich auch andere Einseitigkeiten entwickeln.

So auch auf der Bühne:

1. kam auch hier (wie auf anderen Gebieten) notgedrungen die minutiöse Ausarbeitung der einzelnen schon existierenden (früher geschaffenen) Teile, die der Bequemlichkeit halber stark und definitiv voneinander getrennt wurden. Hier spiegelte sich die Spezialisierung ab, die immer sofort entsteht, wenn keine neuen Formen geschaffen werden, und

2. der positive Charakter des Zeitgeistes konnte nur zu einer Form der Kombinierung führen, die ebenso positiv war. Man dachte eben: zwei ist mehr als eins, und suchte jede Wirkung durch Wiederholung zu verstärken. In der inneren Wirkung kann es aber umgekehrt sein, und oft ist eins mehr als zwei. Mathematisch ist $1 + 1 = 2$. Seelisch kann $1 - 1 = 2$ sein.

ad 1. Durch die *erste Folge des Materialismus*, d. h. durch die Spezialisierung und die damit verbundene weitere äußerliche Ausarbeitung der einzelnen Teile, entstanden und versteinerten sich drei Gruppen von Bühnenwerken, die voneinander durch hohe Mauern abgeteilt wurden:

    a) Drama,
    b) Oper,
    c) Ballett.

a) Das Drama des 19. Jahrhunderts ist im allgemeinen eine mehr oder weniger raffinierte und in die Tiefen gehende Erzählung eines Vorganges von mehr oder weniger persönlichem Charakter. Es ist gewöhnlich eine Beschreibung des äußeren Lebens, wo das seelische Leben des Menschen auch nur soweit mitspielt, als es mit dem äußeren Leben zu tun hat.* *Das kosmische Element fehlt vollkommen.*

---

* Ausnahmen finden wir wenige. Und auch diese wenigen (z. B. Maeterlinck, Ibsens »Gespenster«, Andrejews »Das Leben des Menschen« u. dgl.) bleiben doch im Banne des äußeren Vorganges.

Der äußere Vorgang und der äußere Zusammenhang der
Handlung ist die Form des heutigen Dramas.

b) Die Oper ist ein Drama, zu welchem Musik als Hauptelement hinzugefügt wird, wobei Raffiniertheit und Ver-
tiefung des dramatischen Teiles stark leiden. Die beiden
Teile sind vollkommen äußerlich miteinander verbunden.
D. h. entweder illustriert (bzw. verstärkt) die Musik den
dramatischen Vorgang, oder der dramatische Vorgang wird
als Erklärung der Musik zu Hilfe gezogen.

Dieser wunde Punkt wurde von Wagner bemerkt, und er
suchte ihm durch verschiedene Mittel abzuhelfen. Der
Grundgedanke war dabei, die einzelnen Teile organisch
miteinander zu verbinden und auf diese Weise ein monu-
mentales Werk zu schaffen.*

Durch Wiederholung einer und derselben äußeren Bewegung in zwei Substanzformen suchte Wagner die Verstär-
kung der Mittel zu erreichen und die Wirkung zu einer
monumentalen Höhe zu bringen. Sein Fehler war in diesem
Falle der Gedanke, daß er über ein Universalmittel ver-
fügte. Dieses Mittel ist in Wirklichkeit nur eines aus der
Reihe von oft gewaltigeren Möglichkeiten in der monumentalen Kunst.

Abgesehen aber davon, daß eine parallele Wiederholung
nur *ein* Mittel ist, und davon, daß diese Wiederholung nur
äußerlich ist, hat Wagner ihr eine neue Gestaltung gegeben,
die zu weiteren führen mußte. Vor Wagner hat z. B. die
Bewegung einen rein äußerlichen und oberflächlichen Sinn
in der Oper gehabt (vielleicht nur Entartung). Es war ein

---

* Dieser Gedanke Wagners hat über ein halbes Jahrhundert gebraucht,
um über die Alpen zu gelangen, wo er eine offiziell ausgedrückte
Paragraphengestalt erhält. Das musikalische »Manifest« der »Futuristi«
lautet: »Proclamer comme une nécessité absolue que le musicien soit
l'auteur du poème dramatique ou tragique qu'il doit mettre en mu-
sique«[1] (Mai 1911, Mailand).
1. zur absoluten Notwendigkeit erheben, daß der Musiker Autor des
dramatischen oder tragischen Gedichts sei, das er in Musik zu setzen
hat.

naives Anhängsel der Oper: das An-die-Brust-Drücken der
Hände – Liebe, das Heben der Arme – Gebet, das Ausbrei-
ten der Arme – starke Gemütsbewegung u. dgl. Diese kindlichen Formen (die man noch heute jeden Abend sehen
kann) standen in äußerlichem Zusammenhang mit dem Text
der Oper, der wieder durch die Musik illustriert wurde.
Wagner hat hier eine direkte (künstlerische) Verbindung
zwischen der Bewegung und dem musikalischen Takt geschaffen: die Bewegung wurde dem Takt untergeordnet.
Diese Verbindung ist aber doch nur äußerlicher Natur. Der
innere Klang der Bewegung bleibt aus dem Spiel.
Auf dieselbe künstlerische, aber auch äußerliche Weise wurde bei Wagner andererseits die Musik dem Text untergeordnet, d. h. der Bewegung in breitem Sinne. Es wurde
musikalisch das Zischen des glühenden Eisens im Wasser,
das Schlagen des Hammers beim Schmieden u. dgl. dargestellt.
Diese *wechselnde* Unterordnung ist aber auch wieder eine
Bereicherung der Mittel gewesen, die zu weiteren Kombinationen führen mußte.
Also einerseits bereicherte Wagner die Wirkung eines Mittels und verminderte andererseits den inneren Sinn – die
rein künstlerische innere Bedeutung des Hilfsmittels.
Diese Formen sind nur mechanische Reproduktionen (nicht
innere Mitwirkungen) der zweckmäßigen Vorgänge der
Handlung. Ähnlicher Natur ist auch die andere Verbindung der Musik mit Bewegung (im breiten Sinne des Wortes), d. h. die musikalische »Charakteristik« der einzelnen
Rollen. Dieses hartnäckige Auftauchen eines musikalischen
Satzes bei dem Erscheinen eines Helden verliert schließlich
an Kraft und wirkt auf das Ohr wie eine altbekannte Fla-
schenetikette auf das Auge. Das Gefühl sträubt sich schließlich gegen derartige konsequent programmatische Anwen-
dungen einer und derselben Form.*

* Dieses Programmatische durchdringt das Schaffen Wagners und erklärt sich scheinbar nicht nur aus dem Charakter des Künstlers, son-

Endlich das Wort braucht Wagner als Mittel der Erzählung oder zum Ausdruck seiner Gedanken. Es wurde hier
aber kein geeignetes Milieu für solche Zwecke geschaffen,
da in der Regel die Worte vom Orchester übertönt werden. Es ist kein genügendes Mittel, in vielen Rezitativen
das Wort klingen zu lassen. Aber der Versuch, das unauf-
hörliche Singen zu unterbrechen, versetzte dem »Einheit-
lichen« schon einen gewaltigen Stoß. Doch der äußere Vorgang blieb auch davon unberührt.

Abgesehen davon, daß Wagner trotz seinen Bestrebungen,
einen Text (Bewegung) zu schaffen, hier vollkommen in
der alten Tradition des Äußerlichen blieb, ließ er das dritte
Element ohne Beachtung, welches heute in einer noch primitiven Form vereinzelt angewendet wird – die Farbe und
die damit verbundene malerische Form (Dekoration).
Der äußere Vorgang, der äußere Zusammenhang der ein-
zelnen Teile desselben und der beiden Mittel (Drama und
Musik) ist die Form der heutigen Oper.

c) Das Ballett ist ein Drama mit allen schon beschriebenen
Kennzeichen und demselben Inhalt. Nur verliert hier der
Ernst des Dramas noch mehr als in der Oper. In der Oper
kommen außer Liebe auch andere Themen vor: religiöse,
politische, soziale Verhältnisse sind der Boden, auf welchem Begeisterung, Verzweiflung, Ehrlichkeit, Haß und
gleichartige andere Gefühle wachsen. Das Ballett begnügt
sich mit Liebe in einer kindlichen Märchenform. Außer
Musik werden hier die einzelnen und Gruppenbewegungen
zu Hilfe genommen. Alles bleibt in einer naiven Form des
äußerlichen Zusammenhanges. Es werden sogar in der Praxis nach Belieben einzelne Tänze eingeschoben oder ausge-
lassen. Das »Ganze« ist so problematisch, daß solche Ope-
rationen vollkommen unbemerkt bleiben.
Der äußere Vorgang, der äußere Zusammenhang der ein-

dern auch aus dem Bestreben, eine präzise Form zu dem neuen Schaffen
zu finden, wobei der Geist des 19. Jahrhunderts seinen Stempel des
»Positiven« darauf abdrückte.

zelnen Teile und der drei Mittel (Drama, Musik und Tanz)
ist die Form des heutigen Balletts.
ad 2. Durch die *zweite Folge des Materialismus*, d. h. durch
die positive Addierung (1 + 1 = 2, 2 + 1 = 3), wurde nur
eine Kombinierungs-(bzw. Verstärkungs-)form gebraucht,
die ein Parallellaufen der Mittel verlangte. Z. B. starke Gemütsbewegung bekommt sofort ein ff. als unterstreichendes
Element in der Musik. *Dieses mathematische Prinzip baut*
auch die Wirkungsformen auf einer rein äußerlichen Basis
auf.
Alle die genannten *Formen*, die ich Substanzformen nenne
(Drama – Wort, Oper – Klang, Ballett – Bewegung), und
ebenso die Kombinationen der einzelnen Mittel, die ich
Wirkungsmittel nenne, werden zu einer *äußerlichen Einheit*
konstruiert. *Da alle diese Formen aus dem Prinzip der*
äußeren Notwendigkeit entstanden.
Daraus fließt als logisches Resultat die Begrenzung, die
Einseitigkeit (= die Verarmung) der Formen und Mittel.
Sie werden allmählich orthodox, und jede minutiöse Ände-
rung erscheint revolutionär.

Stellen wir uns auf den Boden des Innerlichen. Die ganze
Sachlage verändert sich wesentlich.
1. Es verschwindet plötzlich der äußere Schein jedes Elementes. Und sein innerer Wert bekommt vollen Klang.
2. Es wird klar, daß bei Anwendung des inneren Klanges
der äußere Vorgang nicht nur nebensächlich sein kann, sondern als Verdunklung schädlich.
3. Es erscheint der Wert des äußeren Zusammenhangs im
richtigen Licht, d. h. als unnötig beschränkend und die innere Wirkung abschwächend.
4. Es kommt von selbst das Gefühl der Notwendigkeit der
inneren Einheitlichkeit, die durch äußere Uneinheitlichkeit
unterstützt und sogar gebildet wird.
5. Es entblößt sich die Möglichkeit, jedem der Elemente das
eigene äußere Leben zu behalten, welches äußerlich im Wi-

derspruch zum äußeren Leben eines anderen Elementes
steht.
Wenn wir weiter aus diesen abstrakten Entdeckungen praktische schaffen, so sehen wir, daß es möglich ist,
ad 1. nur den inneren Klang eines Elementes als Mittel zu
nehmen,
ad 2. den äußeren Vorgang (= Handlung) zu streichen,
ad 3. wodurch der äußere Zusammenhang von selbst fällt,
ebenso wie
ad 4. die äußere Einheitlichkeit, und
ad 5. daß die innere Einheitlichkeit eine unzählige Reihe
von Mitteln in die Hand gibt, die früher nicht da sein
konnten.
*Hier wird also zur einzigen Quelle die innere Notwendig-
keit.*

Die folgende kleine Bühnenkomposition[2] ist ein Versuch,
aus dieser Quelle zu schöpfen.
Es sind hier drei Elemente, die zu äußeren Mitteln im *inneren Werte* dienen:
1. musikalischer Ton und seine Bewegung,
2. körperlich-seelischer Klang und seine Bewegung durch
Menschen und Gegenstände ausgedrückt,
3. farbiger Ton und seine Bewegung (eine spezielle Büh-
nenmöglichkeit).
So besteht hier schließlich das Drama aus dem Komplex
der inneren Erlebnisse (Seelenvibrationen) des Zuschauers.
ad 1. Von der Oper wurde das Hauptelement – die Musik
als Quelle der inneren Klänge – genommen, die in keiner
Weise äußerlich dem Vorgang untergeordnet sein muß.
ad 2. Aus dem Ballett wurde der Tanz genommen, welcher
als abstrakt wirkende Bewegung mit innerem Klang gebracht wird.

2. *Der gelbe Klang.* Eine Bühnenkomposition von Kandinsky. (Neudruck in: Einakter und kleine Dramen des Expressionismus. Hrsg. von
Horst Denkler. Stuttgart 1968 u. ö. Reclams Universal-Bibliothek Nr.
8562 [3].)

ad 3. Der farbige Ton bekommt eine selbständige Bedeutung und wird als gleichberechtigtes Mittel behandelt.
Alle drei Elemente spielen eine gleich wichtige Rolle, bleiben äußerlich selbständig und werden gleich behandelt, d. h. dem inneren Ziele untergeordnet.
Es kann also z. B. die Musik vollkommen zurückgeschoben oder in den Hintergrund geschoben werden, wenn die Wirkung z. B. der Bewegung ausdrucksvoll genug ist und durch starke musikalische Mitwirkung geschwächt werden könnte. Dem Wachsen der Bewegung in der Musik kann ein Abnehmen der Bewegung im Tanz entsprechen, wodurch beide Bewegungen (positive und negative) größeren inneren Wert bekommen usw. usw. Eine Reihe von Kombinationen, die zwischen den zwei Polen liegen: Mitwirkung und Gegenwirkung. Graphisch gedacht können die drei Elemente vollkommen eigene, voneinander äußerlich unabhängige Wege laufen.
Das Wort als solches oder in Sätze gebunden wurde angewendet, um eine gewisse »Stimmung« zu bilden, die den Seelenboden befreit und empfänglich macht. Der Klang der menschlichen Stimme wurde auch rein angewendet, d. h. ohne Verdunkelung desselben durch das Wort, durch den Sinn des Wortes.

OSKAR KOKOSCHKA

Von der Natur der Gesichte

Das Bewußtsein der Gesichte ist kein Zustand, in welchem man die Dinge erkennt oder einsieht, sondern ein Stand desselben, an dem es sich selbst erlebt.
In Gesichten ist Bewußtsein selber niemals zu begreifen, welche ein Bewegen, Eindruckwerden und Sichtbarsein, eine erteilte Macht sind und hervorzurufen.

Bewußtsein der Gesichte ist aber Leben selber, welches von Bildungen, die ihm zuströmen, wählt, und ebenso sich solcher enthalten kann, wo es ihm nicht gefällt.

Ein sich selbst Macht erteilendes Leben führt das Bewußtsein der Gesichte. Und in seiner freien Wahl aufgenommene Gesichte, ungeachtet, wie sie sich vereinigen, ausgereifte oder kaum wahrzunehmende, und auch was den Raum und die zeitlichen Umstände betrifft, völlig ungebundene, verbindet diese Macht derart, daß sie Einfluß auf das Bewußtsein zu üben scheinen in Allem, was als ihre Ordnung und Rang ihrer Sichtbarkeit hervortritt. Dieser Einfluß nach dem Eintreten der Gesichte in die Seele ist aber wirklich eher eine Äußerung des Bewußtseins, daß es ihrer gewärtig war, und ein Erguß der Seele in die Gesichte; der Seele, welche nun beginnt die Gesichte leibhaftig zu formen. Der Stand der Aufmerksamkeit der Seele oder das Bewußtsein ist etwas Ähnliches, ein Harrendes, Wahrnehmendes, wie ein ungeborenes Kind, das selber der Mutter unempfunden bleiben kann, zu dem auch nichts von der Außenwelt hereinschlüpft. Und trotzdem, wovon immer seine Mutter erschauern wird, Alles, bis aufs Blutmal, dessen sich diese auch versehen haben mag, pflanzt sich ihm ein; und als ob es sich der Augen der Mutter bediente, Gesichte nimmt das Ungeborene auf, ohne selber faßbar zu sein.

Schrankenlos lebt das Bewußtsein und in die Dinge aufgegangen, wie eingewirkt in die Gesichte. So hat es mit dem Wesen alle Qualitäten des Lebens gemeinsam. Wie ein Samen eines einzigen von der Dürre lebend gelassenen Baumes die Fülle enthält, darin Wurzeln aller Wälder der Erde neu entsprossen sein könnten, so geschieht es, daß, wenn einmal wir aufhören selber und im Bewußtsein zu sein, dieses von eigener Macht wach aufkommt und findet nicht mehr, wo es sein Haupt hinlege. Es gibt keinen Platz des Todes mehr, weil sich die Gesichte wohl auflösen und zerstreuen, doch nur, um sich in anderer Weise wieder zu sammeln.

Denn achten wir mit der vollkommenen Aufmerksamkeit auf solche Rede von Innen und streiften wir durch die Schatten der Worte bis zu ihrem Quell heran, »da ist das Wort nun Fleisch geworden und hat unter uns gewohnt«, und entreißt der innere Quell bald heftiger, als schwächlich sich den Worten, worin er wie ein Zauber lebt, »mir geschah nach dem Worte«.

Nun, weil wir im Stande sind, unter Aufgabe unserer entgegenstrebenden Geschlossenheit solches magische Lebewesen zu empfangen als Gedanken, Ahnung und Relation; weil wir alle Tage sehen, daß Wesen ineinander sich versenken, Lebende, Lehrende, Wollende und Absichtslose, so ist alles einmal in die Welt Gekommene, Mitgeteilte, Eingeflossene durch seine sich selbst gestaltende Kraft im Bewußtsein und im Selbstleben enthalten und bewahrt sich, wie ein Wesen hoher Art, vor dem Absterben. Man nenne dieses Wesen Ich, man nenne es Du, je nachdem, wie man seine Regel und Unendlichkeit unter Absehen von sich selber und das eigene Dasein als darin Verlorensein betrachtet. Man lasse also mit sich tun, was von uns in Einklang kommen will. Ich glaube auch, wenn man neugierig von Stufe zu Stufe sich selber erhebt und kreisend so um die ganze Natur, als ein regelloser Mensch von der ganzen Welt mit der eigenen Seele widerbebt, also tue man neugierig auch mit dem Wort: Das Bewußtsein der Gesichte!

Das Bewußtsein der Gesichte wird nie ganz zu beschreiben sein und seine Geschichte nie zu begrenzen, weil es das Leben selber ist. Sein Wesen ist ein Strömenlassen und Gesichtesein, ist die Liebe, die sich darin gefällt, sich ins Bewußtsein zu betten. Beigefügt zu werden, ob wir es gehen lassen oder nicht, dies geschieht auf eine Eingebung, sobald wir von dem atmenden Leben gewinnen. Als plötzlicher Stand wird uns ein Gesicht, wie der erste Blick, wie der erste Schrei eines Kindes, das eben geboren aus dem Leib der Mutter fällt.

Was das entscheidende Kennzeichen von Leben ist, Wesenhaftes ist das Bewußtsein der Gesichte; Wesenhaftes körperlosen oder leiblichen Charakters, je nach der Richtung wahrgenommen, wie man auf seine Strömung hinsieht, die heraufsteigt oder abebbt.

In Gesichten, welche also eine Bewegung, ein Eindruckwerden, ein Sichtbarsein ausführen, welche eine erteilte Macht sind und willkürlich hervorzurufen, ist aber Bewußtsein nicht erschöpfend zu erfassen. Weil das Bewußtsein von den Bildungen, die ihm zuströmen, wählt und sich solcher willkürlich ebenso enthalten kann.

Bewußtsein der Gesichte beschreibe ich, was da ein Standpunkt eines Lebens ist und ein Hochstand dort, wie ein Schiff sowohl Hinabtauchen in die Wogen und Beflügeltsein in der Luft ist.

Bewußtsein ist die Ursache aller Dinge, auch der Vorstellungen. Es ist ein Meer, dessen Horizonte Gesichte sind!

Bewußtsein ist das Grab für die Dinge, wo sie aufhören, das Jenseits, in dem sie eingehen. So daß sie alsdann bei ihrem Ende in nichts Wesentlichem mehr zu bestehen scheinen, als meinem Gesicht in mir. Sie hauchen ihren Geist aus, wie die Lampe leuchtet und läßt vom Docht das Öl ziehen.

In diesem Maße hat jedes Ding sich seiner selbst entledigt in das Jenseits, wie es mich anschaut. Ich bin davon Gesicht, das ohne Vermittlung des Traumes eingegeben wird. Wo Sie, Zwei oder Drei, in Meinem Namen beisammen sind, da bin Ich mitten unter Ihnen. Und als ob sich dieses mitzuteilen verstände, da wird mein Gesicht von den Menschen unterhalten, gespeist, wie die Lampe von dem Öl, von dem Überflusse, der im Leben ist. Jetzt aber heiße man mich, solches auf natürliche Weise zu erklären. Es wird da sein, daß die Dinge für mich eintreten und sich von selber eingestehen; ich habe in Ihrer statt mit Ihrem Schein, mit Meinem Gesicht geredet. Mein Geist, Es hat geredet!

Ich suche, rate, frage: mit wessen Wärme begehrt wohl der brennende Docht das Öl, daß die Flamme auf einmal vor

mir nun an Lebhaftigkeit zunimmt, im selben Grade, wie
drüben sich mit ihr das Öl verbindet? Mir ist es vollkommen bewußt, gewiß, daß ich es mir einbilde, was dort als
Flamme brennt! Ist mir aber solches an der Flamme auf-
gefallen und Euch entgangen, nun möchte ich die hören, die
klar sehen. Ist mein Gesicht nicht so: ich ziehe aus der Welt
absichtslos etwas als Dinge empor. Dann aber werde ich
nichts mehr sein, als eine, Ihre Einbildung. Dann ist die
Einbildung in allen Dingen das, was natürlich ist. Dann ist
Einbildung Natur, Gesicht, das Leben.

WALTER HASENCLEVER

Das Theater von morgen

Eine Prüfung für Mimen, die den beträchtlichen Nachweis
geistiger Bildung erbrächte nebst der zur Darstellung not-
wendigen Disziplin, wäre für die neue Bühne das wichtigste Postulat. Denn nur eine grundlegende Kenntnis von
den Gegenständen des Denkens verbürgt der ebenso im
Sinne eines metaphysischen Prozesses verlaufenden Kunst
des Darstellens die unbedingte Struktur. Sie bildet gewissermaßen das Bindeglied in der Wechselwirkung zwischen
allen Künsten, deren Eigenschaft durch die intuitive Schöpfung eine transzendente zu werden vermag. Deshalb ist auf
der Bühne die rigorose Entfernung aller Idioten durchzusetzen, und ernsthaft wird die Erwägung, ob nicht der Dichter
(als Schöpfer des dramatischen Vorgangs), der Literat und
der Maler, der Philosoph, der Satiriker: alle Benachbarten
im gleichen Reiche der Ideen auch die Metamorphose des
Gedankens in das Theater vollbringen könnten, selbst bei
zugegebener Unzulänglichkeit in der Durchführung realisti-
scher Gewalten – und was wäre am Ende sehenswerter: ein

Geist, welcher die Darstellung verführt, oder eine Darstellung, welche den Geist vergewaltigt? Hier liegt das Übel an der Wurzel! Die ewige Spur der schematischen Dilettanten – man rotte sie aus bis ins letzte Glied. Man verlange von dem Schauspieler, daß er zugleich alle Rollen eines Stückes spiele, soweit der szenische Apparat ihm Raum und Zeit dazu läßt. Denn nichts als dies Eine: sich polarisieren zu können, ist noch der größte Vorzug seines liebenswürdigen Talents. Hingegen lehne man ab, den Begriff des Statisten, nicht einmal als soziale Erwerbsquelle, länger zu dulden. Die äußerste Beschränkung des Theaters an organischer und unorganischer Natur ist dringend am Platze, wenn anders der Dichtung, die schon zu lange darin verwurstelt ist, noch geholfen werden kann.

Bislang bedeutete Darstellen: Verteilung im Raum, durch welche des Dichters Plan in sinnliche Erscheinung trat. Gedachte Substanz löste sich auf in ein bürgerlich empirisches Phänomen; die Dichtung wurde – verdichtet. Nicht immer lebte man dem gefälligen Sporte der Illusionen; es hat Menschen gegeben, denen die Bretter nichts als Bretter bedeuteten, und zweifellos war eine Zeit, der noch kein dynamisches Jahrhundert fördernd zur Seite stand, geeigneter, ihre Dichter auf der Bühne zu interpretieren, je größer diese und je kleiner jene war. Es ist kein zufälliges Merkmal in der Geschichte, daß die Bühne Shakespeares des denkbar mindesten Aufwands an Ausstattung und nicht einmal eines Standes von Schauspielern bedurfte, um augenfällig zu werden. Mit der Zeit hat man diesen Dichter freilich an das Moderne gewöhnt. Helden und Sterne überboten sich: ein Königreich für eine Pferdekur! Junge Leute der geistigen und gesellschaftlichen Aristokratie haben damals die Dichtung auf dem Theater verkörpert. Wir, denen die Dramatik wieder im höchsten Maße dialektisch geworden ist, stellen heute die gleiche Forderung. Wir glauben nicht mehr, daß die vorhandene Bühne ausreiche, einen so kritischen Hervorgang aus dem Stofflichen mit voller Gewißheit zu ergreifen. Wir leugnen, daß die Herbeiführung eines zweiten Zustands, dieser verhängnisvolle Irrtum: das Spiel ergänze und rufe die Dichtung ins Dasein, Aufgabe der neuen Bühne sei. Alle Prinzipien für die Darstellung liegen immanent in der Dichtung selber. Es wäre nur ein Beweis gegen dieselbe, müßte sie, um Wirkung zu tun, erst ›inszeniert‹ werden. Diese Überschätzung eines sekundären Aktes der Schöpfung, die sich materialisiert, um durch die eigentümlichen Formen der menschlichen Wahrnehmung musisch begriffen zu werden, dieser konstruktive, gar nicht wirkliche Konflikt zwischen Geist und Leben, wobei stets das Leben unter seinem Jockey das Rennen gewann – die Sünde gegen den heiligen Geist aller Dichter und Philosophen ist nirgends so verbreitet als in den Köpfen der heutigen Theaterwelt. Nur daraus läßt sich erklären, weshalb ein führender Bühnenleiter in einer großen sächsischen Stadt, dessen Klugheit, Takt und Würde sonst viel zu ausgezeichnet ist, vom Verfasser bei der Annahme seines Werkes im Ernst verlangte, »es müsse geschossen werden«, wenn am Ende der eine von zwei mit einander Kämpfenden gegen den andern die Waffe hebt; dieser andre, vom Schlage gerührt, zusammensinkt. Die Tat, um deren Zeiger das Drama kreist, war verwirklicht. Wohl sah der Regisseur ihre Ursache; die Wirkung sah er nicht. Deshalb setzte er für die Causalität der Dichtung die Continuität der Darstellung; an die Stelle der geistigen Wirkung den realistischen Donnerschlag. Begreift man die tragische Gefahr, die dem also gespielten Werke durch eine neue Gesetzgebung droht? Die Bühne wollte Substanz sein und war Summe der Attribute; die Attribute aber, um die es sich handelt, sind nicht akzidenter, sondern cohärenter Natur. Diese grundlegende Erkenntnis vom Wesen des Theaters ist für seine Richtung entscheidend. Die Bühne werde Ausdruck, nicht Spiel! Die Einheit der Handlung mit dem Worte, das sich selbst auf der Bühne setzt, bei scheinbarer Auflösung in eine Welt von Tatsachen, läuft der Einheit des Dramatischen parallel. Denn auch das

Drama ist nichts als die Explikation der Idee im Zerfall des komplexen Geschehens.

Wie die Farbe grün oder gelb in der Absicht des Bildes enthalten, nur ein Vermittler des sinnlichen Eindrucks ist, das Instrument schon im Klange begriffen, nur sein Träger aus den Sphären in die Musik der Lüfte wird – so erfüllt die Darstellung der Dichtung bewegtes Empfinden, ein Fieber aus Farbe, Tanz, Melodie, das der gleiche Geist in den Körpern erzeugt. Ein Teil seiner selbst, ein Teil von aller Kraft! Ein Regen aus den Wolken der Poesie, Strahl des Lichtes, Flug von der Grenze des Wirklichen zum Spiegelbild einer begriffenen Form. Laßt uns der Gewohnheit entsagen, Wald müsse rauschen und Blitz müsse donnern; was wäre ein Theater, das nicht hieße: Änderung der vorhandenen Welt! Laßt uns, oh Freunde, glauben, daß die Morgenröte der Dichter nicht mehr mit der Sonne einer noch so begabten Kulisse verhunzt werden kann. Da wir das Unmögliche durch das Mögliche nicht darzustellen vermögen, laßt uns wenigstens verzichten auf jede Möglichkeit. Was unvollkommen dem einen Sinne sich bietet, ersetzt es durch die komplementäre Figur. Stellt keine Bäume mehr auf: schafft Lichter und Schatten; staffiert kein Gespenst mehr: ergreifet Musik! Konzentriert euch in kleinste Räume auf wenigste Menschen; wo Perspektiven euch mangeln, erlernet den Tanz. Wir suchen euer Leben, Medium, das sich dem Gedanken preisgibt; ungehemmt von schweifenden Kulturen, mit desto feinerm Organ für die Wesentlichkeit. Sprecht Verse, keine wildbewegten Clownerien! Wenn die Kette der Berge, des Hades Gefilde, den Orkan der Meere der Genius ruft –: die Kraft des Gedachten, Gewollten stehe fest in euern Gehirnen und zaubere euch jenseits in des Unsichtbaren Reich. Ihr werdet die größten Gewalten in einer pathetischen Ferne vollbringen, wenn ihr euch hingebt ihnen und ihr.

Wo ist das Geschlecht von Jünglingen, deren Feuer die Flamme erwecke? Kommt alle näher, ich will euch helfen;

wir werden es schaffen, du und ich. Wir werden aufsteigen
in der Farbe Silber, die hinter uns ein Vorhang schließt.
Wir werden, auch ohne den Verrat von Bärten und Bäu-
chen, unser Antlitz vergeistigen zum Bilde der Welt. Kein
Sturz von Millionen wird unsern Kurs entscheiden; der
kleinste Aufwand beschwört die größte Kraft. Ja, wir werden dieses Theater am Rande Europas gründen, und die
Toga des toten Cäsars im Triumph zu unsern Häuptern
schwingend, setzen wir die Inschrift:

Bühne für Kunst, Politik und Philosophie.

[...] Die Philosophie als höchste Verständigung im Reiche
des Denkens aktivierte sich zu einem Gesetze des Handelns,
in welchem Kunst und Politik, dem tätigen Geist der
Menschheit am nächsten, nicht mehr ihre Diener, sondern
ihre Schwestern geworden sind. Hier tritt die Bühne als
Medium zwischen Philosophie und Leben; Vermittlerin der
ersten und heiligen Ekstasen, schwebe sie helfend und wirkend über ihnen allen! Wir fordern sie als Ganzes, des un-
teilbaren Gedankens feierliche Geteiltheit, sich ausspannend
von den errungenen Zielen bis zu denen der unendlichen
Phantasie. Deshalb geben wir diesen Worten den Titel: Entstehung, denn nur das Zu-Stande-Kommen einer Gemeinschaft, welche im voraus auf alle Sicherungen des herkömmlichen Apparates verzichtet und ihre reine Aufgabe denkend
betrachtet, wäre berufen, ein heute noch fernes Stadium der
menschlichen Freiheit zu verwirklichen. Ihre wesentliche
Pflicht wird es sein, die unbedingte Scheidung herbeizufüh-
ren zwischen Wahrhaftigen und Nützlichen. Wo sind in
absehbarer Zeit die Parlamente, wo die Marktplätze der
Städte, wo die Akademien der Jugend, die unsern Ideen
tönen? Auf dem Punkte, den wir brauchen, um die Erde
zu bewegen, laßt uns das Theater bauen! Ich wende mich
in mehr als Ungeduld, in feuriger Liebe an euch alle, die
ihr mit mir an der Erneuerung dieses bürgerlichen Jahrhun-

derts arbeitet. An Dich, R. L.[1], dessen Plan einer neuen Universität mir zuerst auf den Seuchenfeldern Galiziens zugestürmt ist; in der Nähe des Todes, der heute leichter ist als das Leben — ein ungeheurer Wille ergreife uns, zu gründen, zu herrschen, zu entstehn.

GEORG KAISER

Das Drama Platons

oder

Der gerettete Alkibiades; der platonische Dialog

Für die Würde seines Ausdrucksmittels sucht der Dramatiker in strenger Prüfung nach wichtiger Bestätigung. Zwingt er in die Dramaform seine Erkenntnisse und Erschütterungen? Läßt die Drängung zu Akten genügend Raum? Sind Auftritt, Erscheinung, Figur tiefe Gefäße jedem Inhalt? Ist Schauspiel fassende Hülse ohne Verlust?

Rechtfertigung seiner Werkbildung erlangen, will der Dramatiker. Dünnes und dummes Spiel entstellt oft die täglichen Theater. In dies Theater geht der Dramatiker mit Zögern — und dennoch zieht es ihn mit unduldsamer Forderung hin. Seine Scham ist nur flüchtig — und aufzitternd sieht er schon sein Werk scharf im Bühnenbild. Sein Widerstand ist vergeblich — Erkenntnis wird Erscheinung — und von der Erscheinung getragen überhöht sich seine Erkenntnis. Das Drama schenkt ihm die letzte Anschauung. An Figuren schießt der Gedanken zu größter Möglichkeit auf.

Ein Irrtum ist nicht mehr fürchterlich. Das Drama Platons legt Zeugnis ab. Es ist über alle Dramen. Rede stachelt Widerrede — neue Funde reizt jeder Satz — das Ja über-

1. Rudolf Leonhard, vgl. R. L., *Die Ewigkeit dieser Zeit, eine Rhapsodie gegen Europa*, Berlin 1924.

springt sein Nein zu vollerem Ja – die Steigerung ist von
maßlosem Schwung – und auf den Schlüssen bläht sich ge-
formter Geist wie die Hände Gottes über seiner Welt-
schöpfung.

Befriedigt wird die Schaulust – sich befriedigt Platon sein
Vergnügen am Schauspiel: ins *Gastmahl* tritt Alkibiades,
auf die Flötenspielerin gestützt, Veilchen und Epheu im
Haar, angetrunken, Sokrates an der Tafel.

Wann schaute ein Dramatiker eine kühnere Konfrontierung
an als Sokrates und Alkibiades? Wo erfand noch einer dies
Ja und Nein seinem Drama? Maßlos groß ist der Anblick.
Zuerst war dieser sicherlich. Die Kontrastierung wurde aufrüttelnd schöpferisch – entriß dem Denkenden die Form
zur Denkbarkeit seiner profunden Weisheit. Es entsteht
kein Buch – es wird Bühne. Es wird immer vollkommener
mit neuer Schöpfung. Jede Begegnung von Figuren wird
Anlaß – bis nur noch aus Begegnungen Gedanken entstehen.

Die Plastik der Szene ist fabelhaft geworden. *Phaidon.*
Das Gefängnis um Sokrates. Sokrates von den Freunden
umstellt. In wehem Abschied vom Weibe. Von den Kin-
dern. Begrüßungen schwellen rasch zu Letztes entdeuten-
den Gesprächen an. Werden und Tod ist darin – von Figuren erjauchzt und erlitten. Das Wort ist das Kleid der
Figur – ohne sie bleibt es unauffindbar. Die Szene besteht.

Für die Würde seines Ausdrucksmittels sucht der Dramatiker in strenger Prüfung nach wichtiger Bestätigung. Jetzt
entdeckte er sich die Notwendigkeit der Dramaform. Mit
festem Finger zeigt er auf Platon. Hier ist Aufruf und
Verheißung von allem Anfang schon geschehen. Das Gebiet
weitet sich in grenzenlosen Bezirk. Da befriedigt Schauspiel tiefere Begierde: ins Denk-Spiel sind wir eingezogen
und bereits erzogen aus karger Schau-Lust zu glückvoller
Denk-Lust.

Vision und Figur

Aus Vision wird Mensch mündig: Dichter.

Mit dem Grad der Heftigkeit, in der sie ihm geschah, verbreitet sich die Mündung für Aussprache: große Mitteilung strömt hin – in tausendmal tausend Worten Rede von der Vision, die einzig ist.

Einer Vision ist Hülse der Dichter. (Ein Spieler beschwatzt vielfaches, da er großem Gesetz nicht untersteht, das ihn auffordert.) Nur von diesem Gegenstand kann er noch reden – will nur noch zu diesem überreden. Ganz und ohne Lücke ist sein Erfülltsein: jede Silbe färbt sich an ihm – Spruch und Pause hämmern und ruhen in Takt von ihm. Gleich bleibt Werk von Werk zu Werk. Aufstand in Frühe ist wie Kraft am Mittag – wie Abendüberschwang gestoßen aus *einer* Bewegtheit. Die ist Gesetz von Geburt, das sich enthüllt mit ungeheurem Zwang durch die Laufbahn: ein Antrieb mit Skorpion – und doch vom Dichter bejaht.

Das einzig *Eine* zu wiederholen, ist ihm bestimmt. Irrte er einmal von seinem Thema – das These ist – ab, fördert er den Irrtum, der bei der Menge ist – und mischt ihn tiefer. Vorbild geschmälert zu Abbild – Rat zu Verrat – Sammlung zu Verwirrung.

Zu *Einseitigkeit* beruft die Vision. (Nur so bezeugt sie ihre Bedeutung.) Es gibt kein Nebenher – die Kugel rollt um sich und verbindet Anfang und Ende ohne Anfang und Ende. Alles ist die Vision – weil sie *Eins* ist. Das *Eine*, das an sich Himmel und Erde und den himmlisch-irdischen Menschen schließt.

Vielgestaltig sind die Figuren, die Träger der Vision sind – von den heißen Fingern des Dichters beladen mit großer Fracht seiner Mitteilung. Sie würde zehn und hundert erdrücken – so müssen Scharen hinausgehn und Teile des Ganzen tragen, soviel ihre Schultern tragen. Aus allen Zonen holt sie der Anruf – kein Zeitalter, das nicht einen

wichtigen und würdigen Boten lieferte. Immer bunter flirrt
die Gestaltung der Vision – es wird schwer in Übersicht
aus der Vielheit der Teile das Ganze zu erkennen.
Der herbeilaufende Beschauer starrt aufs Gewühl. Er sieht
nur Gewühl. Er widerspricht: *wo steckt die Einheit*, die ich
hier mit einem Blinzeln überschauen sollte? Zersprengen
diese Gestalten nicht den Kreis, in dem sie stehen – mit
suchender Wucht nach außen? Was drängt sich hier alles im
Ring, um den ich laufe – und stutze bei jeder neuen Figur
im Nebeneinander von Buntheit? Was für Stimmen? Baut
einer wieder am Turm zu Babel? Oder entliefen sie dem
Turmbau und scharten sich hier? Meine Augen tränen –
und die Ohren dröhnen! – Kein Tadel für den Beschauer,
der heranläuft. Was wußte er vom Gesetz, das die vielen
Figuren, die ihn erschrecken, zueinander stellt. Kann er
von heute auf morgen die Stücke so ordnen, wie sie seiner
Erkenntnis nützen? Mit seinen verwirrten Händen?
Vielgestaltig gestaltet der Dichter *eins*: die Vision, die von
Anfang ist. So stößt sie mit seinem Blut, das sie stößt: un-
nachgiebig und hitzig. Der Druck ist gewaltig gegen das
Gefäß, das sie einschließt. Im Gegendruck wird die Gefahr
der Sprengung bezwungen –: daß nicht formlos ausfließt,
was nur in Formung mitgeteilt wird! – daß nicht der Schrei
sich über die Rede erhebt!
Gefährlich versucht die Vision: – Leidenschaft stachelt sie –
die erstickt die Stimme, die reden soll, um gehört zu sein.
Furchtbar schwingt dieser Kampf zwischen Schrei und Stimme. Im Schrei will es sich aus dem Munde reißen – Auf-
schrei aus Entsetzen und Zorn! – zur Stimme muß er her-
absinken, um wirkend zu werden. Kühle Rede rollt leidenschaftlicher Bewegtheit entgegen – das Heißflüssige muß
in Form starr werden! – und härter und kälter die Sprache
je flutendüberfluteter Empfindung bedrängt.
Von welcher Art ist die Vision?
Es gibt nur eine: die von der Erneuerung des Menschen.

Bericht vom Drama

Die Idee ist ihre Form. Jeder Gedanke drängt nach der Prägnanz seines Ausdrucks. Die letzte Form der Darstellung von Denken ist seine Überleitung in die Figur. Das Drama entsteht.

Platon schreibt sein reines Ideenwerk als Dialoge nieder. Personen sagen und treten auf. Heftigere Dramen als *Symposion* und *Phaidon* sind schwer zu finden. Für den Dramatiker ist hier deutlichster Hinweis gegeben: Gestalt und Wort propagieren allein überzeugend den Gedanken.

Unerschöpflich ist Denken. Dieses Gebiet hat unerschlossene Provinzen, die sich ins Endlose fortsetzen. Die Aufgabe des Menschen ist hier großartig.

Das geschriebene Drama wird immer neuer Aufbruch in anderes Drama – in Gestaltung vordringender Denkenergie. Wie steht der Dramatiker zum vollendeten Werk? Er verläßt es mit dem letzten Wort, das er schrieb – und unterzieht sich mit Zwang und Entschluß der Formung von neuem Drama, zu dem er wie über Stufen einer unendlichen Treppe vorwärts drängt. Diesem Zwang unabweisbar gehorchen zu müssen, ist Begabung. Begabung ist Gehorsam – Unterordnung – Demut, die werktätig sich darbietet. Stillstand bei einem Drama – Rückblick mit Genugtuung – Rast am Wege: sind Ungehorsam im Geiste, der mit tödlichem Fluch belädt. Sich zeitlich einstellen – das Dauernd-unendliche mit dem Popanz seiner Person verbauen – sich selbst als ein erreichtes Ziel setzen: sind Kennzeichen und Makel von Mißwuchs. Ins pausenlose Gleiten von Werden geschickt – eine Welle des Stroms kurz festhalten: ist alles, was menschlich erreichbar ist. Diese Feststellung einer Sekunde im All leistet der Dramatiker. Mehr nicht, alles darin.

IWAN GOLL

Das Überdrama

Ein schwerer Kampf ist entsponnen zum neuen Drama, zum Überdrama.

Das erste Drama war das der Griechen, in dem die Götter sich mit den Menschen maßen. Ein Großes: daß der Gott damals den Menschen dessen würdigte, etwas, was seither nicht mehr geschah. Das Drama bedeutete ungeheure Steigerung der Wirklichkeit, tiefstes, dunkelstes, pythisches Versenken in die maßlose Leidenschaft, in den zerfressenden Schmerz, alles überreal koloriert.

Später kam das Drama des Menschen um des Menschen willen. Zerwürfnis mit sich selber, Psychologie, Problematik, Vernunft. Es wird nur gerechnet mit *einer* Wirklichkeit und *einem* Reich, und alle Maße sind darum beschränkt. Alles dreht sich um *einen* Menschen, nicht um *den* Menschen. Das Leben der Gesamtheit kommt schlecht zur Entwicklung: keine Massenszene erreicht die Wucht des alten Chores. Und wie groß die Lücke ist, merkt man an den mißlungenen Stücken des vergangenen Jahrhunderts, die nichts anderes mehr sein wollen als: interessant, advokatorisch herausfordernd oder einfach beschreibend, Leben nachahmend, nicht schöpferisch.

Nun fühlt der neue Dramatiker, daß der Endkampf bevorsteht: die Auseinandersetzung des Menschen mit allem Ding- und Tierhaften um ihn und in ihm. Es ist ein Dringen in das Reich der Schatten, die an allem haften, hinter aller Wirklichkeit lauern. Erst nach ihrer Besiegung wird vielleicht Befreiung möglich. Der Dichter muß wieder wissen, daß es noch ganz andere Welten gibt als die der fünf Sinne: Überwelt. Er muß sich mit ihr auseinandersetzen. Das wird keineswegs ein Rückfall werden ins Mystische oder ins Romantische oder ins Clowneske des Varietés, wiewohl ein Gemeinsames darin zu finden ist, das Übersinnliche.

Zunächst wird alle äußere Form zu zerschlagen sein. Die vernünftige Haltung, das Konventionelle, das Moralische, unseres ganzen Lebens Formalitäten. Der Mensch und die Dinge werden möglichst nackt gezeigt werden, und zur besseren Wirkung immer durch das Vergrößerungsglas.

Man hat ganz vergessen, daß die Bühne nichts anderes ist als ein Vergrößerungsglas. Das wußte das große Drama immer: der Grieche schritt auf Kothurnen, Shakespeare sprach mit den toten Riesengeistern. Man hat ganz vergessen, daß erstes Sinnbild des Theaters die *Maske* ist. Die Maske ist starr, einmalig und eindringlich. Sie ist unabänderlich, unentrinnbar, Schicksal. Jeder Mensch trägt seine Maske, was die Antike seine Schuld nannte. Die Kinder haben Angst vor ihr und sie schreien. Der Mensch, der selbstgefällige, der nüchterne, soll wieder zu schreien lernen. Dazu ist die Bühne da. Und erscheint uns nicht sehr oft größtes Kunstwerk, ein Negergott oder ein ägyptischer König, als Maske?

In der Maske liegt ein Gesetz, und dies ist das Gesetz des Dramas. Das Unwirkliche wird zur Tatsache. Es wird für einen Augenblick bewiesen, daß das Banalste unwirklich und »göttlich« sein kann, und daß gerade darin die größte Wahrheit liegt. Die Wahrheit ist nicht in der Vernunft enthalten, der Dichter findet sie, nicht der Philosoph. Das Leben, nicht das Erdachte. Und es wird ferner gezeigt, daß jeglicher Vorgang, der erschütterndste, wie das unbewußte Auf- und Zuklappen eines Augenlids, von eminenter Wichtigkeit sind für das Gesamtleben dieser Welt. Die Bühne darf nicht mit nur »realem« Leben arbeiten, und sie wird »überreal«, wo sie auch von den Dingen hinter den Dingen weiß. Reiner Realismus war die größte Entgleisung aller Literaturen.

Die Kunst ist nicht dazu da, es dem fetten Bürger bequem zu machen, daß er den Kopf schüttele: Jaja, so ist es! Jetzt gehen wir zum Erfrischungsraum! Die Kunst, sofern sie erziehen, bessern oder sonst wirken will, muß den Alltags-

menschen erschlagen, ihn erschrecken, wie die Maske das
Kind, wie Euripides die Athener, die nur taumelnd heraus-
fanden. Die Kunst soll den Menschen wieder zum Kind
machen. Das einfachste Mittel ist die Groteske, aber ohne
daß sie zum Lachen reize. Die Monotonie und die Dummheit der Menschen sind so enorm, daß man ihnen nur mit
Enormitäten beikommen kann. Das neue Drama sei enorm.

Das neue Drama wird darum alle technischen Mittel zu
Hilfe ziehen, die heute die Wirkung der Maske auslösen.
Da ist zum Beispiel das Grammophon, die Maske der Stimme, das elektrische Plakat, oder das Sprachrohr. Die Darsteller müssen undimensionierte Gesichter-Masken tragen,
in denen der Charakter grob-äußerlich schon erkennbar ist:
ein zu großes Ohr, weiße Augen, Stelzbeine. Diesen physi-
siognomischen Übertreibungen, die wir selbst notabene nicht
als Übertreibungen auffassen, entsprechen die inneren der
Handlung: die Situation möge kopfstehen, und oft möge,
damit sie eindringlicher sei, ein Ausspruch mit dem Gegenteil ausgedrückt werden. Genau so wird es wirken, wie
wenn man lange und fest auf ein Schachbrett sieht, und
einem bald die schwarzen Felder weiß, die weißen Felder
schwarz erscheinen: es überspringen einander die Begriffe,
wo man an die Wahrheit grenzt.

Wir wollen Theater. Wir wollen unwirklichste Wahrheit.
Wir suchen nach dem Überdrama.

IV. Kritik und Distanzierung

RENÉ SCHICKELE

Wie verhält es sich mit dem Expressionismus?

Es ist, vor etwa zehn Jahren, zu einer doppelten Revolte gegen den Naturalismus und den Ästhetizismus gekommen, die damals unbestritten herrschten, das hat man den deutschen Expressionismus genannt. Daran haben, im Gefolge unseres großen Heinrich Mann, mitgewirkt Kurt Hiller wie Wilhelm Herzog, Edschmid wie Leonhard Frank, Sternheim wie Benn, Döblin wie Georg Kaiser, Becher wie Werfel, Wolfenstein wie Rubiner, Kafka wie Brod, und was mich anlangt, so war, als mein erster Roman »Der Fremde« erschien, der Expressionismus noch gar nicht erfunden. Als er ein paar Jahre später ans Tageslicht kam, holte Franz Pfemfert das unter den Fußtritten der Kritik unter den Tisch gesunkene Buch hervor und druckte es noch einmal in der »Aktion«. Es war die gute alte Zeit.
Noch war die Grammatik keine Scherbenküche, man stieß nur ganz vereinzelt auf ein Bild oder ein Gedicht, die sich ohne Schaden für ihre Eigenart auf den Kopf stellen ließen. Dann aber dienten sie dazu, die frommen Helenen zu verulken, die entzückt die Kröte schluckten, gleichviel, wie sie ihnen eingegeben wurde. Lehmbruck und Kirchner arbeiteten hart vor sich hin, ohne daß jemand Aufhebens von ihnen gemacht hätte, Meidner verkaufte in Jahren kein Bild. Von Däubler hörte man, er könne Florenz nicht verlassen, weil er dem braven alten Signor Reininghaus über hundert Lire schuldig sei. Es war die gute alte Zeit.
Als die oben mit einigen (nicht allen wichtigen) Namen bezeichnete Gruppe – ihnen zum Tort, nicht zum Gefallen! – auf den Namen Expressionismus getauft wurde, war klar, was sie verband, und was mit dem Wort gemeint war.

Hier geschah, nach der reinen Beschreibung des Naturalismus, nach der formalen Gepflegtheit der deutschen Parnassiens: der Schrei. Nichts könnte einen bessern Begriff davon geben, wie das so benannte Bild von Munch. Man war unglücklich im Zwielicht der Zeit, man wollte heraus aus der mit Herz und Hand jobbernden Umgebung. Heraus aus den Militärmusiken und der häuslichen Pflege des Gemüts, in der sich die Bestie so gut konservierte. Man war getreten, arm, ehrgeizig, schachmatt nach dem dritten Zug, sowie man mit den regierenden Zeitgenossen die kleinste Partie wagte: man schrie! Heinrich Mann hatte seinen Essai »Geist und Tat« veröffentlicht, Rubiner schrieb: »Der Dichter greift in die Politik«, Hiller setzte Kerrs geistpolitische Mission praktisch fort, der Aktivismus entstand, das Wort und die Sache. Ein großer Ruck vorwärts ward festgestellt, nachdem Herzog die Leitung des »März« übernommen hatte. Zentral wirkte Pfemferts »Aktion«. Wir waren, außerhalb unseres Kreises, das Gesindel aus dem Café Größenwahn, und kein Redakteur einer anständigen Druckschrift konnte sich soweit vergessen, als daß er die Stilübungen von irren Analphabeten gedruckt hätte oder auch nur für sie eingestanden wäre. Der Stilunterschied zwischen den Werken spielte keine Rolle. Man bemerkte ihn nicht. Es dauerte eine Weile, bis die Kritik soweit war, daß sie den einen hervorhob, um die andern damit totzuschlagen. Auch ließ keiner es sich einfallen, zu übertrumpfen. Die Ware galt nichts, also fanden auch keine Versteigerungen statt. Was an ehrgeizigen Nachläufern dabeisaß, bremste. Sie brauchten zehn Jahre und den Nachweis von der Marktgängigkeit des Neuen, bis sie, mit dem Mut der Verzweiflung – überboten.

Da aber waren die »Expressionisten«, die den Wind gesät hatten, längst in der Abwehr vor dem Latrinensturm, den man ihnen zur Ernte anbot. Sogar ihre letzte und schönste Tat, ihre internationalistische Kampagne im Krieg, drohte in der riesigen Nachfrage, der die tollsten schönschreibenden Imperialisten von 1918 spätestens im November des gleichen Jahres insgesamt erlagen, und im entsprechenden Überangebot zu Brei gequetscht zu werden. Unabsehbare Scharen rückten heulend und psalmodierend über sie vor, Philosophen wechselten ihre Weltanschauung, um ihnen auf den Bauch zu treten. Sie starben nicht ganz, und also könnten sie sich gegen die nachtrampelnden Literaten zur Wehr setzen, – wenn diese nicht justement am gleichen Strang zögen und damit den Karren unters Publikum brächten. Dem aber muß geholfen werden.

Welchen Karren? Nennt es Pazifismus, Solidarität aller Völker, Bekenntnis zur geordneten Menschenerde, Kampf gegen die Bestie in allen Lebenslagen: es ist der alte Gott aus dem Osten auf seinem neuen Umzug. Diesmal muß der Traum Wirklichkeit werden, soll nicht alles, was wir »Welt« nennen, zugrunde gehn, greifbare Wirklichkeit, gebend und nehmend: alles muß die Wirklichkeit eines jeden Tages werden, und wäre der Anfang noch so bitter.

Politische Angelegenheiten, auch kulturpolitische, sind eine Bäckerangelegenheit. Die Menge macht's.

Die letzten mögen die ersten sein, wenn sie die Dutzend nur recht voll machen.

Also lauft, soviel ihr seid, soviel ihr könnt, lauft, lauft!

Was kümmert uns – der Ismus, die Schule, der Stil! Laufen sollt ihr am gleichen Strang!

Soviel – nicht mehr, nicht weniger liegt uns am Expressionismus.

IWAN GOLL

Der Expressionismus stirbt

Was aller Orten gemunkelt, belächelt, geahnt wird, bestätigt sich: wieder stirbt eine Kunst an der Zeit, die sie verrät. Ob die Schuld an der Kunst liegt oder an der Zeit, ist ohne Belang. Wollte man kritisch sein, so wäre allerdings nachweisbar, daß der Expressionismus an jenem Revolutionsaas krepiert, dessen mütterliche Pythia er sein wollte.

Und dies erklärt das, nämlich: daß der ganze Expressionismus (1910–1920) nicht einer künstlerischeren Form, sondern einer *Gesinnung* Name war. Viel mehr Sinn einer Weltanschauung als Objekt eines Kunstbedürfnisses.

Ludwig Rubiner: »Der Dichter greift in die Politik« (Die Aktion 1912). Derselbe: »Unser Ruf für die kommende Zeit über alle Länder hinweg ist die Forderung: L'homme pour l'homme, statt der früheren L'art pour l'art« (Zeit-Echo. Mai 1917).

Kasimir Edschmid: ». . . Kein Programm des Stils. Eine Frage der Seele. Ein Ding der Menschheit« (Neue Rundschau. März 1918).

Hasenclever: »Die Bühne werde Ausdruck, nicht Spiel!« »Bühne für Kunst, Politik, Philosophie«. (Schaubühne, Mai 1916).

Also:

Forderung. Manifest. Appell. Anklage. Beschwörung. Ekstase. Kampf. Der Mensch schreit. Wir sind. Einander. Pathos.

Wer war nicht dabei? Alle waren dabei. Ich war dabei: »Neuer Orpheus«. Kein einziger Expressionist war Reaktionär. Kein einziger war nicht Anti-Krieg. Kein einziger, der nicht an Brüderschaft und Gemeinschaft glaubte. Auch bei den Malern. Beweis: »Gesinnung«.

Und: Expressionismus war eine schöne, gute, große Sache. Solidarität der Geistigen. Aufmarsch der Wahrhaftigen.

Aber das Resultat ist leider, und ohne Schuld der Expressionisten, die deutsche Republik 1920. Ladenschild, Pause. Bitte rechts hinausgehn. Der Expressionist sperrt den Mund auf . . . und klappt ihn einfach wieder zu. Die Waffe, die Tuba nämlich, fällt den Meidnerschen Europa-Propheten aus der Hand. Derselbe, der so ernst-bedeutend die Arme in die Luft warf, tut dasselbe nun aus anderem Grund. Der Browning knallt lauter.

Jawohl, mein guter Bruder Expressionist: das Leben zu *ernst* zu nehmen, ist heute die Gefahr. Kampf ist zur Groteske geworden. Geist in dieser Schieberepoche Ulk. Der »Intellektuelle«, der seine Gesinnung bis zum Bolschewismus erhöht, muß sich vor den Massen klein, ganz klein machen, wohl auch eine Maske der Dummheit über die jüdische Stirne ziehen, damit ihm Steine nicht die Zähne ausschlagen. Bitter, bitter wird der ekstatische Mund.

Der »gute Mensch« mit einer verzweifelten Verbeugung begibt sich in die Kulisse. Das Leben, die *Maschine,* die Natur behalten recht: jenseits von Gut und Böse.[1] Die schöne Kraft, der als erster von den Modernen Alexander Blok die ›Skythen‹ widmete. Der Urmensch, mit dem dunklen Jahrhundertblut und den unheimlichen Augen tritt aus Urwäldern des Äquators heraus und aus den Steppen des Pols: mit Mond- und Sonnengeheimnissen. Er tanzt über die Meridiane des Globus.

Aufruf des Bruders, o Expressionist, was für eine Sentimentalität! Was für ein Pathos in deiner Menschlichkeit.

Das nackte Leben ist besser, will sagen: wahrer als du. Beweis: deine Weltanschauung hat nirgends gesiegt. Du hast nicht einem von sechzig Millionen das Leben gerettet. »Der Mensch ist gut«: Eine Phrase. »Aber in tausend Jahren vielleicht.«

Eine neue Kraft scheint über uns zu kommen: die gehirnmaschinelle. Der Kran der Zeit packt uns am Kragen und schifft uns über. Man faßt sich ins Haar: Herrgott, was für ein Rhythmus tönt aus der Erde. Wozu in den Himmel schweifen. *Auch Himmel ist Erde,* weiß der Aviatiker. Himmel ist die Erde längst für den Neger und den Primitiven. Vielleicht hat er doch recht. Jeder Amerikaner sagt »Yes«. Weg mit der Sentimentalität, ihr Deutschen, was gleichbe-

1. Anspielung auf Nietzsches gleichnamiges Werk.

deutend ist mit: ihr Expressionisten. Denn wetten: auch
Ludendorff ist schließlich ein Expressionist?
In Frankreich, wo ich lebe, ist man während des ganzen
Kriegs *nicht sentimental* geworden. (Drei Schwächlinge ab-
gerechnet, die kaum gelten.) Neue Länder rufen hinterm
Ural, hinterm Balkan, hinter allen Ozeanen ihren Willen
zum Leben, zur Kraft. Junge Länder. Junge Menschen. Ihr
erstes Wort an uns ist elektrisch.

PAUL HATVANI

Zeitbild

1. Der Expressionismus ist tot . . .

. . . Der Expressionismus war, immerhin, eine Entscheidung
zur Form. Er *war* es, denn Auseinandersetzungen und akademische Essays beweisen, daß seine Zeit vorüber sei, daß
die Aufgabe einer Epoche ihre Bedeutung verloren hätte,
daß eine neue Jugend, neuen Zielen verschrieben, neue Wege
zu betreten eben im Begriffe sei . . . Man macht Bilanz;
sieht plötzlich, daß man einem Phantom aufgesessen war
und fühlt sich genötigt, Anschauungen indigniert einer Re-
vision zu unterwerfen. Das Bleibende der Epoche dürfte
das Wort »Ballung« sein; Werke, die sie schuf, müssen sich
eine neue Rubrizierung gefallen lassen.
Die Apologeten des Expressionismus, in der Suggestion des
eigenen Stils befangen, beschwichtigen uns. Sie bringen neue
Interpretationen; haben für den Zweifler den Vorwurf des
Akademismus; spielen, wie jede Generation der Abtreten-
den, die Argumente des hart erkämpften Selbstbewußtseins
gegen die nächste aus. Dazu kommt noch die Vehemenz
des expressionistischen Zeitalters. Dazu kommt noch die
Rapidität des Erlebens während der Kriegsjahre; die na-

tionale Spaltung; die soziale Idee in den Untertönen der aktivistischen Bewegung; die Welle der Humanität, die den künstlerischen Ausdrucksmöglichkeiten in zäher Entschlossenheit sich angelehnt hat. Ist Henri Barbusse[1] etwa Expressionist? Bei Leonhard Frank, der ja immerhin die »Räuberbande« und die »Ursache« geschrieben hat, schwanken wir. Die Lage ist verwickelt. Das Zeitgefühl hat uns berauscht; es ist an der Zeit, wieder einmal genau zu werden. Was ist Expressionismus?!

... Immerhin ...: ein Problem für den »Kunstwart«. Der Deutsche ist gründlich, doch ungenau; er kann nicht denken, steht ihm nicht eine mit allem Komfort der Neuzeit ausgestattete Polarität zur Verfügung. Er freut sich seiner handfesten Dialektik; nicht viel Scharfsinn war zur Erkenntnis nötig, der Expressionismus sei etwa das Gegenteil des Impressionismus. Und man sagte: »Impressionismus? Aha, das ist Liebermann, Slevogt; und Peter Altenberg; und dann die Franzosen ...« Man war nämlich überzeugt davon, die Franzosen seien eine impressionistische Nation. Was eigentlich nicht einmal ganz falsch ist. Falsch ist nur die Abstraktion vom Nationalen; die lineare Definition, die Komplikationen einfach nicht zur Kenntnis nimmt und abstrakte Begriffe mit lebenden Tatsachen konfrontiert. Denn (trotz aller Banalität muß es gesagt werden): die Kunst lebt und was man jetzt »Geist« nennt, ist identisch mit dem »élan vital«[2] romanisch-romantischer Naturphilosophie. Dem Deutschen ist Kunstentwicklung eine Art Lotteriespiels; vordem hatte man »Eindrücke« »verarbeitet« – das war der Impressionismus. Dann besann man sich auf den Formwillen der Seele, wollte etwas ausdrücken – und wurde Expressionist.

... Deutsche Definitionen haben den Vorteil philosophi-

1. Henri Barbusse (1873–1935), frz. politisch engagierter naturalistischer Schriftsteller.
2. Lebensdrang, Grundbegriff in der Lebensphilosophie Henri Bergsons (1859–1941).

scher Unsachlichkeit. Sie kleben am Wort und das Wort muß sich den Parasitismus falscher Deutung gefallen lassen. Es bleibt eindeutig; und das ist gewiß viel. Aber der philologischen Ortsbestimmung muß die Auflösung ins stete Werden folgen; der Abstraktion die Einfühlung, die Intuition, die Beseelung des starren Begriffs. Historizistische Ableitungen haben Wert, wo sie psychologischen Erwägungen zugänglich sind; was dem Ganzen verbunden bleibt, hat Anspruch auf Teilnahme und Verständnis.

... Der Expressionismus kam aus Frankreich nach Deutschland. Paris, immer noch der europäische Brennpunkt jeder geistigen Evolution, hatte das letzte Klischee überwunden; eine große Epoche, die fast beim Realismus Flauberts begonnen hatte, hatte ihre suggestive Kraft verloren: der Mensch stellte sich in den Mittelpunkt des Erlebens. Es war eine Revolte gegen den Inhalt; da mußte die Form siegen. Den Deutschen bedeutete dies »neue Gotik«, nichts weniger. Und es entstand der Expressionismus, eine eminent deutsche Tatsache.

Es gab eigentlich nur geringen Widerstand. Vorhanden war das Wort »Ausdruckskultur«; der Wille zum Monumentalen; die Leichtigkeit, mit der man Schlagworten zu verfallen geneigt war. Vorhanden war der dem expansiven Pseudogeist stets entgegenkommende »Betrieb«. Vorhanden war, – Expression an sich! –, die neudeutsche Mentalität. Hinter keiner Errungenschaft zurückbleiben; der Zeit brutal ins Antlitz schauen um ihr die Maske abzugucken; Alles verstehen, um Nichts zu verzeihen; die von Anderen erlebten Dinge mit den Tatsachen der eigenen, instinktlos verlaufenden Lebensführung in Einklang bringen ...: das war die deutsche Mentalität der furchtbar entscheidenden Jahre. Der Expressionismus war besetztes Gebiet; er mußte dem deutschen Geist Nahrungsstoffe liefern.

Er tat es, nicht ohne sich zu rächen. Heute ist Berlin, die Hauptstadt des deutschen Betriebes, eine Angelegenheit expressionistischer Formexzesse. »Expressionistisch« ist ein

Berliner Adjektiv, das der Reihe nach die Ausrufe »Gott, wie doll!« und »Sieh mal, wie niedlich!« verdrängt hat. Was doll war, wird mit der Zeit niedlich und ist heute expressionistisch geworden. Der Inhalt hat die Form diskreditiert und der Betrieb die Kunst.

Die Abkehr vom deutschen Expressionismus ist ein Symptom der Kunstbesinnung. Nicht um die Fronde gegen einen neuen Akademismus handelt es sich, sondern um eine neue Ablehnung des bürgerlichen Intelligenzbetriebs. Schokoladepackungen mit Weltanschauung dürfen fürderhin die Formen lyrischer Bekenntnisse nicht mehr beeinflussen. Wo das Leben stärker wird als es die Idee war, endet die Sendung des Geistes. Der Bildungsphilister aber rubriziert eine neue Stilepoche. Das Leben geht weiter …

2. … es lebe der Expressionismus!

… Die Idee lebt von der Zeit unabhängig; sie ist echt und stark, wo sie den Sinn der Zeit revoltiert. (Große Ideen haben ganz das Format der Revolution; ihre Träger sind Gläubige der kaum erahnten Verkündigung.)

Allzu rasch hatte die Zeit sich mit dem Expressionismus identifiziert. Da mußte etwas nicht in Ordnung sein.

Wir haben die Zeit erkannt, die Welt, in der die Idee der neuen Kunst zu leben verdammt war. Wir haben gerichtet, das Urteil gesprochen und wissen nicht mehr, wohin die Idee uns geführt hat. Wir lieben sie, sind ihr verschworen und erkennen an den Werken, die sie in uns geschaffen hat, ihren Wert.

Die Idee des Expressionismus war Revolte gegen das konventionelle Gleichgewicht zwischen Form und Inhalt. Nicht mehr ästhetische Erwägungen bestimmten das Verhältnis; die Form zerbrach und eine schöne Leidenschaft war da, die, das Horizontale sprengend, sich hoch auftürmte und meinetwegen auch geballt war.

Man lese doch einmal die Schriften der Apologeten des Expressionismus in der bildenden Kunst, Hausenstein, Grautoff, Westheim; ein menschlicher Unterton verklärt die Doktrin, es rauscht Leben durch die Abstraktion und es beseligt uns ein neues, junges Gefühl der Freude. Wir vermissen es schon einen Schritt rückwärts; Meier-Gräfe, soignierter als jene, bleibt innen und außen Ästhet: das Erlebnis bleibt konserviert. Freilich, sein Dreigestirn Greco, Marées, Cézanne leuchtet auch uns; aber wir haben Leidenschaft. Wir kennen Guillaume Apollinaire und wissen, daß das ästhetische Problem in die Seele dringen muß, um schöpferisch zu werden. Wir bewundern die Entfesseltheit des Gefühls; wir denken mit dem Blute, sind Abenteuern auf der Spur, die zwischen Großstadt und Urwald sehnsüchtig pendeln.

... Die Errungenschaft des Expressionismus heißt Simultaneität!

... Der Expressionismus hat die Großstadt entdeckt. Die Großstadt: das ist die eminent neue Lebensform. Die Zeit hat den Dichter endgültig aus Arkadien vertrieben...; Arthur Rimbaud versuchte, Kind seiner Zeit, letzte Flucht: es trieb ihn das Schicksal zurück, er starb im Hafen der Kultur, in Marseille, wo irrsinnig-verschlungene Rassen um das europäische Wesen tanzen. Zwei Jahrzehnte später erst, es konnte Dichter Ländlich Francis Jammes daran nichts ändern, geschah demütig in Ekstase das Unabwendbare: die Großstadt wurde in Besitz genommen. Da war nicht nur die neue Schönheit, der Triumph des Zweckmäßigen, das Tempo, das neues Leben beherrscht; da war auch das neue Abenteuer, die Nervosität, die Kulturhöhe, die Errungenschaft der Zivilisation, der ein Ringen vorausgegangen sein mußte. Da war, in der Maske einer vitalen Kunstform, das soziale Problem dynamisch gelöst. Lyrik ist, was im Straßenlärm des Alltags noch Herzenstöne hören läßt. Episch breitet sich der Sinn der Demokratie durch die bewegte Stadt. Dramatisch beherrschen Zwischenfälle, schicksalhaft,

dein Leben, das dem Rausch der Stadt verfallen ist. Du
gehst durch die Straßen: was kann da nicht alles geschehen!
Abenteuer lauern, Autos bedrohen deinen Leib, Dirnen
deine Seele. Es schwankt dein Gleichgewicht; du sitzest im
Café, die Geliebte erwartend; links drüben zeigt ein Mäd-
chen graue Seidenstrumpfbeine, während hinter dir zwei
Gauner ein Geschäft abschließen. Es heult dir ein Kinopla-
kat seine Wunder entgegen; mit unfehlbarer Eleganz will dir
ein idealer Einbrecher die Souveränität der weltmännischen
Gebärden beweisen. In die Bar, in die Wunder-Bar, trittst
du mit bangem Herzklopfen: So traten früher fromme Pil-
ger in den Glasfensterraum ihres Heiligtums. Man zelebriert
dir einen Cocktail; der Klavierspieler trampelt anmutig die
Sentiments seiner Musik dir in die Seele. Nun ist wieder
stählern Alltag; das Rad dreht sich; dem Dasein blickst du
ins Antlitz; du bist ein Atom des Rekords, den die Zeit
aufgestellt hat, um über die Welt hinwegzukommen.
Und dann die Mystik! Die Skurrilität bürgerlicher Ver-
tracktheiten spukt durch den Tag; Ideologie wird irreal,
gefällt sich in Kapriolen und hebt die Kausalität des gesunden Menschenverstandes fallweise auf. Die Wirklichkeit wird
zum Gespenstertanz einer Logik, der man höchstens psycho-
analytisch beizukommen vermag. Die Dimensionen des
Lebens recken sich hoch über die Kleinwelt E. T. A. Hoff-
manns hinaus; auf Maskenredouten siehst du Manifestationen deiner Träume, die von einem unsentimentalen Tou-
louse-Lautrec Gestalt bekommen haben.
Aber wir sind noch naiv, noch sentimental. Wir kehren zu
einer Natur zurück, die uns ein andrer Rousseau staunend
aufstellt. Er hat nicht mehr die große Geste Jean-Jacques';
er war Zolleinnehmer und hieß Henri.
... Wir haben noch die Tugend des gerechten Lebens; aber
unser Mut rechnet mit der Brutalität des vehementen Lebens; unsere Ehre kennt keine Verlogenheit mehr; sie hat
mit dem Mittelalter endgültig gebrochen.
... Der neue Künstler, unblasiert, doch stets auf seiner Hut,

sieht in diese Welt. Großstadt wird Heimat; sein Heimweh
ist Sehnsucht nach den neuen Sensationen. Im Lunapark der
Gefühle ist er heimisch; die Tradition ist ein Panoptikum,
darin verstaubte Figuren ein verträumtes Dasein führen.
Sie sind Klischee; das Leben aber ist Kampf gegen das
Klischee.

Der Expressionismus hat sich mit dem Leben solidarisch erklärt. Er war groß, wo er die neue Dynamik gegen das
statische Moment erstarrter Kunstformen ausspielen wollte.
Ewig wird er groß bleiben. Und noch im Tode muß der
Wissende neuen Schicksals ihn erwecken; es lebe der Expressionismus: denn er ist Fronde gegen den Tod.

... Dann, freilich, kamen die Theoretiker. Neue Gotik, hieß
es, sei diese große Evolution der Formen. Die Vergangenheit wollte ihr Recht. Neue Ideologie erstand; aus Form
wurde Formel und was Kampf gegen Erstarrtheit sein
wollte, war neuer Kristall geworden. Doktrin; Dogma.

Man muß gegen das expressionistische Dogma sein. Gegen
den deutschen Versuch, der Welt eine neue Weltanschauung
aufzuschwatzen. Gegen das Kunstwartthema; gegen das
Problem der Oberlehrer, die über »Goethe und Alles« hinaus
sind.

Und überhaupt: gegen den jederzeit Auf-der-Höhe-seien-
den Bildungsphilister.

Expressionismus aber kümmert sich nicht um Deutungsmög-
lichkeiten. Er gehört der Welt, die ohne Lüge zu sich selbst
finden will.

V. Zum Dadaismus

HUGO BALL

Manifest zum 1. Dada-Abend in Zürich 1916

Dada ist eine neue Kunstrichtung. Das kann man daran erkennen, daß bisher niemand etwas davon wußte und morgen ganz Zürich davon reden wird. Dada stammt aus dem
Lexikon. Es ist furchtbar einfach. Im Französischen bedeutet es Steckenpferd. Im Deutschen: Addio, steigt mir bitte
den Rücken runter, auf Wiedersehen, ein ander Mal! Im
Rumänischen: »Ja, wahrhaftig, Sie haben Recht, so ist es.
Jawohl, wirklich. Machen wir.« Und so weiter.
Ein internationales Wort. Nur ein Wort und das Wort als
Bewegung. Es ist einfach furchtbar. Wenn man eine Kunstrichtung daraus macht, muß das bedeuten, man will
Komplikationen vorwegnehmen. Dada Psychologie, Dada
Literatur, Dada Bourgeoisie und ihr, verehrteste Dichter,
die ihr immer mit Worten, nie aber das Wort selber gedichtet habt. Dada Weltkrieg und kein Ende, Dada Revolution
und kein Anfang. Dada ihr Freunde und Auchdichter, allerwerteste Evangelisten. Dada Tzara, Dada Huelsenbeck,
Dada m' dada, Dada mhm' dada, Dada Hue, Dada Tza.
Wie erlangt man die ewige Seligkeit? Indem man Dada
sagt. Wie wird man berühmt? Indem man Dada sagt. Mit
edlem Gestus und mit feinem Anstand. Bis zum Irrsinn, bis
zur Bewußtlosigkeit. Wie kann man alles Aalige und Journalige, alles Nette und Adrette, alles Vermoralisierte, Vertierte, Gezierte, abtun? Indem man Dada sagt. Dada ist
die Weltseele, Dada ist der Clou, Dada ist die beste Lilienmilchseife der Welt. Dada Herr Rubiner, Dada Herr Korrodi, Dada Herr Anastasius Lilienstein.
Das heißt auf Deutsch: die Gastfreundschaft der Schweiz ist

über alles zu schätzen, und im Ästhetischen kommt's auf die Norm an.

Ich lese Verse, die nichts weniger vorhaben als: auf die Sprache zu verzichten. Dada Johann Fuchsgang Goethe. Dada Stendhal. Dada Buddha, Dalai Lama, Dada m' dada, Dada m' dada, Dada mhm' dada.

Auf die Verbindung kommt es an, und daß sie vorher ein bißchen unterbrochen wird. Ich will keine Worte, die andere erfunden haben. Alle Worte haben andere erfunden. Ich will meinen eigenen Unfug, und Vokale und Konsonanten dazu, die ihm entsprechen. Wenn eine Schwingung sieben Ellen lang ist, will ich füglich Worte dazu, die sieben Ellen lang sind. Die Worte des Herrn Schulze haben nur zweieinhalb Zentimeter.

Da kann man nun so recht sehen, wie die artikulierte Sprache entsteht. Ich lasse die Laute ganz einfach fallen. Worte tauchen auf, Schultern von Worten; Beine, Arme, Hände von Worten. Au, oi, u. Man soll nicht zuviel Worte aufkommen lassen. Ein Vers ist die Gelegenheit, möglichst ohne Worte und ohne die Sprache auszukommen. Diese vermaledeite Sprache, an der Schmutz klebt wie von Maklerhänden, die die Münzen abgegriffen haben. Das Wort will ich haben, wo es aufhört und wo es anfängt.

Jede Sache hat ihr Wort; da ist das Wort selber zur Sache geworden. Warum kann der Baum nicht Pluplusch heißen, und Pluplubasch, wenn es geregnet hat? Und warum muß er überhaupt etwas heißen? Müssen wir denn überall unseren Mund dran hängen? Das Wort, das Wort, das Weh gerade an diesem Ort, das Wort, meine Herren, ist eine öffentliche Angelegenheit ersten Ranges.

DADAISTISCHES MANIFEST

Die Kunst ist in ihrer Ausführung und Richtung von der Zeit abhängig, in der sie lebt, und die Künstler sind Kreaturen ihrer Epoche. Die höchste Kunst wird diejenige sein, die in ihren Bewußtseinsinhalten die tausendfachen Probleme der Zeit präsentiert, der man anmerkt, daß sie sich von den Explosionen der letzten Woche werfen ließ, die ihre Glieder immer wieder unter dem Stoß des letzten Tages zusammensucht. Die besten und unerhörtesten Künstler werden diejenigen sein, die stündlich die Fetzen ihres Leibes aus dem Wirrsal der Lebenskatarakte zusammenreißen, verbissen in den Intellekt der Zeit, blutend an Händen und Herzen.

Hat der Expressionismus unsere Erwartungen auf eine solche Kunst erfüllt, die eine Ballotage unserer vitalsten Angelegenheiten ist?

NEIN! NEIN! NEIN!

Haben die Expressionisten unsere Erwartungen auf eine Kunst erfüllt, die uns die Essenz des Lebens ins Fleisch brennt?

NEIN! NEIN! NEIN!

Unter dem Vorwand der Verinnerlichung haben sich die Expressionisten in der Literatur und in der Malerei zu einer Generation zusammengeschlossen, die heute schon sehnsüchtig ihre literatur- und kunsthistorische Würdigung erwartet und für eine ehrenvolle Bürger-Anerkennung kandidiert. Unter dem Vorwand, die Seele zu propagieren, haben sie sich im Kampfe gegen den Naturalismus zu den abstrakt-pathetischen Gesten zurückgefunden, die ein inhaltloses, bequemes und unbewegtes Leben zur Voraussetzung haben. Die Bühnen füllen sich mit Königen, Dichtern und faustischen Naturen jeder Art, die Theorie einer melioristischen Weltauffassung, deren kindliche, psychologisch-naivste Manier für eine kritische Ergänzung des Expressionismus signifikant bleiben muß, durchgeistert die tatenlosen Köpfe. Der Haß gegen die Presse, der Haß gegen die Reklame, der Haß gegen die Sensation spricht für Menschen, denen ihr

Sessel wichtiger ist als der Lärm der Straße und die sich einen Vorzug daraus machen, von jedem Winkelschieber übertölpelt zu werden. Jener sentimentale Widerstand gegen die Zeit, die nicht besser und nicht schlechter, nicht reaktionärer und nicht revolutionärer als alle anderen Zeiten ist, jene matte Opposition, die nach Gebeten und Weihrauch schielt, wenn sie es nicht vorzieht, aus attischen Jamben ihre Pappgeschosse zu machen – sie sind Eigenschaften einer Jugend, die es niemals verstanden hat, jung zu sein. Der Expressionismus, der im Ausland gefunden, in Deutschland nach beliebter Manier eine fette Idylle und Erwartung guter Pension geworden ist, hat mit dem Streben tätiger Menschen nichts mehr zu tun. Die Unterzeichner dieses Manifests haben sich unter dem Streitruf

DADA!!!!

zur Propaganda einer Kunst gesammelt, von der sie die Verwirklichung neuer Ideale erwarten. Was ist nun der DADAISMUS?
Das Wort Dada symbolisiert das primitivste Verhältnis zur umgebenden Wirklichkeit, mit dem Dadaismus tritt eine neue Realität in ihre Rechte. Das Leben erscheint als ein simultanes Gewirr von Geräuschen, Farben und geistigen Rhythmen, das in die dadaistische Kunst unbeirrt mit allen sensationellen Schreien und Fiebern seiner verwegenen Alltagspsyche und in seiner gesamten brutalen Realität übernommen wird. Hier ist der scharf markierte Scheideweg, der den Dadaismus von allen bisherigen Kunstrichtungen und vor allem von dem FUTURISMUS trennt, den kürzlich Schwachköpfe als eine neue Auflage impressionistischer Realisierung aufgefaßt haben. Der Dadaismus steht zum erstenmal dem Leben nicht mehr ästhetisch gegenüber, indem er alle Schlagworte von Ethik, Kultur und Innerlichkeit, die nur Mäntel für schwache Muskeln sind, in seine Bestandteile zerfetzt.

Das BRUITISTISCHE GEDICHT

schildert eine Trambahn wie sie ist, die Essenz der Trambahn mit dem Gähnen des Rentiers Schulze und dem Schrei der Bremsen.

Das SIMULTANISTISCHE GEDICHT

lehrt den Sinn des Durcheinanderjagens aller Dinge, während Herr Schulze liest, fährt der Balkanzug über die Brücke bei Nisch, ein Schwein jammert im Keller des Schlächters Nuttke.

Das STATISCHE GEDICHT

macht die Worte zu Individuen, aus den drei Buchstaben Wald, tritt der Wald mit seinen Baumkronen, Försterlivreen und Wildsauen, vielleicht tritt auch eine Pension heraus, vielleicht Bellevue oder Bella vista. Der Dadaismus führt zu unerhörten neuen Möglichkeiten und Ausdrucksformen aller Künste. Er hat den Kubismus zum Tanz auf die Bühne gemacht, er hat die BRUITISTISCHE Musik der Futuristen (deren rein italienische Angelegenheit er nicht verallgemeinern will) in allen Ländern Europas propagiert. Das Wort Dada weist zugleich auf die Internationalität der Bewegung, die an keine Grenzen, Religionen oder Berufe gebunden ist. Dada ist der internationale Ausdruck dieser Zeit, die große Fronde der Kunstbewegungen, der künstlerische Reflex aller dieser Offensiven, Friedenskongresse, Balgereien am Gemüsemarkt, Soupers im Esplanade etc. etc. Dada will die Benutzung des

neuen MATERIALS IN DER MALEREI.

Dada ist ein CLUB, der in Berlin gegründet worden ist, in den man eintreten kann, ohne Verbindlichkeiten zu übernehmen. Hier ist jeder Vorsitzender und jeder kann sein Wort abgeben, wo es sich um künstlerische Dinge handelt.

Dada ist nicht ein Vorwand für den Ehrgeiz einiger Literaten (wie unsere Feinde glauben machen möchten), Dada ist
eine Geistesart, die sich in jedem Gespräch offenbaren kann,
so daß man sagen muß: dieser ist ein DADAIST – jener nicht;
der Club Dada hat deshalb Mitglieder in allen Teilen der
Erde, in Honolulu so gut wie in New-Orleans und Me-
seritz. Dadaist sein kann unter Umständen heißen, mehr
Kaufmann, mehr Parteimann als Künstler sein – nur zu-
fällig Künstler sein – Dadaist sein, heißt, sich von den Dingen werfen lassen, gegen jede Sedimentsbildung sein, ein
Moment auf einem Stuhl gesessen, heißt, das Leben in Gefahr gebracht haben (Mr. Wengs zog schon den Revolver
aus der Hosentasche). Ein Gewebe zerreißt sich unter der
Hand, man sagt ja zu einem Leben, das durch Verneinung
höher will. Ja-sagen – Nein-sagen: das gewaltige Hokus-
pokus des Daseins beschwingt die Nerven des echten Da-
daisten – so liegt er, so jagt er, so radelt er – halb Pan-
tagruel, halb Franziskus und lacht und lacht. Gegen die
ästhetisch-ethische Einstellung! Gegen die blutleere Abstraktion des Expressionismus! Gegen die weltverbessernden
Theorien literarischer Hohlköpfe! Für den Dadaismus in
Wort und Bild, für das dadaistische Geschehen in der Welt.
Gegen dies Manifest sein, heißt Dadaist sein!

Tristan Tzara. Franz Jung. George Grosz. Marcel Janco.
Richard Huelsenbeck. Gerhard Preiß. Raoul Hausmann.

O. Lüthy. Fréderic Glauser. Hugo Ball. Pierre Albert Birot.
Maria d'Arezzo. Gino Cantarelli. Prampolini. R. van Rees.
Madame van Rees. Hans Arp. G. Thäuber. Andrée Moro-
sini. François Mombello-Pasquati.

VI. Diskussionen, Debatten

ERNST BLOCH

Diskussionen über Expressionismus

Trefflich, daß hier Kämpfe wieder beginnen. Vor kurzem schien dies undenkbar, der »Blaue Reiter« war tot. Jetzt melden sich nicht nur Stimmen, die sich seiner mit Achtung erinnern. Fast wichtiger ist, daß sich andere über eine vergangene Bewegung so akut ärgern, als wäre sie eine heutige und stünde ihnen im Weg. Sie ist gewiß keine so heutige, aber hat sie noch nicht ausgelebt?

Einer stellte das so dar, als spuke sie nur in einzelnen älteren Herzen fort. Ehemals waren diese jugendbewegt, nun bekennen sie sich zum klassischen Erbe, leiden aber noch an gewissen Resten. Ziegler (im »Wort«, Moskau, 1937, Heft 9[1]) sieht einen besonders prägnant erscheinenden Expressionisten – Benn – im Fascismus enden und schließt daraus: »Dieses Ende ist gesetzmäßig.« Die übrigen Expressionisten wären nur nicht konsequent genug, es zu finden; heute ließe sich klar erkennen, wes Geistes Kind der Expressionismus war, und wohin dieser Geist, ganz befolgt, führe: in den Faschismus.« Danach wäre also der neuerweckte Ärger an den Expressionisten nicht nur ein privater, sondern ein kulturpolitischer, antifascistischer: die »Menschheitsdämmerung« von ehemals war eine – Prämisse Hitlers. Hier passierte nur Ziegler (er heißt in Wahrheit Alfred Kurella und blieb so erhalten) das Mißgeschick, daß Hitler einige Wochen, bevor Zieglers Ahnenforschung veröffentlicht wurde, in seiner Münchner Rede und Ausstellung

1. Bernhard Ziegler: »Nun ist dies Erbe zuende . . .«, wiederabgedruckt in: Die Expressionismusdebatte. Materialien zu einer marxistischen Realismuskonzeption. Hrsg. von Hans-Jürgen Schmitt. Frankfurt a. M. 1973. (edition suhrkamp 646.) S. 50–60.

die Prämisse gar nicht wiedererkannte. Im Gegenteil, wie
bekannt: rascher und sinnfälliger wurde eine falsche Her-
leitung, ein eilig negatives Werturteil selten ad absurdum
geführt.

Wurde es auch grundsätzlich, das heißt auf eine uns angemessene Weise ad absurdum geführt? Die Übereinstimmung,
in der sich Ziegler, zu seinem Schreck, mit Hitler fand, ist
gewiß tödlich, aber der Betrüger in München hätte ja einen
Grund dafür haben können (man sieht freilich nicht, welchen), die Spuren des Fascismus zu verwischen. Um die
grundsätzliche Frage daher zu klären, ist es angezeigt, den
chronologischen Unfall des Ziegler-Artikels, aber auch den
Artikel selbst nicht einzeln zu pointieren, sondern jene
»Vorarbeit« des Ganzen aufzusuchen, auf die Leschnitzer in
seinem lyrischen Diskussionsbeitrag bereits hingewiesen hat.
Wir meinen also den vier Jahre alten Aufsatz von Lukács:
»›Größe und Verfall‹ des Expressionismus« (Internationale
Literatur, 1934, Heft 1, wiederabgedruckt in »Schicksals-
wende«, Aufbau-Verlag, 1948, S. 180–235); darin ist das
Konzept für die neueste Grabrede auf den Expressionismus.
Wir beziehen uns in folgendem wesentlich auf diesen Aufsatz; denn er liegt den Beiträgen Zieglers, auch Leschnit-
zers gedanklich zugrunde. Lukács ist zwar in den Schluß-
formulierungen bedeutend vorsichtiger, er betont, daß die
bewußten Tendenzen des Expressionismus keine fascisti-
schen waren, daß er schließlich »nur als untergeordnetes
Moment in die fascistische ›Synthese‹ einverleibt werden«
konnte. Aber das Fazit bemerkt trotzdem, daß »die Fa-
schisten – mit einem gewissen Recht – im Expressionismus
ein für sie brauchbares Erbe erblicken«. Goebbels findet
hier für das Seine »gesunde Ansätze«, denn »der Expressionismus als schriftstellerische Ausdrucksform des entwik-
kelten Imperialismus (!) beruht auf einer irrationalistisch-
mythologischen Grundlage; seine schöpferische Methode geht
in die Richtung des pathetisch-leeren, deklamatorischen Ma-
nifestes, der Proklamierung eines Scheinaktivismus ... Die

Expressionisten wollten zweifellos alles eher als einen Rückschritt. Da sie sich aber weltanschaulich nicht vom Boden des imperialistischen Parasitismus loslösen konnten, da sie den ideologischen Verfall der imperialistischen Bourgeoisie kritiklos und widerstandslos mitmachten, ja zeitweilig seine Pioniere waren, muß ihre schöpferische Methode nicht entstellt werden, wenn sie in den Dienst der faschistischen Demagogie, der Einheit von Verfall und Rückschritt gepreßt wird.« Man erkennt: die Auffassung, daß Expressionismus und Fascismus Kinder des gleichen Geistes seien, hat hier ihren grundsätzlichen Ausgangspunkt. Auch ist die Antithese: Expressionismus und – sage man – klassisches Erbe bei Lukács genau so starr wie bei Ziegler, nur besteht sie weniger aus Feuilletoneifer, ist begrifflich fundiert.

Freilich nicht ebenso sachlich, dem Stoff nach; hier liegt manches im argen. Wer Lukács' Aufsatz zur Hand nimmt (was sehr ratsam, das Original lehrt immer am besten), der merkt zunächst, daß in keiner Zeile ein expressionistischer Maler vorkommt. Marc, Klee, Kokoschka, Nolde, Kandinsky, Grosz, Dix, Chagall sind nicht vorhanden (um von musikalischen Parallelen, vom damaligen Schönberg zu schweigen). Das überrascht desto mehr, als nicht nur die Zusammenhänge zwischen Malerei und Literatur damals die engsten waren, sondern die expressionistischen Bilder viel bezeichnender für die Bewegung sind als die Literatur. Zudem hätte sie eine wünschenswerte Erschwerung des vernichtenden Urteils abgegeben, denn einige dieser Bilder bleiben dauernd bedeutsam und groß. Aber auch die literarischen Gebilde sind weder in einer quantitativ noch qualitativ zureichenden Weise beachtet; der Kritiker begnügt sich mit einer sehr geringen, wenig charakteristischen »Auswahl«. Gänzlich fehlen Trakl, Heym, Else Lasker-Schüler; der frühe Werfel wird nur hinsichtlich des pazifistischen Tenors weniger Verszeilen zur Kenntnis genommen, ebenso Ehrenstein und Hasenclever. Während von den frühen, oft bedeutenden Gedichten Johannes R. Bechers nur versichert

wird, daß es dem Autor gelungen sei, die expressionistische
Methode »allmählich wegzuwerfen«, werden Auchdichter
wie Ludwig Rubiner durchaus zitiert, jedoch wiederum nur
zu dem Zweck, um an ihnen zu erhärten, was – abstrakter
Pazifismus sei. Hier tritt bezeichnenderweise auch ein Zitat
aus René Schickele an, obwohl Schickele niemals ein Expressionist war, sondern eben nur ein abstrakter Pazifist (wie
damals viele brave Dichter und Männer, Hermann Hesse,
Stefan Zweig dazu). Was aber ist nun das Material, an dem
Lukács seine Expressionismus-Auffassung kenntlich macht?
Es sind Vorworte oder Nachworte zu Anthologien, »Einlei-
tungen« von Pinthus, Zeitschrift-Artikel von Leonhard, Rubiner, Hiller und dergleichen mehr. Es ist derart nicht die
Sache selbst, mit ihrem konkreten Eindruck an Ort und
Stelle, mit ihrer nachzuerfahrenden Wirklichkeit, sondern
das Material ist schon selber ein indirektes, ist Literatur
über den Expressionismus, die nochmals literarisiert, theore-
tisiert und kritisiert wird. Gewiß zum Zweck, »die gesellschaftliche Basis und die aus ihr entspringenden weltanschaulichen Voraussetzungen dieser Bewegung« klarzustel-
len, aber mit der methodischen Begrenztheit, daß ein Begriff
von Begriffen, ein Essay über Essays und Minderes gegeben
wird. Von daher auch die fast ausschließliche Kritik bloßer
expressionistischer Tendenzen und Programme (meist solcher,
die erst die Literatoren der Bewegung formuliert, wo nicht
hineingetragen haben). Sehr viele richtige und feine Konsta-
tierungen finden sich in diesem Zusammenhang; Lukács
charakterisiert den Abstraktpazifismus, den Boheme-Begriff
der »Bürgerlichkeit«, den »Fluchtcharakter«, die »Fluchtideo-
logie«, dann wieder die bloß subjektive Revolte im Expressionismus, auch die abstrakte Mystifizierung des »Wesens«
der expressionistisch dargestellten Dinge. Aber bereits die
subjektive Revolte dieser Bewegung ist kaum genügend erfaßt, wenn Lukács – an Hand der »Vorworte« – lediglich
die »fanfarenhafte Überheblichkeit«, die »blecherne Monumentalität« ankreidet. Wenn er inhaltlich lediglich »klein-

bürgerliche Ratlosigkeit und Verlorenheit im Getriebe des
Kapitalismus« vorfindet, »das ohnmächtige Aufbegehren
des Kleinbürgers gegen sein Zermürbt- und Zertretenwer-
den durch den Kapitalismus«. Wäre selbst nichts sonst zum
Vorschein gekommen, hätten die Expressionisten während
des Weltkriegs wirklich nichts anderes zu melden gehabt
als Frieden, Ende der Tyrannei, so wäre das noch kein
Grund, ihren Kampf, wie Lukács tut, als bloßen Schein-
kampf zu bezeichnen, ja ihm zu attestieren, daß er eine
bloße »pseudokritische, abstrakt-verzerrende, mythisierende
Wesensart der *imperialistischen* (von mir hervorgehoben,
E. B.) Scheinoppositionen« darstellte. Es ist wahr, Werfel
und andere seiner Art haben ihren Abstraktpazifismus *nach*
Kriegsende zu einer Kindertrompete verwandelt; die Parole »Gewaltlosigkeit« wurde dadurch, der neuen Lage, der
Revolution gegenüber, zu einer objektiv gegenrevolutionä-
ren. Aber das hebt den Umstand nicht auf, daß diese Parole *während des Krieges selbst* und vor seiner möglichen
Umwandlung in den Bürgerkrieg eine durchaus revolutionäre, auch objektiv-revolutionäre war, daß sie von den
Durchhaltepolitikern auch so verstanden worden ist. Übrigens
haben viele Expressionisten auch der »bewaffneten Güte«
ein Wort gesungen, der Peitsche Christi, die die Wechsler
aus dem Tempel trieb; so völlig begriffslos war diese Menschenliebe nicht. Gar die Mitteilung, daß der Expressionismus den »gemeinsamen weltanschaulichen Boden des deutschen Imperialismus« nicht verlassen habe, daß er infolgedessen dem Imperialismus durch bloße »apologetische
Kritik« auch noch genützt habe, ist nicht nur einseitig und
schief, sondern gibt überdimensioniert schief ein Schulbei-
spiel für den banalen, gerade von Lukács bekämpften So-
ziologismus und Schematismus. Doch wie gesagt, das von
Lukács fast einzig Zitierte gehörte gar nicht zum *gestalten-
den* Expressionismus, wie er uns als Phänomen doch einzig
interessiert. Es gehört wesentlich zum »Ziel-Jahrbuch« und
ähnlicher mit Recht verschollener Diatribe, (wenn diese auch,

unter Führung von Heinrich Mann, keineswegs imperiali-
sierte). Aber in den nach wie vor rätselhaften Subjektaus-
brüchen, in den archaisch-utopischen Hypostasen der damaligen Kunst ist, wie nicht erst versichert zu werden
braucht, auch bedeutend mehr als die »USP-Ideologie« an-
zutreffen, auf die Lukács den Expressionismus zudem redu-
zieren möchte. Subjektausbrüche ins nur Gegenstandslose
sind zwar zweifellos noch bedenklicher, als sie rätselhaft
sind; ihr Material aber ist durch bloße »kleinbürgerliche
Ratlosigkeit und Verlorenheit« kaum genügend umschrie-
ben. Es ist ein anderes Material, zum Teil aus archaischen
Bildern, zum Teil aber auch aus revolutionärer Phantasie,
aus kritischer und häufig konkreter. Wer Ohren gehabt
hätte zu hören, hätte in diesen Ausbrüchen ein revolutionär Produktives wahrnehmen können, auch wenn es un-
geregelt und ohne Obhut war. Auch wenn es noch soviel
»klassisches Erbe«, das heißt zur damaligen Zeit: klassischen
Schlendrian »zersetzt« hat. Dauernder Neuklassizismus oder
der Glaube, daß alles, was nach Homeros und Goethe hervorgebracht wurde, unrespektabel sei, wenn es nicht nach
deren Vorbild, vielmehr der Abstraktion daraus gemacht
sei, dieses ist allerdings keine Warte, um die Kunst der vor-
letzten Avantgarde zu beurteilen und in ihr nach dem
Rechten zu sehen.
Was überhaupt wird, bei solcher Haltung, an neueren künstlerischen Versuchen nicht abgekanzelt? Sie werden ohne
weiteres der kapitalistischen Fäulnis zugeordnet und das
nicht nur, wie selbstverständlich, zu einem bestimmten Teil,
sondern hundertprozentig, in Bausch und Bogen. Avantgarde innerhalb der spätkapitalistischen Gesellschaft gibt es
dann nicht, antizipierende Bewegungen im Überbau sollen
nicht wahr sein. So will es eine Schwarz-Weiß-Zeichnung,
die den wirklichen Umständen schwerlich gerecht wird, den
propagandistischen erst recht nicht. Sie rechnet fast alle
Oppositionen gegen die herrschende Klasse, die nicht von
vornherein kommunistisch sind, der herrschenden Klasse zu.

Sie rechnet sie auch dann zu, wenn die Opposition, wie
Lukács im Fall Expressionismus konsequenzlos eingesteht,
subjektiv gutwillig war und den Tendenzen des späteren
Fascismus entgegengesetzt fühlte, malte, schrieb. Im Zeitalter der Volksfront scheint eine Fortsetzung dieser Schwarz-
Weiß-Technik weniger als je angebracht; sie ist mechanisch,
nicht dialektisch. Der gesamten Abkanzlung und schlechthin negativistischen Kritik liegt die Theorie zugrunde, daß
seit der Beendigung des Weges Hegel–Feuerbach–Marx von
der Bourgeoisie überhaupt nichts mehr zu lernen sei, außer
Technik und gegebenenfalls Naturwissenschaft; alles andere
sei bestenfalls »soziologisch« interessant. Daher werden
selbst so eigentümliche und bisher unerhörte Erscheinungen
wie der Expressionismus von vornherein als pseudo-revolu-
tionär gerichtet. Daher werden den Nazis die Expressionisten als Vorläufer zugebilligt, ja zugetrieben, Streichers
Ahnentafel sieht sich völlig unwahrscheinlich, höchst ver-
wirrend aufgebessert. Ziegler gar machte eine Klimax aus
Namen, die durch Abgründe voneinander getrennt sind, er
trennt sie aber nur durch Kommata und setzt hintereinan-
der, als Brüder des gleichen »nagenden« Geistes: »Bachofen,
Rhode, Burckhardt, Nietzsche, Chamberlain, Bäumler, Ro-
senberg«. Lukács bezweifelt aus den angegebenen Gründen
jetzt selbst an Cézanne die malerische Substanz, und von
den großen Impressionisten insgesamt (also nicht nur von
den Expressionisten) spricht Lukács wie vom Untergang
des Abendlandes. Er läßt in seinem Aufsatz nichts von
ihnen übrig als »die Inhaltsleere ... die in der Häufung
wesenloser, nur subjektiv bedeutsamer Oberflächenzüge
künstlerisch zum Vorschein kommt«. Riesig steigt dagegen
der Klassizismus auf, bei Ziegler sogar die Winckelmann-
Antike, die edle Einfalt, stille Größe, die Kultur des unzerfallenen Bürgertums, die Welt vor hundert und noch
mehr Jahren; sie allein sei das Erbe. Gegen solche Simplifi-
zierung darf wohl daran erinnert werden, daß die Zeit des
Klassizismus nicht nur die Zeit des aufsteigenden deutschen

Bürgertums war, sondern auch der Heiligen Allianz; daß
Säulenklassizismus, der »strenge« Herrenhaus-Stil dieser
Reaktion Rechnung tragen; daß selbst die Winckelmann-
Antike keineswegs ohne feudale Gelassenheit ist. Es ist
wahr: die laudatores temporis acti halten bei Homeros und
Goethe nicht ausschließlich an. Lukács verehrt Balzac aufs
höchste, macht Heine als nationalen Dichter kenntlich und
ist gegebenenfalls von Klassik so fern, daß er Mörike, der
allen Freunden früherer Dichtung als einer der echtesten
deutschen Lyriker gilt, im Heine-Aufsatz einen »niedlichen
Zwerg« genannt hat. Überall sonst aber ist hier Klassik das
Gesunde, Romantik das Kranke, Expressionismus das Aller-
kränkste, und dieses nicht nur wegen des chronologischen
Decrescendo dieser Gebilde, sondern freilich auch – wie
Lukács mit geradezu romantischer Beschwörung geschlosse-
ner Zeiten betont – wegen des schön Geschwungenen und
Ebenmaßes, wegen des *unzerfallenen objektiven Realismus,*
der der Klassik eignet. Es ist hier nicht der Ort, auf diesen
Punkt einzugehen; gerade wegen seiner Wichtigkeit erfor-
derte er die gründlichste Behandlung, doch müßten dazu alle
Probleme der dialektisch-materialistischen Abbildlehre zur
Sprache kommen. Hier nur soviel: Lukács setzt überall eine
geschlossen zusammenhängende Wirklichkeit voraus, dazu
eine, in der zwar der subjektive Faktor des Idealismus keinen Platz hat, dafür aber die ununterbrochene »Totalität«,
die in idealistischen Systemen, und so auch in denen der
klassischen deutschen Philosophie, am besten gediehen ist.
Ob das Realität ist, steht zur Frage; wenn sie es ist, dann
sind allerdings die expressionistischen Zerbrechungs- und
Interpolationsversuche, ebenso die neueren Intermittierungs-
und Montageversuche, leeres Spiel. Aber vielleicht ist Lukács' Realität, die des unendlich vermittelten Totalitäts-
zusammenhangs, gar nicht so – objektiv; vielleicht enthält
Lukács' Realitätsbegriff selber noch klassisch-systemhafte
Züge; vielleicht ist die echte Wirklichkeit auch – Unterbre-
chung. Weil Lukács einen objektivistisch-geschlossenen Reali-

tätsbegriff hat, darum wendet er sich, bei Gelegenheit des Expressionismus, gegen jeden künstlerischen Versuch, ein Weltbild zu zerfällen (auch wenn das Weltbild das des Kapitalismus ist). Darum sieht er in einer Kunst, die *reale* Zersetzungen des Oberflächenzusammenhangs auswertet und Neues in den Hohlräumen zu entdecken versucht, selbst nur subjektivistische Zersetzung; darum setzt er das Experiment des Zerfällens mit dem Zustand des Verfalls gleich.

An dieser Stelle läßt, zuguterletzt, sogar der Scharfsinn nach. Zweifellos haben die Expressionisten den spätbürgerlichen Verfall benutzt und sogar weitergetrieben. Lukács nimmt ihnen übel, daß »sie den ideologischen Verfall der imperialistischen Bourgeoisie kritiklos und widerstandslos mitmachten, ja zeitweilig seine Pioniere waren«. Aber erstens stimmt das sehr wenig, was den flachen Sinn des »Mitmachens« angeht; Lukács selbst erkennt den Expressionismus an als einen »ideologisch nicht unwesentlichen Bestandteil der deutschen Antikriegsbewegung«. Sodann aber, was das »Mitmachen« im produktiven Sinn angeht, das eigentliche Weitertreiben des *kulturellen* Verfalls: gibt es zwischen Verfall und Aufgang keine dialektischen Beziehungen? Gehört selbst das Verworrene, Unreife und Unverständliche ohne weiteres, in allen Fällen, zur bürgerlichen Dekadenz? Kann es nicht auch – entgegen dieser simplistischen, sicher nicht revolutionären Meinung – zum Übergang aus der alten in die neue Welt gehören? Mindestens zum Ringen um diesen Übergang; wobei lediglich immanent-konkrete Kritik, aber keine aus allwissenden Vor-Urteilen weiterhelfen kann. Die Expressionisten waren »Pioniere« des Zerfalls: wäre es besser, wenn sie Ärzte am Krankenbett des Kapitalismus hätten sein wollen? Wenn sie den Oberflächenzusammenhang wieder geflickt hätten (etwa im Sinn der neuen Sachlichkeit oder des Neuklassizismus), statt ihn immer weiter aufzureißen? Ziegler wirft den Expressionisten sogar »Zersetzung der Zersetzung« vor, also ein doppeltes Minus, ohne in seinem Haß zu bedenken, daß daraus gemeinhin ein Plus wird; für den Niedergang des Klassizismus hat er überhaupt keinen Sinn. Erst recht keinen für die seltsamsten Inhalte, die gerade im Einsturz der Oberflächenwelt sichtbar wurden, und für das Problem der Montage. Ihm ist das alles »kläglich geleimtes Gerümpel«, und eines, das er den Fascisten nachträgt, obwohl sie es gar nicht haben wollen und ganz seiner Meinung sind. Der Expressionismus hatte gerade in dem Bedeutung, worin ihn Ziegler verurteilt: er hat den Schlendrian und Akademismus zersetzt, zu dem die »Kunstwerke« verkommen waren. Er hat statt der ewigen »Formanalyse« am objet d'art auf den Menschen und seinen Inhalt verwiesen, der zum möglichst echten Ausdruck drängt. Daß sich Schwindler gerade dieser ungesicherten und leicht imitierbaren Direktheit bemächtigt haben, daß die allzu subjektivistischen Durchbruchs- und Ahnungsinhalte nicht immer, ja sogar selten, kanonisch waren, unterliegt keinem Zweifel. Aber eine gerechte und sachliche Wertung muß sich an die wirklichen Expressionisten halten und nicht, der leichteren Kritik zuliebe, an Zerrbilder oder gar nur an die Zerrbilder der eigenen Erinnerung. Der Expressionismus war als Erscheinung bisher unerhört, aber er fühlte sich durchaus nicht traditionslos; im Gegenteil, er suchte, wie der »Blaue Reiter« beweist, durchaus seine Zeugen in der Vergangenheit, er glaubte Korrespondenzen bei Grünewald, in der Primitive, sogar im Barock zu treffen, er betonte eher zu viel Korrespondenzen als zu wenig. Er sah literarische Vorgänger im Sturm und Drang, hochverehrte Vorbilder in den Visionsgebilden des jungen und des greisen Goethe, in »Wanderers Sturmlied«, der »Harzreise im Winter«, in »Pandora« und dem späten Faust. Der Expressionismus hatte auch gar keinen volksfremden Hochmut, wieder im Gegenteil: der »Blaue Reiter« bildete murnauer Glasbilder ab, er öffnete zuerst den Blick auf diese rührende und unheimliche Bauernkunst, auf Kinder- und Gefangenenzeichnungen, auf die erschütternden Dokumente der Geisteskranken, auf die Kunst der Primitive. Er pointierte die nordische Ornamentik, das heißt das wild verschlungene Schnitzwerk, wie es sich auf Bauernstühlen und Bauerntruhen bis ins achtzehnte Jahrhundert erhalten hat, als ersten »organisch-psychischen Stil«. Er pointierte dies Wesen als geheime Gotik und setzte es dem menschenleeren, dem kristallinischen Herren-Stil Ägyptens und gar des Klassizismus entgegen. Daß der kunstwissenschaftliche Fachausdruck »nordische Ornamentik«, ja selbst die Feierlichkeit, womit dies Wesen expressionistisch begrüßt worden ist, nichts mit Rosenbergs Nordschwindel gemein hat und nicht seine »Anfänge« darstellt, braucht kaum versichert zu werden. Um so weniger, als die nordische Schnitzkunst voll von orientalischen Einflüssen ist; der Teppich, das »Liniengeschöpf« der Ornamentik überhaupt, war dem Expressionismus ein anderer Zuschuß. Und eben noch eines, das Wichtigste: der Expressionismus war bei aller Lust an »Barbarenkunst« aufs Humane gezielt, er umkreiste fast ausschließlich Menschliches und die Ausdrucksform seines Inkognito. Davon zeugen, vom Pazifismus ganz abgesehen, selbst noch die expressionistischen Karikaturen und Industrialisierungen; das Wort »Mensch« wurde damals genau so häufig gebraucht wie heute von den Nazis sein Gegenteil: die schöne Bestie. Es wurde auch mißbraucht, da gab es auf Schritt und Tritt »entschlossene Menschlichkeit«, die Anthologien hießen »Menschheitsdämmerung« oder »Kameraden der Menschheit« – lauter verblasene Kategorien, aber zuverlässig keine vorfascistischen. Der echtrevolutionäre, materialistisch klare Humanismus hat allen Grund, diese verblasenen Kategorien abzulehnen, niemand verlangt auch, daß er den Expressionismus als Muster oder seinerseits als »Vorläufer« nimmt. Aber es besteht ebensowenig Anlaß, ein neuklassizistisches Interesse durch verjährten Kampf mit entwertetem Expressionismus interessant zu machen. Was kein Vorläufer ist, kann deshalb – in seinem Ausdruckswillen und seiner Zwischenzeiten-Existenz – jungen Künstlern dennoch näherstehen als ein dreifach epigonaler Klassizismus, der sich auch noch »sozialistischer Realismus« nennt und so administriert wird. Erstickend wird das der Bild-, Bau-, Schreibkunst der Revolution aufgesetzt und ist kein griechisch Vasenbild dabei, sondern der spätere Becher als roter Wildenbruch und Zieglerisches als das Wahre, Gute, Schöne. So irreal wie möglich wird eine untergehende Welt aus Scherben-Ineinander, eine aufgehende aus Tendenz und Experiment mit falschem Formmaß von gestern »abgebildet«. Selbst echterer Klassizismus ist wohl Kultur, aber abgezogen, abstrakt-gebildet gewordene; er ist Kultur, gesehen durch kein Temperament.

Immerhin regt die frühere Glut, auch als solche, noch auf. Ist also der Expressionismus noch nicht verjährt, hat er noch nicht ausgelebt? Mit dieser Frage wäre man, fast unfreiwillig, an den Anfang unserer Betrachtungen zurückgekehrt. Die ärgerlichen Stimmen reichen gewiß noch nicht zur Bejahung aus, auch Zieglers drei andere Probleme am Schluß seines Artikels verbreiten hierüber kein Licht. Ziegler fragt zum Zweck einer anti-expressionistischen Selbstprüfung erstens: »Die Antike: ›Edle Einfalt und stille Größe‹ – sehen wir sie so?« Zweitens: »Der Formalismus: Hauptfeind einer Literatur, die wirklich zu großen Höhen strebt – sind wir damit einverstanden?« Drittens: »Volksnähe und Volkstümlichkeit: die Grundkriterien jeder wahrhaft großen Kunst – bejahen wir das unbedingt?« Es ist klar, daß auch derjenige, der diese Fragen verneint, erst recht der andere, der sie als unrichtig gestellt ansieht, deshalb noch keine »Reste des Expressionismus« in sich bergen muß. Hitler – diese Erinnerung läßt sich bei so summarisch gestellten Fragen leider nicht vermeiden – Hitler hat ja die erste und dritte Frage bereits vorbehaltlos bejaht und ist trotzdem nicht unser Mann. Aber lassen wir die »edle Einfalt und stille Größe«, eine rein historisch-kontemplative Frage und eine kontemplative Haltung vor Historischem. Bleiben wir bei den Fragen »Formalismus« und

«Volksnähe«, so unscharf diese Probleme im vorliegenden Zusammenhang auch gestellt sein mögen. Zuverlässig aber ist Formalismus der geringste Fehler der expressionistischen Kunst gewesen (die man nicht mit der kubistischen verwechseln darf). Sie litt eher an zu wenig Formung, an einer roh oder wild oder durcheinander hinausgeschleuderten Ausdrucksfülle; das Ungestaltete war ihr Stigma. Dafür freilich auch die Volksnähe, die Folklore: ganz im Gegensatz also zu der Meinung Zieglers, der sich Winckelmanns Antike und den Akademismus, der aus ihr gezogen wurde, als eine Art Naturrecht in der Kunst vorstellte. Volkstümlich im schlechten Sinn ist freilich auch der Kitsch; der Bauer des neunzehnten Jahrhunderts vertauschte seinen gemalten Schrank gegen ein Fabrik-Vertiko, die uraltbunten Glasbilder gegen einen Öldruck, und hielt sich für arriviert. Aber diese übelsten Früchte der Kapitalisierung wird man kaum als volkhaft ansprechen wollen; sie sind erweisbar auf anderem Boden gewachsen und verschwinden mit ihm. Nicht so sicher ist der Neuklassizismus ein Gegenmittel gegen den Kitsch und ein Element wirklicher Volksnähe; dafür ist er selber viel zu sehr das »Höhere«, das unecht Aufgesetzte. Wogegen die Expressionisten allerdings, wie schon bemerkt, auf Volkskunst durchaus zurückgingen, Folklore liebten und ehrten, ja malerisch zuerst entdeckt haben. Besonders Maler aus Völkern von junger Selbständigkeit, tschechische, lettische, jugoslawische Maler fanden um 1918 im Expressionismus eine Ausdrucksweise, die ihrer heimischen Folklore bezeichnend näher lag als die meisten Kunststile bisher (vom Akademismus zu schweigen). Und wenn expressionistische Kunst in vielen Fällen (nicht in allen, man denke an Grosz oder Dix oder auch den jungen Brecht) dem Betrachter unverständlich blieb, so kann das bedeuten, daß Angestrebtes nicht erreicht wurde, es kann aber auch bedeuten, daß der Betrachter weder die Auffassungsgabe unverbildeten Volks noch die Aufgeschlossenheit entgegenbringt, die für das Verständnis jeder neuen Kunst unent-

behrlich ist. Ist der Wille des Künstlers für Ziegler maßgeblich, so war der Expressionismus geradezu ein Durchbruch zur Volksnähe. Ist die erreichte Leistung maßgeblich,
so darf Verständnis nicht für jedes einzelne Stadium des
Prozesses verlangt werden: Picasso malte als erster »geleimtes Gerümpel«, zum Entsetzen sogar des gebildeten
Volks; oder sehr viel weiter herab: Heartfields satirische
Photoklebebilder waren so volksnah, daß mancher Gebildete nichts von Montage wissen will. Und wenn der Expressionismus heute noch zu Erregungen Anlaß gibt, jedenfalls nicht undiskutabel geworden ist, dann scheint auch die
»USP-Ideologie«, die heute zuverlässig ohne Unterbau ist,
nicht die einzige im Expressionismus gewesen zu sein. Seine
Probleme bleiben so lange denkwürdig, bis sie durch bessere
Lösungen, als es die expressionistischen waren, aufgehoben
sind. Eine Abstraktion jedoch, die die letzten Jahrzehnte
unserer Kulturgeschichte überschlagen möchte, sofern sie
keine rein proletarische ist, gibt diese besseren Lösungen
kaum. Das Erbe des Expressionismus ist noch nicht zu
Ende, denn es wurde noch gar nicht damit angefangen.

BERNHARD ZIEGLER[1]

»Schlußwort«

Es wäre äußerst wichtig, zu untersuchen, in welchen Beziehungen der Expressionismus zu den vor ihm liegenden
und nach ihm kommenden Stilarten steht und welche Wandlungen er selbst durchgemacht hat. Das Studium der Übergänge würde (zumal am Beispiel von Künstlern, die solche
Übergänge selbst mitgemacht haben) viele wichtige Auf-
schlüsse geben.

1. Vgl. hierzu auch S. 241, Anm. 1.

Aber nicht aus diesen Beziehungen allein, nicht aus rein künstlerischen Reaktionen ist das Wesen aller dieser Stilarten und ihrer Wandlungen zu begreifen. Die Kontinuität des vielfachen und schnellen Wechsels, seine eigentliche Gesetzmäßigkeit ist nur zu verstehen, wenn man die gesamte gesellschaftliche Entwicklung der betreffenden Periode, von den Produktionsverhältnissen bis zu den verschiedenen anderen Ideologien betrachtet, und die Erscheinungen des Kunstlebens ständig auf ihre Beziehungen zu anderen Faktoren der gesellschaftlichen Entwicklung hin untersucht.

Diesen Versuch hat Georg Lukács in seinem Aufsatz von 1934 unternommen (ich muß nebenbei zu meiner Schande und zur Enttäuschung Ernst Blochs gestehen, daß ich diesen Aufsatz noch nicht gelesen hatte, als ich meinen Benn-Artikel schrieb. Ernst Bloch überschätzt da unsere praktische Zusammenarbeit und Arbeitsteilung und unterschätzt unsere grundsätzliche theoretische Übereinstimmung). Lukács hat diesen Versuch in seinem Beitrag zu unserer Diskussion ergänzt.

Bei einer solchen Betrachtungsweise rücken nun die scheinbar so feindlichen und angeblich im Gegensatz zueinander entstandenen Stilarten vom Impressionismus bis zur Neuen Sachlichkeit nahe zusammen. Sie stellen sich dar als eine fortlaufende, in äußerlichen Widersprüchen vor sich gehende künstlerische Widerspiegelung einer sich auch auf vielen anderen Gebieten äußernden Entwicklungsperiode der spätbürgerlichen Gesellschaft, über deren Rahmen sie nicht hinausgehen.

Hier, in diesem gemeinsamen Merkmal einer Widerspiegelung von Vorgängen innerhalb der bürgerlichen Gesellschaft, die in dieser Etappe sehr heftige Erschütterungen erlebte, ihrem Klasseninhalt nach aber gleich blieb, liegt die Kontinuität des Expressionismus mit seinen Vorgängern und Nachfolgern. Seine Theorie und Praxis, seine eigenen inneren Widersprüche, die Wandlung, die er selbst durchmacht, sein Entstehen und sein Vergehen sind nur im Zusammenhang mit den gleichzeitigen Vorgängen in den anderen Sphären des gesellschaftlichen Lebens zu erkennen. Daß dem einzelnen Expressionisten nicht alle Großväter und Väter seiner Gedanken und Gefühle bekannt waren, daß er seinerzeit die Zusammengehörigkeit seiner ästhetischen Anschauungen mit politischen, philosophischen und anderen Strömungen der Zeit nicht erkannt hat und auch heute noch nicht recht erkennen will (Wangenheim spricht davon im Zusammenhang mit der Darstellung von Lukács) besagt nichts. Eine gesellschaftliche Ideologie setzt sich nicht auf die Weise durch, daß jeder Mensch der Epoche alle Bücher liest, alle Bilder betrachtet, alle Versammlungsreden anhört, in denen Philosophen, Künstler und Politiker diese Ideologie in eine Form gebracht haben. Der Vorgang ist einfacher und komplizierter zugleich und derselbe gesellschaftliche Inhalt kommt dabei in den verschiedenen Sphären der Ideologie und innerhalb ihrer wieder in den verschiedenen Individuen in sehr verschiedener, voneinander abweichender Weise zum Ausdruck. Das Gemeinsame und die allgemeine Gesetzlichkeit bei diesen Prozessen herauszufinden, ist Aufgabe der Wissenschaft. Diese Arbeit ist hinsichtlich des Expressionismus und der gesamten modernen Kunstentwicklung bisher kaum in Angriff genommen. Aber angesichts solcher Untersuchungen, wie sie die Arbeiten Lukács' darstellen, verlieren jedenfalls solche Versuche, kontinuierliche Beziehungen des Expressionismus zu anderen Kunsterscheinungen aufzuzeigen, wie sie in verschiedenen Beiträgen der Diskussion vorliegen, jede Beweiskraft zugunsten des Expressionismus.

In einem Punkte herrscht, scheint es, völlige Übereinstimmung: darin, daß eine der Hauptleistungen des Expressionismus auf dem Gebiete der Auflösung, der Zerstörung zu suchen ist. Nur darüber gehen die Meinungen auseinander, ob es *die* Hauptleistung war und gegen wen oder was sich seine auflösenden, zerstörenden Tendenzen richteten. [...]

War der Expressionismus in seinem Zerstörungsdrang weder eigentlich initiativ noch originell, sondern bestenfalls Ausführer und Vertiefer von Zerstörungstendenzen, die aus einer anderen Richtung kamen, ging er also damit nicht über den Rahmen der bürgerlichen Gesellschaft hinaus, so blieb er mit seiner Formulierung des Erbproblems vollends in ihr stecken. Er hat die ungeheuer angewachsene Erbmasse in einer Weise »geordnet«, daß der schöpferische Künstler nichts mehr mit ihr anfangen konnte. Wenn die moderne Kunst in ihrer expressionistischen Periode sich ganz besonders unfähig gezeigt hat, gegenüber der Überfülle auf uns eindringender Kunstwerke aller Völker, Zeiten und Stilarten einen starken überzeugenden eigenen Ausdruck zu finden; wenn sie aus dieser Erbmasse gerade das machte, was Bloch dem 19. Jahrhundert vorwirft: einen Formenschatz, aus dem man sich etwas abgückte oder zu Montagezwecken herausnahm – so ist daran eben das expressionistische Auswahl- und Ordnungsprinzip schuld: der willkürlich erweiterte Kunstbegriff, dessen Herkunft Lukács deutlich gezeigt hat. [...]

Der Beweis, daß im Expressionismus über seine zerstörende Grundhaltung hinaus wesentliche und fortschrittliche Ansätze zu einem positiven Neuen enthalten gewesen seien, das dem Sozialismus zuzuordnen wäre, scheint mir mißlungen. Daß der einzelne Expressionist in seinem »dunklen Drange« etwas anderes meinte und wollte, als er geschaffen hat – diese Möglichkeit hat bisher noch niemand bestritten. Es geht nicht um den subjektiven Willen des Einzelnen, sondern darum, was der Expressionismus objektiv als geschichtliche Erscheinung war. Wir kennen aus der Geschichte der Literatur viele Fälle, wo subjektiv reaktionär eingestellte Künstler ein objektiv revolutionäres Werk geschaffen haben. Der umgekehrte Fall: ein objektiv reaktionäres Schaffen bei subjektiv revolutionären Absichten ist deshalb an sich nichts Unwahrscheinliches. Und mit einer solchen Erscheinung haben wir es im Expressionismus meist zu tun.

Er steht vor uns als ein Teil und Ausdruck seiner »nach ihrer Auflösung schreienden Zeit«, deren Verfallsförmigkeit er teilte, ohne dem Zerfall entscheidende starke, über die Zeit hinausweisende Kräfte entgegensetzen zu können.

Durch diese Schwäche hat er das getan, was Klaus Berger so energisch zu bestreiten versucht. Er hat dazu beigetragen, »den Ungeist der Nazis siegen zu lassen«, indem er eine bedeutende Fraktion der deutschen Intelligenz entwaffnete oder waffenlos ließ.

Er hielt die Tore offen für alle Einflüsse von außen, aus den anderen Sphären des gesellschaftlichen und politischen Lebens. Insofern war er richtungslos, multivalent, vieldeutig.

Die Künstler, die aktiv und passiv an ihm teilgenommen haben, sind, als der Expressionismus (nicht an seinen eigenen Widersprüchen, sondern durch Veränderung der gesellschaftlichen Situation) zugrunde ging, ja nach den Anstößen, die sie von außen (nicht aus dem Bereich der expressionistischen Kunst) erhielten, in dieses oder jenes Lager gegangen.

Aber eben wegen dieser Vieldeutigkeit und inneren Unbestimmtheit, als Teil und Ausdruck eines Verfallsprozesses, als Kunst, in der die positiven Kräfte innerhalb des gesellschaftlichen Zerfallsprozesses keine entscheidend zur Geltung kommende Widerspiegelung erfuhren, hat er uns kein wesentliches echtes Erbgut hinterlassen.

VII. Rückschau

GOTTFRIED BENN

Nach vierzig Jahren

Wirklichkeit – Europas dämonischer Begriff: glücklich nur jene Zeitalter und Generationen, in denen es eine unbezweifelbare gab, welch tiefes erstes Zittern des Mittelalters bei der Auflösung der religiösen, welche fundamentale Erschütterung jetzt seit 1900 bei Zertrümmerung der naturwissenschaftlichen, der seit vierhundert Jahren »wirklich« gemachten. Ihre ältesten Restbestände lösten sich auf, und was übrigblieb, waren Beziehungen und Funktionen; irre, wurzellose Utopien; humanitäre, soziale oder pazifistische Makulaturen, durch die lief ein Prozeß an sich, eine Wirtschaft als solche, Sinn und Ziel waren imaginär, gestaltlos, ideologisch, doch im Vordergrund saß überall eine Flora und Fauna von Betriebsmonaden und alle verkrochen hinter Funktionen und Begriff. Auflösung der Natur, Auflösung der Geschichte. Die alten Realitäten Raum und Zeit: Funktionen von Formeln; Gesundheit und Krankheit: Funktionen von Bewußtsein; selbst die konkretesten Mächte wie Staat und Gesellschaft substantiell gar nicht mehr zu fassen, immer nur der Betrieb an sich, immer nur der Prozeß als solcher – ja, diese weiße Rasse lief von alleine: verarmt, aber maniakalisch; unterernährt, aber hochgestimmt; mit zwanzig Mark in der Hosentasche gewannen sie Distanz zu Sils-Maria und Golgatha und kauften sich Formeln im Funktionsprozeß. Das war 1910–1920, das war die untergangsgeweihte Welt, der Betrieb, das war der Funktionalismus, reif für den Sturm, der dann kam, aber vorher waren nur diese Handvoll von Expressionisten da, diese Gläubigen einer neuen Wirklichkeit und eines alten

Absoluten, und hielten mit einer Inbrunst ohnegleichen, mit der Askese von Heiligen, mit der todsicheren Chance, dem Hunger und der Lächerlichkeit zu verfallen, ihre Existenz dieser Zertrümmerung entgegen.

Zu einer Zeit, als die Romanschriftsteller, sogenannte Epiker, aus maßlosen Wälzern abgetakeltste Psychologie und die erbärmlichste bürgerliche Weltanschauung, als Schlagerkomponisten und Kabarettkomiker aus ihren Schenken und Kaschemmen ihren fauligsten gereimten Geist Deutschland zum Schnappen vorwarfen, trug der Kern dieser neuen Bewegung, diese fünf bis sechs Maler und Bildhauer, diese fünf bis sechs Lyriker und Epiker, diese zwei bis drei Musiker – trug er die Welt. Die Frage, mit der *Kant* hundertfünfzig Jahre früher eine Epoche der Philosophie beendet und eine neue eingeleitet hatte: wie ist Erfahrung möglich, war hier im Ästhetischen aufgenommen und hieß: *wie ist Gestaltung möglich?* Gestaltung, das war kein artistischer Begriff, sondern hieß: was für ein Rätsel, was für ein Geheimnis, daß der Mensch Kunst macht, daß er der Kunst bedürftig ist, was für ein einziges Erlebnis innerhalb des europäischen Nihilismus! Das war nichts weniger als Intellektualismus und nichts weniger als destruktiv. Als Fragestellung gehörte es zwar in die Zwangswelt des zwanzigsten Jahrhunderts, in seinen Zug, das Unbewußte bewußt zu machen, das Erlebnis nur noch als Wissenschaft, den Affekt als Erkenntnis, die Seele als Psychologie und die Liebe nur noch als Neurose zu begreifen. Es hatte auch Reflexe von der allgemeinen analytischen Erweichungssucht, die uralten Schranken stummer Gesetzlichkeit zu lösen, die in anderen Menschheitsepochen mühsam erkämpften Automatismen physiologischer und organhafter Art individualistisch zu lockern, immer eindringlicher jenes »Es« bloßzulegen, das noch bei Goethe, Wagner, Nietzsche gnädig bedeckt war mit Nacht und Grauen. Aber diese Fragestellung war echte Bereitschaft, echtes Erlebnis eines neuen Seins, radikal und tief, und sie führte ja auch im Expres-

sionismus die einzige geistige Leistung herbei, die diesen
kläglich gewordenen Kreis liberalistischen Opportunismus
verließ, die reine Verwertungswelt der Wissenschaft hinter
sich brachte, die analytische Konzernatmosphäre durchbrach
und jenen dunklen Weg nach innen ging zu den Schöpfungsschichten, zu den Urbildern, zu den Mythen, und inmitten dieses grauenvollen Chaos von Realitätszerfall und
Wertverkehrung zwanghaft, gesetzlich und mit ernsten Mitteln um ein neues Bild des Menschen rang.
Wer fragte denn sonst noch eigentlich nach dem Menschen?
Etwa die Wissenschaft, diese monströse Wissenschaft, in der
es nichts gab als unanschauliche Begriffe, künstliche ab-
strahierte Formeln, das Ganze eine im Goetheschen Sinne
völlig sinnlose konstruierte Welt? Hier wurden Theorien,
die auf der ganzen Erde nur von acht Spezialisten verstanden wurden, von denen sie fünf bestritten, Landhäuser,
Sternwarten und Indianertempel geweiht; aber wenn sich
ein Dichter über sein besonderes Worterlebnis beugte, ein
Maler über seine persönlichen Farbenglücke, so war das
anarchisch, formalistisch, gar eine Verhöhnung des Volkes.
Es war damals noch nicht die Zeit zu wissen, was jetzt in
das allgemeine Bewußtsein dringt, daß die Kunst eine spezialistische Seite hat, daß diese spezialistische Seite in gewissen kritischen Zeiten ganz besonders in Erscheinung treten muß, und daß der Weg der Kunst zum Volk nicht immer der direkte einer unmittelbaren Aufnahme der Vision
von der Allgemeinheit sein kann. Was meine Sparte angeht: Von Goethe bis George und Hofmannsthal hatte die
deutsche Sprache eine einheitliche Färbung, eine einheitliche
Richtung und ein einheitliches Gefühl, jetzt war es aus, der
Aufstand begann. Ein Aufstand mit Eruptionen, Ekstasen,
Haß, neuer Menschheitssehnsucht, mit Zerschleuderung der
Sprache zur Zerschleuderung der Welt. Andere Gestalten,
andere Gestalter traten jetzt auf als die Landschaftsbe-
träumer und Blümchenverdufter, die dem deutschen Publikum als innige Poeten aufgeredet wurden (und heute wie-

der aufgeredet werden) – sie schlugen ihr Sein in die Gasretorte, und damit es leuchtete, hielten sie sie schräg. Sie kondensierten, filtrierten, experimentierten, um mit dieser expressiven Methode sich, ihren Geist, die aufgelöste, qualvolle, zerrüttete Existenz ihrer Jahrzehnte bis in jene Sphären der Form zu erheben, in denen über versunkenen Metropolen und zerfallenen Imperien der Künstler, er allein, seine Epoche und sein Volk der menschlichen Unsterblichkeit weiht.

Gelang es ihnen? Man kann sich kein Urteil über die Bewegung bilden, wenn man sich nicht fragt, was aus ihr geworden wäre, wenn nicht der Krieg und dann die geschichtlichen Wendungen dieses gesamte Europa unterbrochen hätten. Ihre ersten Opfer brachte sie im Ersten Krieg: Stramm, Stadler, Lichtenstein, Marc, Macke, Rudi Stephan, Lotz, Engelke, Sorge fielen, Trakl wurde ein freiwilliges Opfer des Krieges, andere starben früh. Und wenn sie alt geworden wären? Ich bin sicher, und ich sehe und höre es von anderen, daß alle die echten Expressionisten, die jetzt also etwa meines Alters sind, dasselbe erlebt haben wie ich: daß gerade sie aus ihrer chaotischen Anlage und Vergangenheit heraus einer nicht jeder Generation erlebbaren Entwicklung von stärkstem innerem Zwang erlegen sind zu einer neuen Bindung und zu einem neuen geschichtlichen Sinn. Form und Zucht steigt als Forderung von ganz besonderer Wucht aus jenem triebhaften, gewalttätigen und rauschhaften Sein, das in uns lag und das wir auslebten, in die Gegenwart auf. Gerade der Expressionist erfuhr die tiefe sachliche Notwendigkeit, die die Handhabung der Kunst erfordert, ihr handwerkliches Ethos, die Moral der Form. Zucht will er, da er der Zersprengteste war; und keiner von ihnen, ob Maler, Musiker, Dichter, wird den Schluß jener Mythe anders wünschen, als daß Dionysos endet und ruht zu Füßen des klaren delphischen Gottes.

Noch aber steht sie da: 1910–1920. Meine Generation! Hämmert das Absolute in abstrakte, harte Formen: Bild,

Vers, Flötenlied. Arm und rein, nie am bürgerlichen Erfolg beteiligt, am Ruhm, am Fett des schlürfenden Gesindes. Lebt von Schatten, macht Kunst. Meine Generation – und heute fast alle tot – nur in den bildenden Künsten sind noch einige große Alte da. Nimmt man die Anthologie »Menschheitsdämmerung« zur Hand, die Kurt Pinthus 1920 als erste und einzige Sammlung dieses lyrischen Kreises herausgab, so zeigt sich, es ist auf dem westlichen Kontinent außer mir kaum noch jemand da. Es war eine belastete Generation: verlacht, verhöhnt, politisch als entartet ausgestoßen – eine Generation jäh, blitzend, stürzend, von Unfällen und Kriegen betroffen, auf kurzes Leben angelegt. Ich habe mich in den letzten Jahren oft gefragt, welches das schwerere Verhängnis ist, ein Frühvollendeter oder ein Überlebender, ein Altgewordener zu sein. Ein Überlebender, der zusätzlich die Aufgabe übernehmen mußte, die Irrungen seiner Generation und seine eigenen Irrungen weiterzutragen, bemüht, sie zu einer Art Klärung, zu einer Art Abgesang zu bringen, sie bis in die Stunde der Dämmerung zu führen, in der der Vogel der Minerva seinen Flug beginnt. Meine Erfahrung hinsichtlich des Überlebens heißt: Bis zum letzten Augenblick nichts anerkennen können als die Gebote seines inneren Seins, oder, um mit einem Satz von Joseph Conrad zu enden: »Dem Traum folgen und nochmals dem Traum folgen und so ewig – usque ad finem.« Das heißt, man muß als Künstler auf die Dauer nicht nur Talent, sondern auch Charakter haben und tapfer sein.

Also der Expressionismus und das expressionistische Jahrzehnt: einige über den Kontinent verstreute Gehirne mit einer neuen Realität und mit neuen Neurosen. Stieg auf, schlug seine Schlachten auf allen katalaunischen Gefilden und verfiel. Trug seine Fahne über Bastille, Kreml, Golgatha, nur auf den Olymp gelangte er nicht oder auf anderes klassisches Gelände. Was schreiben wir auf sein Grab? Was man über dies alles schreibt, über alle Leute der Kunst, das heißt der Schmerzen, schreiben wir auf das Grab einen

Satz von mir, mit dem ich zum letztenmal ihrer aller ge-
denke: »Du stehst für Reiche, nicht zu deuten, und in
denen es keine Siege gibt.«

KURT PINTHUS

Zweiter Nachklang

Was aber, wird man jetzt fragen, denkt der Herausgeber
heute selbst über die ›Menschheitsdämmerung‹, über den
Expressionismus und dessen Wirkungen. Dem Herausgeber
sind diese Fragen unzählige Male gestellt worden, in
Deutschland wie in Amerika; in Unterredungen wie in
Briefen; er hat sie von Literarhistorikern und Studenten
gehört; es wurde darüber interviewt und am Radio aus-
geforscht. Um schneller und präziser antworten zu können,
tritt der Herausgeber aus seiner Anonymität heraus ins
individuelle Ich.
Was ich über die sogenannte expressionistische Generation
zu sagen habe, ist in den zwölf Seiten des Vorworts ›Zuvor‹ der Urausgabe von 1920 zu finden, und in dem drei-
seitigen ›Nachklang‹ der späteren Auflagen. Dort habe
ich dargelegt, wie diese Dichtung war und warum sie so
war und sein mußte; ich habe erklärt, wie sie entstand und
wohin sie zielte und strebte. Deshalb bitte ich jeden instän-
dig, die dieser Einleitung folgenden, wörtlich wieder abge-
druckten Bemerkungen ›Zuvor‹ und ›Nachklang‹ auf-
merksam zu lesen. Wenn der Stil fremdartig oder über-
schwenglich erscheint, so hat man ein Beispiel dafür, wie
der expressionistische Prosa-Stil im Essay um 1920 klang,
im Gegensatz zum nüchtern-präzisen Stil, den die jetzige
Einleitung anstrebt.
Als die Neu-Ausgabe geplant wurde, warf man die Frage

auf: soll die Sammlung up-to-date gebracht, Veraltetes, Ungenießbares, vielleicht Lächerliches herausgeworfen und sollen dafür spätere Gedichte dieser und anderer Dichter des Expressionismus einkomponiert werden? Ich bestand darauf, daß die ›*Menschheitsdämmerung*‹ als historisches Dokument genauso wiederveröffentlicht werden müsse, wie sie vor 40 Jahren erschienen ist. Das hatte ich schon 1922, als das 15.–20. Tausend des Buchs gedruckt werden sollte, gefordert und im ›Nachklang‹ begründet. Die Worte von 1922 gelten heute erst recht.

Es ist also in dieser Gedichtsammlung kein Buchstabe (außer Druckfehlern) geändert worden. Kein einziges Gedicht wurde weggelassen, wohl aber sind die ganz wenigen Gedichte der ersten Drucke, die in späteren Auflagen durch andere der gleichen Dichter (auf deren Wunsch) ersetzt wurden, wieder eingefügt, so daß also die Neu-Ausgabe sämtliche Gedichte enthält, die in allen vier Drucken 1920 bis 1922 erschienen waren. Deshalb findet man z. B. Iwan Golls Gedicht ›*Der Panamakanal*‹ sowohl in der ersten Fassung von 1912, wie in der späteren Fassung, die mir der Dichter für die letzten Drucke gab.

Wenn man wissen will, was ich heutzutage kritisch über die einzelnen Dichter und Gedichte dieser Sammlung, was ich über das Fortleben des Expressionismus und über einen Vergleich der heutigen jungen Generation mit der damaligen denke, so kann ich mich nur sehr zögernd äußern. Denn ich habe, seit zu Anfang der zwanziger Jahre die Lyrik des deutschen Expressionismus sich verströmt hatte, mich mehr und mehr dem Theater, Film und Radio zugewandt und, nach meiner Emigration, in Amerika als akademischer Lehrer wie als Wissenschaftler und Schriftsteller mich ganz dem vergleichenden Theater der Gegenwart, der Theatergeschichte aller Zeiten und Völker gewidmet und in den letzten Jahren einem bisher kaum gekannten Feld: der Vorgeschichte des Theaters, d. h. dem Theater der prähistorischen und primitiven Menschen sowie der vorgriechischen Hochkulturen und vorkolumbianischen amerikanischen Zivilisationen. Aber gerade die weitreichende stetige Beschäftigung mit der Ausdruckskunst vieler Gruppen und Völker seit 20 000 Jahren hat mir viel tiefere Einblicke in die Literatur und Kunst unseres Jahrhunderts offengelegt als sie mir früher möglich waren.

Deshalb mögen nur einige aphoristisch-hindeutende Bemerkungen als Antwort folgen. Wahrscheinlich werden für die meisten heute in deutsch-sprechenden Ländern Lebenden, ob Ältere oder Jüngere, ungefähr dieselben Gedichte jener Epoche lebendig, aufschlußreich und wirksam sein wie für mich. Ich freue mich, daß Däubler und Else Lasker-Schüler, Heym, Trakl, Stadler, Benn, Goll und Werfel sozusagen zu expressionistischen Klassikern aufgerückt sind, die man verehrt und studiert. Ich freue mich, daß man Stramm und den frühen Becher als Sprach-Phänomene untersucht. Aber ich beklage, daß so viele jener Hunderte von Dichtern, daß fast all die Dutzende von Zeitschriften, Jahrbüchern, Anthologien und Reihen-Publikationen der expressionistischen Literatur ganz und gar verschollen und kaum noch auffindbar sind, und daß man von eigenwüchsigen und eigenwertigen Dichtern wie etwa Ehrenstein und Zech, Wolfenstein und Lichtenstein kaum noch etwas weiß.

Es ist schwierig, der heutigen literarischen Jugend, in welcher der einzelne isoliert bleibt und es weiß und oft darunter leidet, deutlich zu machen, daß in jenen Jahren 1910 bis 1922 die jungen Autoren in Prag, Berlin, München, Wien, Leipzig, über alle deutschsprechenden Länder, ja über ganz Europa hin, trotz vieler individueller Unterschiede in Gesinnung, Wollen und Ausdrucksform sich als eine Einheit, eine Gemeinschaft, eine Gemeinsamkeit fühlten – im Kampf gegen faulig absterbende Vergangenheit und zukunftshindernde Tradition, für neue Bewußtseinsinhalte, neue Ideen und Formen, von denen sie wahrscheinlich wußten, daß sie gar nicht so neu waren, wie sie es, der Wirkung wegen, überbetonten.

Nicht wie in früheren literarischen Gruppenbildungen: Sturm und Drang, Romantik, Junges Deutschland, handelte es sich um einige oder ein Dutzend oder einige Dutzend Autoren, sondern tatsächlich um Hunderte, die sich kannten, erkannten und anerkannten. Erst spätere zusammenfassende Betrachtung wird erweisen, daß es nicht nur hier und da in Deutschland oder Europa einige Gruppen von Künstlern und Literaten gab, die Expressionisten genannt wurden oder sich selbst so oder mit ähnlicher Kennzeichnung nannten, sondern daß ursprünglich von Apollinaire und Cocteau bis zu den Surrealisten in Frankreich, von den Futuristen zu Ungaretti und Montale in Italien, von den deutschschreibenden Expressionisten zu Majakowski und Jessenin in Rußland, von Pound und Eliot zu Auden und Spender, von Jimenez und Guillén zu García Lorca und schließlich bis zu den jüngeren Amerikanern eine weltweite bewußte Gemeinschaft vorhanden war (die freilich allmählich in viele, oft gegnerische Richtungen auseinanderbrach). Aber es müßte schon jetzt weit stärker betont werden, daß die deutschen Expressionisten zu den Frühesten und Ersten dieser Gemeinschaft gehörten, daß ihre Zahl und Ausdrucksfähigkeit um 1920 reicher als in der Dichtung anderer Länder war.

Deshalb ist es tragische Ironie, daß manche der jetzigen jungen Lyriker in Deutschland den Expressionismus nach der Nazi-Zeit aus zweiter Hand kennenlernten und von ihm lernten, etwa von Eliot, Saint-John Perse, Auden, Lorca oder im Drama von Thornton Wilder und Tennessee Williams, die mit vielen anderen später begonnen hatten als jene Generation um 1910. Nur einige Beispiele: Thornton Wilder lebte in den zwanziger Jahren lange in Berlin, um das Theater zu studieren; Auden und Spender und Isherwood arbeiteten mit deutschen Expressionisten zusammen und übersetzten sie; Tennessee Williams war in New York ein Schüler Piscators.

Zu jener Zeit, als die deutsche Literatur nach 1945 sich zu

regen, nachzuholen und nachzuahmen begann, war noch
nicht wieder entdeckt, noch nicht wieder gedruckt, war fast
ganz verschwunden und vergessen, was man einst deutschen
Expressionismus genannt hatte. Aber die Expressionisten
der romanischen und englischen Sprachen sind sofort nach
Ende des zweiten Weltkriegs bis heute vielfach ins Deutsche übersetzt worden. Wenn man die deutschen Expressionisten der Jahre 1910–1922 ins Englische oder Französische übersetzte, so würde man den Zusammenhang und die
Priorität erkennen. Iwan Goll, zweisprachig aufgewachsen,
konnte frühzeitig selber seine Dichtung ins Französische
übertragen und galt von jeher in Frankreich mehr als in
Deutschland; deshalb schrieb er seit 1930 nur noch französisch, bis er auf dem Sterbelager um 1950 seine schönsten
Gedichte wieder in deutscher Sprache hinsang.

Hier muß von dem schon angedeuteten Problem gesprochen werden: daß der Expressionismus mit seinen Abzwei-
gungen gar nicht so neu war, wie man glaubte oder glauben machen wollte. Es ist in letzter Zeit mehrfach versucht
worden, zu zeigen, besonders von Hugo Friedrich in ›Die
Struktur der modernen Lyrik‹ (rowohlts deutsche enzyklopädie Nr. 25, 1956), wie eng der Expressionismus mit der
Revolutionierung der französischen Lyrik durch Baudelaire, Mallarmé und Rimbaud verwandt ist oder zusam-
menhängt. Man kann einwenden, daß eine so völlige
Sprachzertrümmerung, ein so lauter Schrei des Erwachens
und des Erweckenwollens wie im deutschen Expressionismus
niemals in jener französischen Literatur-Revolution vorhanden war. In Prosa und Drama wird immer wieder auf
Lautréamont und Jarry als Vorläufer in der Anhäufung
wild verwirrter Assoziationen hingewiesen. Man wird
schließlich auf gewisse Forderungen, Formulierungen und
Versuche der Romantik, vor allem auf Novalis, Friedrich
Schlegel und selbstverständlich auf Hölderlin zurückgeführt
werden. Über die Ähnlichkeit des Expressionismus mit den
Formen des Barock ist schon viel gesagt worden. Aber es

handelt sich in der Wiederkehr gewisser übersteigerter Ausdrucksmittel, jenseits der Konventionen von Realität, Logik und Kausalität, wahrscheinlich weniger um Beeinflussung als um ähnliche oder parallele Bewußtseinslagen und ablehnende Reaktionen zur sogenannten Wirklichkeit. In Spanien jedoch war das, was wir Expressionismus nennen, in Gestalt jener simultanen nicht logisch oder kausal koordinierten Assoziationen schon seit Jahrhunderten in der Lyrik vorhanden und dominiert auch im Volkslied, wie übrigens im Volkslied vieler anderer Völker.

Eine Dissertation über die ›Menschheitsdämmerung‹ weist mehrfach darauf hin, wie ähnlich die Ideen des aktivistischen Expressionismus den Gedanken Ludwig Feuerbachs sind. Der Verfasser stellt fast wörtliche Übereinstimmungen zwischen Feuerbach und Stellen in Gedichten oder in meinen und anderer Schriften jener Zeit fest. Ich war verblüfft, auch für meine Freunde, denn gewißlich hatten wir niemals Feuerbach gelesen. – So hat Benn mehrfach beteuert, daß er Mallarmé nicht kenne und Rimbaud erst in sehr vorgerückten Jahren in Übersetzung gelesen habe, wiewohl die Parallele zwischen Mallarmé und Benns späterer Lyrik erstaunlich ist.

Die eben genannte Arbeit will auch nachweisen, daß die Ur-Ausgabe der ›Menschheitsdämmerung‹ den Untertitel ›Symphonie jüngster Dichtung‹ »mit Recht trägt, daß es dem Herausgeber wirklich gelang, die vielfältigen, oft weit auseinandergehenden Strömungen des lyrischen Expressionismus nach einer bestimmten Idee zu einer großen Symphonie zu vereinigen, die sich als ein selbständiges Kunstwerk über die historischen Realitäten und Zufälligkeiten jener dichterischen Bewegung erhebt«. Der Autor fügt Notenbeispiele an, und zwar Beethovens sogenannte ›Humanitäts-Melodie‹ aus der erst 1884 aufgefundenen Kantate auf den Tod des liberalen Kaisers Josef II. zu den Worten: »Da stiegen die Menschen, die Menschen ans Licht« – jene Melodie, die Beethoven fünfzehn Jahre später im ›Fidelio‹

abermals in den Oboen und Flöten aufklingen läßt, als
Leonore dem befreiten Geliebten die Ketten abnimmt.

Die Humanitäts-Melodie kann als das messianische Haupt-
motiv des Expressionismus bezeichnet werden. Und damit
trifft man auf einen merkwürdigen Zusammenhang, der
bisher nirgends angedeutet worden ist. In dem in Holland
erschienenen Buch ›Im Schatten des Nihilismus‹ wird nach-
zuweisen versucht, daß der deutsche Expressionismus, bis
auf ganz wenige Ausnahmen, eine nihilistische Bewegung
gewesen sei, die durch Zerstörung aller Werte und Formen
den Nazismus vorbereitet habe. Diese Behauptung ist vielfach aufgestellt und wiederholt worden, und ein Student
schrieb mir klipp und klar, er wolle in seiner Dissertation
nachweisen, daß die ›Menschheitsdämmerung‹ ein Werk des
Teufels sei. Nun ist es freilich leicht, unter Tausenden von
Gedichten einer ganzen Epoche ein paar Dutzend völlig
negierender, hilflos pessimistischer und gefährlich nihilisti-
scher Zitate herauszupicken. Überdies leben wir in der Zeit
eines derart durchgeführten Konformismus, sowohl in den
demokratisch wie in den sozialistisch regierten Ländern,
daß jede Aggression, jede Kritik und Negierung der mono-
polisierten Gewohnheits-Anschauungen und -Werte als Nihilismus gebrandmarkt wird. Aber wenn die expressionistischen Dichter zerstörten, so zerstörten sie aus tiefem Leid
an der Gegenwart und aus fanatischem Glauben an einen
Neubeginn in den Künsten, im Leben des Einzelnen und in
der menschlichen Gemeinschaft. Deshalb war ihre zerstöre-
rische Leidenschaft nicht nihilistisch, sondern aufbauend;
›Umsturz und Aufbau‹ hieß 1919 eine Reihe von Dichtungen und Schriften. Goethe hat Kontinuität auch in der
Zerstörung durch die Literatur 1797 folgendermaßen formuliert: »Die literarische Welt hat das Eigene, daß in ihr
nichts zerstört wird, ohne daß etwas Neues daraus entsteht,
und zwar etwas Neues derselben Art.«

Auch der Humanismus der Renaissance war eine Gemein-
schafts-Bewegung über ganz Europa; auch der Humanismus

hat durch die geistige Zerstörung der vorangehenden Epoche
des Mittelalters ein neues Zeitalter schaffen wollen; und es
war der Humanismus, der sich unmittelbar mit dem Menschen beschäftigte und an den Menschen wandte – wie der
Expressionismus. Die Expressionisten waren enttäuschte
Humanisten, da die Wirklichkeit, in der sie lebten, nichts
gemein hatte mit jener, die der Humanismus der Gymna-
sien und Universitäten lehrte. Man könnte sagen, daß die
sozialistischen oder utopischen Forderungen des Expressionismus nicht von Marx, wie man annimmt, sondern vom
Humanismus herstammen (wahrscheinlich kam auch Marx
daher). Denn der Humanismus hatte einst das Wort und
die Idee der Utopie geschaffen.

Der Hauptunterschied zwischen der Generation nach dem
zweiten Weltkrieg und der nach dem ersten besteht wahrscheinlich darin, daß die Jüngeren weder das Bewußtsein
der Gemeinsamkeit und den Willen zu gemeinsamer Wirkung hatten, noch besessen waren von dem anfänglichen
Glauben jener Dichtung 1910–1920 an den Sieg mensch-
heitsfördernder Ideen und befreiter und befreiender Formen. Die Überlebenden des zweiten Weltkriegs in Deutschland hatten offenbar nichts mehr zu zerstören; sie fanden
sich in einer zerstörten Welt. Sie hatten nichts aufzubauen
und zu verkünden, denn die Trümmer reichten grade hin,
eine neue Wirtschaft, ein neues privates Dasein zu schaffen.
Im Vergleich mit der pathetischen oder schwärmerischen
Expressivität von einst scheint die jetzige Lyrik eher in sich
gekehrt, mehr skeptisch bedenkend. Statt des selbstbewuß-
ten Ausbruchs: »Beglänzt vom Morgen, wir sind die ver-
heißnen Erhellten« (E. W. Lotz), ertönt die Frage: »Mit
zager Stimme rede ich zu Dir: Wirst du mich hören?«
(K. Krolow). Statt der aufrufenden, aufschreienden Ge-
dichttitel der Expressionisten heißt die erfolgreichste Anthologie der Nachkriegszeit ›*Ergriffenes Dasein*‹ (Holthu-

sen und Kemp) oder einfach und bescheiden ›Transit,
Lyrikbuch der Jahrhundertmitte‹ (Höllerer).
Die heutige Dichtung zehrt offensichtlich von der Vergangenheit mehr als die vorhergehenden literarischen Strömungen. Auch der Expressionismus um 1920 hatte viele Nachahmer erzeugt. Man spaßte damals: es wird viel gebechert,
gewerfelt und gezecht; so könnte man heute sagen: es wird
viel getraklt, gebennt und gegollt. Hölderlins Melodie zieht
wie ein unendliches Motiv durch die Lyrik. Ein neuer Klassizismus, eine neue Romantik, ja ein neues Biedermeier
sind hörbar.
Es tut nichts zur Sache, ob man fragt: hat der Expressionismus weitergelebt? oder: ist er wieder aufgelebt? Tatsache ist, daß er lebt, und zwar nicht nur als eine viel
durchforschte und diskutierte literarische Bewegung oder in
seiner großen Zahl von bereits als klassisch anerkannten
Gedichten, sondern über das Historische hinaus in einer
Entwicklung, die niemand erwartete. Mögen Anklage und
Schrei, Posaunenstöße und Fanfarengeschmetter der damaligen Forderungen verhallt und verschollen sein und heuti-
ger Jugend wenig gelten – grade jenes Element, das einst
am heftigsten verurteilt und lächerlich gemacht wurde: zer-
sprengte, zersprengende Sprache, Unform oder Mißform,
tumultuarische oder träumerische Aneinanderreihung der
alogischen, akausalen Assoziationen – damals Hilfsmittel des
kämpfenden Geistes –, all dies ist allmählich zur wirklichen Form geworden, zum unbewußten oder selbstverständ-
lichen Erbgut, zum Allgemeingut späterer Generationen.
Und damit eint sich die deutsche Dichtung abermals mit
der zeitgenössischen Lyrik der Weltliteratur, folgend der
Forderung, in der sich merkwürdigerweise schon der Auf-
klärer Diderot und die Romantiker Novalis und Friedrich
Schlegel zusammenfanden, und die in revolutionärer oder
moderner Poesie der romanischen und später der englisch-
sprechenden Völker ausgeführt wurde: Dichtung müsse
dunkel und chaotisch sein.

Aber wie sich die Wissenschaft bemüht, nicht nur ins Unbewußte, Ungewußte vorzudringen, sondern es zur Bewußtheit, zum Wissen zu klären, so wird – das habe ich seit vierzig Jahren ausgesprochen – auch eine zukünftige Lyrik von überirdischer Klarheit, von lichtester Kenntnis und Erkenntnis möglich sein.

Wie die Entwicklung sich auch gestalten möge, man wird zugeben müssen, daß der Expressionismus die letzte gemeinsame, allgemeine und bewußte Bemühung einer ganzen Generation war zur Neuschöpfung und Weiterbildung der Kunst, Musik und Dichtung – und, wie er anfangs hoffte, auch der Menschheit. So müssen wir denn annehmen und hinnehmen, daß die expressionistische Dichtung in ihren Visionen und Formen mehr als jemals eine Generation vorher das voranzeigende Barometer der Erschütterungen unseres Jahrhunderts war – nicht nur in den schauerlichen Vorahnungen des ersten Weltkriegs und der durch ihn bewirkten Zusammenbrüche bisheriger Ordnungen und Werte, sondern weit über den zweiten Weltkrieg und die erste Jahrhunderthälfte hinaus bis zur Hilflosigkeit gegen die derzeitige Selbstzerstörung der Menschheit. Paul Zech hat schon vor Jahrzehnten das Niederplatzen einer Atombombe auf eine Insel des Pazifischen Ozeans bis zu den Licht- und Vernichtungseffekten in einer kolossalischen Ballade besungen, und für viele Gedichte Benns von der Bewußtheit des Zerstörtseins stehe hier die beginnende Zeile »Verlorenes Ich, zersprengt von Stratosphären«. Aber die expressionistischen Dichter sind gleichzeitig vorangegangen in der Aufdeckung unbekannter Bewußtseinsinhalte und jener bereits mehrfach charakterisierten, den äußeren und inneren Kosmos durchschwärmenden Assoziationen und in den heute eigentlich noch aktuelleren Forderungen des Friedens und der gegenseitigen Hilfe unter den Völkern.

Dennoch rate ich den Enkeln nicht, das im Buch ›*Menschheitsdämmerung*‹ Gebotene oder Wiedergebotene nachzuahmen. Ich glaube nicht, wie manche Jüngere anraten, daß

die heutige Dichtung bewußt eine Brücke zurückschlagen
solle zu dem, was gerettet wurde aus der (von Muschg ge-
schilderten) ›Zerstörung der deutschen Literatur‹. Wohl
aber sei den Enkeln der Mut jener Generation 1910–1920
gewünscht: der Mut der Liebe zum gegenwärtigen und zukünftigen Menschen und der Mut zum immerwährenden
Versuch in Leben und Dichtung.

Literaturhinweise

Arnold, Armin: Die Literatur des Expressionismus. Sprachliche und thematische Quellen. Stuttgart: Kohlhammer 1966. (Sprache und Literatur 35.)

Blunck, Richard: Der Impuls des Expressionismus. Hamburg: Harms 1921.

Brinkmann, Richard: Expressionismus. Forschungs-Probleme. 1952–1960. Stuttgart: Metzler 1961.

Chiarini, Paolo: Caos e Geometria. Per un regesto delle poetiche espressioniste. Florenz: La nuova Italia 1964.

Denkler, Horst: Drama des Expressionismus. Programm – Spieltext – Theater. München: Fink 1967.

Diebold, Bernhard: Anarchie im Drama. Kritik und Darstellung der modernen Dramatik. Berlin: Keller ⁴1928.

Emmel, Felix: Das ekstatische Theater. Prien: Kampmann & Schnabel 1924.

Friedmann, Hermann u. Otto Mann (Hrsg.): Expressionismus. Gestalten einer literarischen Bewegung. Heidelberg: Rothe 1956.

Hill, Claude u. Ralph Ley: The Drama of German Expressionism. A German-English Bibliography. Chapel Hill: University of North Carolina Press 1960.

Hohendahl, Peter Uwe: Das Bild der bürgerlichen Welt im expressionistischen Drama. Heidelberg: Winter 1967. (Probleme der Dichtung 10.)

Jhering, Herbert: Von Reinhardt bis Brecht. Vier Jahrzehnte Theater und Film. 3 Bde. Berlin: Aufbau-Verlag 1958–61.

Kolinsky, Eva: Engagierter Expressionismus. Politik und Literatur zwischen Weltkrieg und Weimarer Republik. Stuttgart: Metzler 1970.

Krell, Max: Über neue Prosa. Berlin: Reiß 1919.

Krell, Max: Expressionismus der Prosa. In: Weltliteratur

der Gegenwart. Bd. 2. Hrsg. von Ludwig Marcuse. Berlin: Schneider 1924.

Kurtz, Rudolf: Expressionismus und Film. Berlin: Verlag der Lichtbildbühne 1926.

Lukács, Georg: ›Größe und Verfall‹ des Expressionismus. In: G. L., Probleme des Realismus. Berlin: Aufbau-Verlag 1955. S. 146–183.

Marcuse, Ludwig: Das expressionistische Drama. In: Weltliteratur der Gegenwart. Bd. 2. Hrsg. von Ludwig Marcuse. Berlin: Schneider 1924.

Martini, Fritz: Was war Expressionismus? Deutung und Auswahl seiner Lyrik. Urach: Port-Verlag 1948.

Martini, Fritz: Expressionismus. In: Deutsche Literatur im 20. Jahrhundert. Strukturen und Gestalten. Hrsg. von Hermann Friedmann und Otto Mann. Bd. 1. Heidelberg: Rothe ⁴1961. S. 256–284.

Martini, Fritz (Hrsg.): Expressionismus. In: Der Deutschunterricht 17 (1965), Heft 5.

Muschg, Walter: Von Trakl zu Brecht. Dichter des Expressionismus. München: Piper 1961.

Paulsen, Wolfgang: Expressionismus und Aktivismus. Eine typologische Untersuchung. Bern u. Leipzig: Gotthelf Verlag 1935.

Pörtner, Paul (Hrsg.): Literatur-Revolution 1910–1925. Dokumente, Manifeste, Programme. 2 Bde. Darmstadt, Neuwied, Berlin-Spandau: Luchterhand 1960/61.

Raabe, Paul: Die Zeitschriften und Sammlungen des literarischen Expressionismus. Repertorium der Zeitschriften, Jahrbücher, Anthologien, Sammelwerke, Schriftenreihen und Almanache 1910–1921. Stuttgart: Metzler 1964.

Raabe, Paul: Expressionismus. Ein Literaturbericht. In: Der Deutschunterricht 16 (1964), Beilage zu Heft 2.

Raabe, Paul (Hrsg.): Ich schneide die Zeit aus. Expressionismus und Politik in Franz Pfemferts ›Aktion‹ 1911 bis 1918. München: Deutscher Taschenbuch Verlag 1964.

Raabe, Paul (Hrsg.): Expressionismus. Aufzeichnungen und

Erinnerungen der Zeitgenossen. Olten u. Freiburg i. Br.: Walter 1965.

Raabe, Paul (Hrsg.): Expressionismus. Der Kampf um eine literarische Bewegung. München: Deutscher Taschenbuch Verlag 1965.

Raabe, Paul u. Heinz Ludwig Greve (Hrsg.): Expressionismus. Literatur und Kunst. 1910–1923. Eine Ausstellung des Deutschen Literaturarchivs im Schiller-Nationalmuseum Marbach a. N. 8. Mai bis 31. Oktober 1960. Stuttgart: Deutsche Schillergesellschaft 1960.

Rasch, Wolfdietrich: Was war Expressionismus? In: Akzente 3 (1956) S. 368–373.

Rothe, Wolfgang (Hrsg.): Expressionismus als Literatur. Gesammelte Studien. Bern u. München: Francke 1969.

Samuel, Richard u. R. Hinton Thomas: Expressionism in German Life, Literature and the Theatre (1910–1924). Cambridge: Hoffer & sons, Ltd. 1939.

Schneider, Karl Ludwig: Zerbrochene Formen. Wort und Bild im Expressionismus. Hamburg: Hoffmann & Campe 1967.

Soergel, Albert: Dichtung und Dichter der Zeit. Neue Folge: Im Banne des Expressionismus. Leipzig: Voigtländer 1925.

Sokel, Walter H.: Der literarische Expressionismus. Der Expressionismus in der deutschen Literatur des zwanzigsten Jahrhunderts. München: Langen-Müller o. J. [1960].

Steffen, Hans (Hrsg.): Der deutsche Expressionismus. Formen und Gestalten. Göttingen: Vandenhoeck & Ruprecht 1965.

Walden, Herwarth (Hrsg.): Expressionismus. Die Kunstwende. Berlin: Verlag Der Sturm 1918.

Weisbach, Reinhard: Wir und der Expressionismus. Studien zur Auseinandersetzung der marxistisch-leninistischen Literaturwissenschaft mit dem Expressionismus. Berlin (Ost): Akademie-Verlag 1973.

Autoren- und Quellenverzeichnis

Überschriften, die mit einem Sternchen versehen sind, stammen vom Herausgeber, sind aber mitunter dem Text des Autors entnommen. D = Druckvorlage. Offensichtliche Druckfehler wurden korrigiert.

HUGO BALL

22. 2. 1886 Pirmasens – 14. 9. 1927 Sant' Abbondio (Tessin)

Absolvierte als Sohn eines Schuhfabrikanten Lehre in Ledergeschäft, dann Besuch des Gymnasiums und Studium der Philosophie und Soziologie in München, Heidelberg, Basel; 1910 Regieunterricht bei Max Reinhardt, 1913 Dramaturg an den Kammerspielen München; als Kriegsgegner 1915 Emigration mit seiner Frau Emmy Hennings in die Schweiz, dort Mitbegründer des Dadaismus (mit Arp, Tzara, Janco, Huelsenbeck); wandte sich 1917 von Dada ab und konvertierte schließlich 1920 zum Katholizismus.

In: Paul Pörtner (Hrsg.): *Literatur-Revolution 1910–1925*. Bd. 2. Darmstadt: Luchterhand 1961. S. 477 f. (D)

© Annemarie Schütt-Hennings, Agno (Tessin).

GOTTFRIED BENN

2. 5. 1886 Mansfeld (Westpreußen) – 7. 7. 1956 Berlin

Vater protestantischer Pfarrer, Mutter aus der französischen Schweiz; Studium der Theologie und Philosophie in Marburg, dann der Medizin an der Kaiser-Wilhelm-Akademie für Militärärzte; im Ersten Weltkrieg Militärarzt, 1917–35 Facharzt für Haut- und Geschlechtskrankheiten, zunächst Sympathie für die Staatsidee der Nationalsozialisten, dann (1935) Distanzierung; Wiedereintritt in die Armee, Schreibverbot; nach dem Zweiten Weltkrieg neuentdeckt; später Ruhm.

Aus: Nachwort zu den *Gesammelten Schriften*, Berlin 1922. (1)
In: *Tribüne der Kunst und der Zeit*. Hrsg. von Kasimir Edschmid. Bd. 13. Berlin 1920 (gedruckt Herbst 1919). (2)
Aus: Einleitung zur *Lyrik des expressionistischen Jahrzehnts*. Wiesbaden 1955. (3)
Neudruck: *Gesammelte Werke in vier Bänden*. Hrsg. von Dieter Wellershoff. Bd. 4 Autobiographische und vermischte Schriften. Wiesbaden: Limes Verlag 1961. S. 11–14 (1); S. 188 f. (2); S. 385 bis 390 (3). (D)

ERNST BLASS
17. 10. 1890 Berlin – 23. 1. 1939 Berlin

1908–13 Studium der Rechtswissenschaft in Berlin und Heidelberg; arbeitete als Archivar bei der Dresdner Bank, schrieb Kritiken und war ab 1924 Lektor bei Paul Cassirer; seit 1928 schweres Augenleiden, das zu fast völliger Erblindung führte. Mitbegründer des »Neuen Clubs« (mit Kurt Hiller 1909) und Herausgeber der Monatsschrift *Die Argonauten* (1914/15).

In: *Die Straßen komme ich entlang geweht*. Gedichte. Heidelberg: Weißbach 1912. S. 5–8. (D)
© Edith Glaser, Haifa (Israel).

ERNST BLOCH
8. 7. 1885 Ludwigshafen

Lebte als freier Schriftsteller vor allem in Frankreich und Italien; 1933 Entzug der deutschen Staatsbürgerschaft und steckbriefliche Verfolgung wegen Stiluntersuchung zu Hitlers *Mein Kampf*; Flucht, nach Aufenthalt in der Schweiz, über Paris und Prag in die USA; 1948 Professor der Philosophie in Leipzig, dann Tübingen. Seine Werke, deren wichtigstes *Geist der Utopie*, 1918, und *Prinzip Hoffnung*, 1954–57, sind, geben eine Enzyklopädie des in der Geschichte einer »unfertigen Welt« noch nicht gewordenen, aber realisierbaren Möglichen und sind dem utopischen Entwurf des Expressionismus verpflichtet.

In: *Das Wort*. 3. Jg. (1938) H. 6; Neudruck (mit Änderungen): *Gesamtausgabe*. Bd. 4 Erbschaft dieser Zeit. Frankfurt a. M.: Suhrkamp 1962. S. 264–275. (D)

MARTIN BUBER

8. 2. 1878 Wien – 13. 6. 1965 Jerusalem

Studierte in Wien, Berlin, Leipzig und Zürich Philosophie und Kunstgeschichte; 1916–24 Herausgeber der Monatsschrift *Der Jude*, 1924–33 Professor in Frankfurt a. M., seit 1938 Professor in Jerusalem; 1926–61 zusammen mit Franz Rosenzweig Verdeutschung der Bibel (*Die Schrift*, 4 Bde.); führender Zionist und Religionsphilosoph, verdient vor allem um Übersetzung und Erforschung der Literatur des Chassidismus, die nicht ohne Einfluß auf Bubers als Durchgangsstadium zu verstehenden *Ekstatischen Konfessionen* sein dürfte; 1953 mit dem Friedenspreis des Deutschen Buchhandels ausgezeichnet.

In: *Ekstatische Konfessionen*. Gesammelt von Martin Buber. Jena: Diederichs 1909. S. XVI–XVIII, XX f. (D)

© Verlag Lambert Schneider, Heidelberg.

DADA

In: *Dada*. Eine literarische Dokumentation. Hrsg. von Richard Huelsenbeck. Reinbek: Rowohlt 1964. S. 27–29. (D)

THEODOR DÄUBLER

17. 8. 1876 Triest – 13. 6. 1934 Sankt Blasien (Schwarzwald)

Als Sohn deutscher Eltern in Triest und Venedig zweisprachig aufgewachsen, 1898 Übersiedelung der Familie nach Wien; entscheidender Kontakt mit moderner Kunst; Vagabundenleben zwischen Neapel, Berlin, Wien, Venedig und Rom; in Paris 1903 Freundschaft mit Braque, Picasso und Chagall; 1910 erste Fassung der *Nordlicht*-Dichtung beendet; 1916 Kunstkritiker in Berlin, 1921 erste Reise nach Griechenland, zahlreiche Reisen im Vorderen Orient; Rückkehr nach Deutschland, Vizepräsident des PEN-Clubs, Sektion Deutschland; 1932 Beginn schwerer Krankheit, vereinsamt, von der Öffentlichkeit schließlich wenig beachtet gestorben.

In: *Die neue Rundschau.* 27. Jg. (1916) Bd. 2; Buchausgabe: *Der neue Standpunkt.* Dresden 1916; Neudruck: *Dichtungen und Schriften.* Hrsg. von Friedhelm Kemp. München: Kösel 1956. S. 853 f., 856, 859. (D) (1)
In: *Die weißen Blätter.* 3. Jg. (1916) 1. Quartal, S. 116 f., 120 (D); Buchausgabe: *Der neue Standpunkt.* Dresden 1916. (2)
© Kösel-Verlag, München.

ALFRED DÖBLIN

10. 8. 1878 Stettin – 28. 6. 1957 Emmendingen

Aufgewachsen in Berlin, wohin die Familie 1888 aus Stettin übergesiedelt war; Studium der Medizin in Freiburg, 1911–33 als Nervenarzt in Berlin; vom italienischen Futurismus beeinflußt und selber nur mit seinen ganz frühen Werken am Expressionismus beteiligt; Mitbegründer und Mitarbeiter der Zeitschrift *Der Sturm*, bedeutende Beiträge zur Theorie der Erzählkunst des Expressionismus und zur Theorie des Romans (»epischen Kunstwerks«), die nicht ohne Einfluß auf Brecht sind; emigrierte 1933 über Zürich nach Paris und 1940 in die USA; 1945 Rückkehr nach Deutschland, Mitbegründer der Mainzer Akademie.

In: *Die neue Rundschau.* 29. Jg. (1918) Bd. 2. (1)
In: *Die neue Rundschau.* 28. Jg. (1917) Bd. 1. (2)
Neudruck: *Ausgewählte Werke in Einzelbänden.* In Verbindung mit den Söhnen des Dichters hrsg. von Walter Muschg. Bd. [8] Aufsätze zur Literatur. Olten u. Freiburg i. Br.: Walter 1963. S. 23–32 (1); S. 19–23 (2). (D)

KASIMIR EDSCHMID

5. 10. 1890 Darmstadt – 31. 8. 1966 Vulpera (Schweiz)

Studierte Romanistik in München, Genf, Paris u. a., seit 1913 Mitarbeiter der *Frankfurter Zeitung*; lebte nach 1933 als freier Schriftsteller meist in Italien, nach 1945 in Darmstadt. Äußerte sich vielfach zur Theorie des literarischen Expressionismus, zu dessen Anfängen seine Novellen gerechnet werden; schrieb seit den zwanziger Jahren vor allem Reisebücher und Romane.

In: *Die neue Rundschau.* 29. Jg. (1918) Bd. 1 (u. d. T. Expressionismus in der Dichtung); Buchausgabe: *Über den Expressionismus in der Literatur und die neue Dichtung.* Berlin 1919. (Tribüne der Kunst und Zeit, Nr. 1.) Neudruck: *Frühe Manifeste. Epochen des Expressionismus.* Hamburg: Wegner 1957. S. 31–41. (D)
© Elisabeth Edschmid, Darmstadt.

CARL EINSTEIN

26. 4. 1885 Neuwied/Rhein – 3. 7. 1940 bei Pau (Frankreich)

Besuch des Gymnasiums in Karlsruhe, kurze Zeit Banklehre, dann Studium der Kunstgeschichte und Philosophie in Berlin; 1918/19 Teilnahme am Spartakus-Aufstand in Berlin, 1929 Übersiedelung nach Paris, kämpfte im Spanischen Bürgerkrieg; nach Besetzung Frankreichs 1940 interniert, Freilassung und Flucht, schließlich Selbstmord. Herausgeber der *Neuen Blätter* 1912, Mitarbeiter des *Pan*, der *Aktion*, der *Weißen Blätter*; außer literarischen primär kunstgeschichtliche und kunstkritische Arbeiten; neben Döblin bedeutendster Theoretiker expressionistischer Erzählkunst.

In: *Die Aktion.* 4. Jg. (1914); Buchausgabe: *Anmerkungen* (Aktionsbücher der Aeternisten Bd. 2). Berlin 1916. (1)
In: *Die Aktion.* 2. Jg. (1912). (2)
Neudruck: *Gesammelte Werke.* Hrsg. von Ernst Nef. Wiesbaden: Limes Verlag 1962. S. 72–80 (1); S. 52–55 (2). (D)

IWAN (YVAN) GOLL

29. 3. 1891 Saint-Dié – 14. 3. 1950 Paris

Als Sohn eines Elsässers und einer Lothringerin zweisprachig
aufgewachsen; Studium u. a. der Literaturwissenschaft in Straßburg und Paris; lebte 1914–18 in der Schweiz, wo er zum Kreis
von Stefan Zweig, Ludwig Rubiner u. a. gehörte; 1919 Übersiedelung nach Paris, 1939 Emigration nach New York; nach
1947 wieder in Paris.

In: *Die Unsterblichen.* Zwei Possen. Potsdam 1920. (Der drama-
tische Wille, Bd. 2.) Neudruck (mit Änderungen): *Dichtungen.*
Hrsg. von Claire Goll. Darmstadt: Luchterhand 1960. S. 64–66.
(D) (1)
In: *Zenit.* 1. Jg. (1921) Nr. 8, S. 8 f. Neudruck: *Expressionismus.
Der Kampf um eine literarische Bewegung.* Hrsg. von Paul Raabe.
München: Deutscher Taschenbuch Verlag 1965. S. 180 f. (D) (2)
© Claire Goll, Paris.

WALTER HASENCLEVER

8. 7. 1890 Aachen – 21. 6. 1940 Les Milles (Frankreich)

Studium der Literaturgeschichte, Philosophie und Geschichte in
Oxford, Lausanne und Leipzig; Freundschaft mit Kurt Pinthus,
Ernst Rowohlt und Kurt Wolff; 1914 Kriegsfreiwilliger, dann
Kriegsgegner, 1917 Kleist-Preis, 1918, enttäuscht in seinen Erwar-
tungen, Verzicht auf politische Betätigung und politische Dich-
tung; Hinwendung zu Swedenborgianischer Mystik; 1924–30 als
Korrespondent in Paris, dann Hollywood; nach 1933 u. a. in
Jugoslawien, England, Frankreich; beim Einmarsch der deutschen
Truppen Selbstmord. Höchst erfolgreicher Theaterautor, dessen
Sohn als Prototyp des expressionistischen Dramas gilt.

In: *Die Schaubühne.* 12. Jg. (1916) S. 475–477, 501. (D)
© Rowohlt Verlag, Reinbek.

PAUL HATVANI

Von dem österreichischen Autor, dessen Lebensdaten nicht zu eruieren sind, liegen verschiedene Äußerungen zum Thema Expressionismus vor.

    1. Versuch über den Expressionismus 68
    2. Zeitbild 228

In: *Die Aktion.* 7. Jg. (1917) Nr. 11/12, Sp. 146–150. (D) (1)
In: *Renaissance.* 1. Jg. (1921) H. 1, S. 3 f.; H. 2, S. 10–12. (D) (2)

OSWALD HERZOG

14. 3. 1881 Haynen (Schlesien) – (?)

Verfasser vor allem von kunstgeschichtlichen und kunstkritischen Aufsätzen und Büchern.

    1. Der abstrakte Expressionismus 106

In: *Der Sturm.* Jg. 10 (1919/20) H. 2, S. 29. (D)

KURT HEYNICKE

20. 9. 1891 Liegnitz (Schlesien)

Zunächst kaufmännischer Angestellter, erkrankte als Zwanzigjähriger an Tuberkulose; Mitarbeiter des *Sturm*, 1919 Kleist-Preis für seinen Gedichtband *Das namenlose Antlitz*; 1923 Dramaturg am Düsseldorfer Schauspielhaus, 1932 in Berlin Mitarbeiter der Ufa, später freier Schriftsteller in Merzhausen bei Freiburg i. Br., schrieb zunächst in erster Linie Gedichte und Erzählungen, später Dramen, und schließlich Unterhaltungsromane.

    1. Seele zur Kunst 104
    2. Der Willen zur Seele 105

In: *Das Kunstblatt.* 1. Jg. (1917) S. 348. (D) (1)
In: *Masken.* 13. Jg. (1917/18) H. 16, S. 263. (D) (2)
© Kurt Heynicke, Merzhausen.

KURT HILLER

17. 8. 1885 Berlin – 1. 10. 1972 Hamburg

Studium der Rechtswissenschaften und der Philosophie, 1907 Promotion zum Dr. jur. mit der Arbeit *Das Recht über sich selbst. Eine strafrechtsphilosophische Studie* (Heidelberg 1908), danach freier Schriftsteller; 1918 Vorsitzender des Politischen Rates geistiger Arbeiter in Berlin; 1920 Eintritt in die Deutsche Friedensgesellschaft, 1926–33 Gründer und Präsident der Gruppe Revolutionärer Pazifisten, 1933/34 Konzentrationslager, September 1934 Flucht nach Prag, Dezember 1938 nach London; lebte zuletzt in Hamburg. Kurt Hiller verstand sich als Schüler Alfred Kerrs und war Gründer der Bewegung des Aktivismus; er trat ein für einen »militanten Pazifismus«; seine Forderung: nicht Ästhet, sondern »Eth« solle der Dichter sein; Herausgeber der Anthologie *Der Kondor*, 1912, und der »Jahrbücher für geistige Politik« *Das Ziel*, 1916–24.

In: *Die Erhebung*. Jahrbuch für neue Dichtung und Wertung. Hrsg. von Alfred Wolfenstein. Bd. 1. Berlin: S. Fischer 1919. S. 360–365, 371 f. (D) (1)
In: *Der neue Merkur*. 4. Jg. (1920) H. 2/3, S. 104–107 (D) (2)
© Horst H. W. Müller, Hamburg.

FRIEDRICH MARKUS HUEBNER

12. 4. 1886 Dresden – 24. 5. 1964 Amsterdam

Schriftsteller und Korrespondent, schrieb kulturphilosophische und vor allem kunsthistorische Aufsätze und Bücher.

In: *Europas neue Kunst und Dichtung*. Berlin: Rowohlt 1920. S. 81, 83–95. (D)
© Virginia Pearce-Delgado-Orth, Amsterdam.

GEORG KAISER

25. 11. 1878 Magdeburg – 4. 6. 1945 Ascona (Schweiz)

Nach kaufmännischer Lehre arbeitete der Kaufmannssohn 1898 bis 1901 als Kontorist in Buenos Aires; Rückkehr wegen Malariaerkrankung, zunächst freier Schriftsteller in Magdeburg, dann 1921–38 in Grünheide, Mecklenburg, und Berlin; 1933 Aufführungsverbot für seine Stücke, 1938 Emigration in die Schweiz. Gehörte seit Uraufführung der *Bürger von Calais*, 1917, zu den meistgespielten deutschen Dramatikern und galt seiner Zeit als der bedeutendste Stückeschreiber seit Gerhart Hauptmann. Faßte seine Auffassung vom Drama in einer Theorie des ›Denkspiels‹ zusammen und wurde von Brecht einer seiner »unehelichen Väter« genannt.

In: *Das Programm* (Blätter der Münchner Kammerspiele). 3. Jg. (1917) Nr. 14. (1)
In: *Das junge Deutschland*. 1. Jg. (1918) Nr. 10. (2)
In: *Jahrbuch der Berliner Bühnen 1925/26*. Berlin 1926. (3)
Neudruck: *Werke*. Hrsg. von Walther Huder. Bd. 4 Filme, Romane, Erzählungen, Aufsätze, Gedichte. Frankfurt a. M., Berlin u. Wien: Propyläen Verlag 1971. S. 544 f. (1); S. 547–549 (2); S. 590 f. (3). (D)
© Verlag Ullstein GmbH, Frankfurt a. M., Berlin, Wien.

WASSILY KANDINSKY

5. 12. 1866 Moskau – 13. 12. 1944 Neuilly-sur-Seine

Wandte sich erst als Dreißigjähriger nach Studium von Rechtswissenschaft und Nationalökonomie der Malerei zu, übersiedelte 1896 nach München, wo er die Kunstschule von Azbé besuchte und später bei Stuck studierte; gründete 1911 mit Gleichgesinnten eine Gruppe, die nach dem geplanten Jahrbuch *Blauer Reiter*, 1912, genannt wurde. Seine in dieser Zeit entstandene Schrift *Über das Geistige in der Kunst*, 1911, leitete die Kunstrevolution des 20. Jahrhunderts ein. 1914 Rückkehr nach Moskau, das er 1921 erneut und für immer verließ. 1922–32 war Kandinsky

Lehrer am Staatlichen Bauhaus in Weimar und Berlin; 1933 ging er nach Frankreich.

In: *Der Blaue Reiter.* Hrsg. von Wassily Kandinsky und Franz Marc, München 1912. Neudruck: *Der Blaue Reiter.* Hrsg. von Wassily Kandinsky und Franz Marc. Dokumentarische Neuausgabe von Klaus Lankheit. München: Piper 1965. S. 189–200, 202, 206–208. (D)

RUDOLF KAYSER

28. 11. 1889 Parchim – 6. 2. 1964 New York

Literaturkritiker und Publizist, übernahm 1922 die Redaktion der *Neuen Rundschau*; Herausgeber von *Verkündigung. Anthologie junger Lyrik*, 1921, die zu den bekanntesten Sammlungen expressionistischer Lyrik gehört.

In: *Verkündigung.* Anthologie junger Lyrik. Hrsg. von Rudolf Kayser. München: Roland-Verlag 1927. S. V–IX. (D)

© Eva A. Kayser, New York.

OSKAR KOKOSCHKA

1. 3. 1886 Pöchlarn a. d. Donau (Niederösterreich)

Studierte 1903–09 an der Kunstgewerbeschule in Wien, wo er sich 1905 der Künstlergruppe um Gustav Klimt anschloß und an der Wiener Werkstätte und dem dazu gehörenden Theater und Kabarett »Fledermaus« beteiligt war; seine Doppelbegabung ließ ihn zum Schöpfer bedeutender Dramen und zu einem Wegbereiter des expressionistischen Theaters werden (*Mörder Hoffnung der Frauen*, 1910; *Der brennende Dornbusch = Schauspiel*, 1913); 1910/11 war Kokoschka Mitherausgeber des *Sturm*, dessen ›Wortkunsttheorie‹ von ihm beeinflußt ist; 1920 erhielt der im Ersten Weltkrieg schwer Verwundete und sich seit 1919 nicht mehr als Dramatiker Betätigende eine Professur an der Dresdner Kunstakademie; 1931 Rückkehr nach Wien, 1934 Emigration über Prag nach England; seit 1954 in Villeneuve am Genfer See.

In: *Menschen*. Zeitschrift für neue Kunst. 4. Jg. (1921) H. 1.
Neudruck: *Schriften 1907–1955*. Hrsg. von Hans Maria Wingler.
München: Langen Müller 1956. S. 337–341. (D) (Zuerst als Vortrag 1912.)

© Oskar Kokoschka, Villeneuve.

ALFRED KURELLA s. Bernhard Ziegler

RUDOLF LEONHARD

27. 10. 1889 Lissa (Posen) – 19. 12. 1953 Berlin

Studium zunächst der Germanistik, dann der Rechtswissenschaft
in Göttingen und Berlin; Kriegsfreiwilliger, später Kriegsgegner,
1918/19 Beteiligung an der Revolution, Anhänger Karl Liebknechts, Mitglied des Politischen Rats geistiger Arbeiter; einige
Jahre Lektor des Verlags »Die Schmiede« in Berlin; 1927 Übersiedelung nach Frankreich, wo er 1933 den »Schutzverband deutscher Schriftsteller im Exil« organisierte; 1939 interniert, Flucht
und Mitglied der französischen Widerstandsbewegung; 1950 nach
Ost-Berlin; schrieb vor allem Gedichte und Essays.

In: *Äonen des Fegefeuers*. Aphorismen. Leipzig: Wolff 1917.
S. 112 [I], 138 f. [II] (D); *Alles und Nichts*. Aphorismen. Berlin:
Rowohlt 1920. S. 191 f. [III] (D) (1)
In: *Die Ewigkeit dieser Zeit, eine Rhapsodie gegen Europa*. Berlin: Verlag Die Schmiede 1924. S. 140–144. (D) (2)

© Literaturarchive der Akademie der Künste der DDR, Berlin.

CARLO MIERENDORFF

24. 3. 1897 Großenhain (Sachsen) – 4. 11. 1943 Leipzig

1918–22 Studium in Heidelberg, München u. a.; mit Kasimir
Edschmid und Carl Zuckmayer befreundet; seit 1930 als Abge-

ordneter der SPD im Deutschen Reichstag, 1933–38 in Konzen-
trationslagern; nach Entlassung in Leipzig Industrieunterneh-
men beschäftigt, am Widerstand gegen Hitler beteiligt als Ver-
bindungsmann zwischen der Gruppe um Leuschner und Goerdeler
und dem Kreisauer Kreis; Tod bei Luftangriff. Gab zusammen
mit Joseph Würth und Theo Haubach 1915–18 die Schülerzeit-
schrift *Die Dachstube* und 1919/20 allein *Das Tribunal*. *Hessi-
sche radikale Blätter* (mit Beiträgen von K. Edschmid, K. Hiller,
M. Krell, H. Schiebelhuth u. a.) heraus.

In: *Feuer.* 1. Jg. (1919) H. 6, S. 371–374. (D) (1)
In: *Die weißen Blätter.* 7. Jg. (1920) 2. Quartal, S. 278–280.
(D) (2)
© Fritz Usinger, Friedberg/Hessen.

KARL OTTEN

29. 7. 1889 Oberkrüchten bei Aachen – 20. 3. 1963 Minusio bei
Locarno

Studium der Soziologie und der Kunstgeschichte in München,
Bonn und Straßburg; Freundschaft mit Erich Mühsam, Heinrich
Mann, Carl Sternheim, Franz Blei; während des Ersten Weltkriegs als Kriegsgegner zeitweise im Gefängnis oder Arbeiter-
soldat; 1918 in Wien Herausgeber der Zeitschrift *Der Friede*,
1924–33 Redakteur und Schriftsteller in Berlin, später Spanien
und (1936) England. Seit 1958 in Locarno, Schweiz. Mitarbeiter
der *Aktion*, Herausgeber der dem Expressionismus gewidmeten
Sammelbände *Ahnung und Aufbruch. Expressionistische Prosa*,
1957; *Schrei und Bekenntnis. Expressionistisches Theater*, 1959,
sowie *Expressionismus – grotesk*, 1962.

In: *Neue Blätter für Kunst und Dichtung.* 1. Jg. (1918) H. 1,
S. 79–81. (D)
© Ellen Otten, Minusio b. Locarno.

MAX PICARD

5. 6. 1882 Schopfheim (Baden) – 3. 10. 1965 Neggio bei Lugano

Entstammt alter Aargauer Familie, studierte zunächst Medizin in Freiburg, Berlin, München u. a., dann Philosophie in Heidelberg; bis 1918 Arzt in München, später freier Schriftsteller; lebte zuletzt im Tessin, Schweiz. Verfasser vor allem von kulturphilosophischen und kunstgeschichtlichen Schriften.

In: *Die Erhebung.* Jahrbuch für neue Dichtung und Wertung. Hrsg. von Alfred Wolfenstein. Bd. 1. Berlin: S. Fischer 1919. S. 332–338. (D)

© Rentsch Verlag, Erlenbach-Zürich.

KURT PINTHUS

29. 4. 1886 Erfurt – 11. 7. 1975 Marbach am Neckar

Promovierte mit einer Arbeit über Levin Schücking; Tätigkeit als Theaterkritiker, Lektor bei Rowohlt und Kurt Wolff in Leipzig; mit Walter Hasenclever und Franz Werfel eng befreundet; Emigration in die USA, Professor der Theaterwissenschaft in New York; lebte zuletzt in Marbach am Neckar. Seine 1920 im Rowohlt Verlag, Berlin, erschienene und 1959 neu aufgelegte Anthologie *Menschheitsdämmerung* gilt als klassische Sammlung expressionistischer Lyrik.

In: *Menschheitsdämmerung. Symphonie jüngster Dichtung.* Hrsg. von Kurt Pinthus. Berlin 1920. (1)
In: *Menschheitsdämmerung. Ein Dokument des Expressionismus.* Mit Biographien und Bibliographien neu hrsg. von Kurt Pinthus. Hamburg: Rowohlt 1959. S. 22–32 (1); S. 10–17 (2) (D)

LUDWIG RUBINER

12. 7. 1881 Berlin – 26. 2. 1920 Berlin

Lebte meist in Berlin, auch in Paris, und während des Ersten Weltkriegs in der Schweiz; forderte als Vorkämpfer des Aktivismus entschiedenes politisches Engagement des Dichters. Kurt Pinthus schreibt über ihn in *Menschheitsdämmerung*: »Ludwig Rubiner wünscht keine Biographie von sich. Er glaubt, daß nicht nur die Aufzählung von Taten, sondern auch die von Werken und von Daten aus einem hochmütigen Vergangenheitsirrtum des individualistischen Schlafrock-Künstlertums stammt. Er ist der Überzeugung, daß von Belang für die Gegenwart und die Zukunft nur die anonyme, schöpferische Zugehörigkeit zur Gemeinschaft ist.«

In: *Die weißen Blätter.* 3. Jg. (1916) 4. Quartal, S. 70–72.
© über Wilhelm Nordemann, Berlin.

RENÉ SCHICKELE
4. 8. 1883 Oberehnheim (Elsaß) – 31. 1. 1940 Vence (Frankreich)

Mutter Französin, Vater deutscher Weingutsbesitzer; Studium von Naturwissenschaften und Philosophie in München, Paris, Berlin u. a.; seit 1904 als Journalist und freier Schriftsteller tätig, größere Reisen; lebte seit 1932 an der französischen Riviera. 1915–19 Herausgeber der Zeitschrift *Die weißen Blätter* u. a.

In: *Die weißen Blätter.* 7. Jg. (1920) 3. Quartal, S. 338–340.
© Rainer W. Schickele und Hans G. R. Schickele, Berkeley (Kalifornien).

LOTHAR SCHREYER
19. 8. 1886 Blasewitz bei Dresden – 18. 6. 1966 Hamburg

Sohn eines Kunstmalers, studierte Rechtswissenschaft in Heidelberg, Berlin, Leipzig; 1912–19 Dramaturg am Deutschen Schauspielhaus in Hamburg, 1916–26 Redakteur des *Sturm*, 1917–20 Leiter der »Sturm«-Bühne und der Hamburger Kampfbühne, 1921–23 Lehrer am staatlichen Bauhaus in Weimar, Beschäftigung mit christlicher Mystik; seit 1928 in Hamburg. Schrieb Dramen, Gedichte, Romane und Essays.

In: *Sturm-Bühne*. Jahrbuch des Theaters der Expressionisten. Berlin: Verlag Der Sturm 1918/19. Folge 4/5, S. 19 f.; Folge 6, S. 1 f. (D)

© Alf Schreyer, Hamburg.

ECKART VON SYDOW

5. 9. 1885 Dobberphul bei Rufen (Neumark) – 1. 7. 1942

Verfasser kunst- und philosophiegeschichtlicher Aufsätze und Bücher.

In: *Neue Blätter für Kunst und Dichtung*. 1. Jg. (1918/19) Januarheft, S. 193 f., 199. (D)

HERWARTH WALDEN

16. 9. 1878 Berlin – 31. 10. 1941 Saratow/Wolga

Studierte Musikwissenschaft, erhielt Liszt-Stipendium für hervorragendes Klavierspiel; 1901–11 mit Else Lasker-Schüler verheiratet; gründete 1910 die Zeitschrift *Der Sturm*, die, wie auch Verlag und Galerie »Der Sturm«, durch sein Organisationstalent, seine Kontaktfreudigkeit zum Sammelpunkt der modernen Kunstbewegung wurde. 1912–24 Ehe mit Nell Walden, 1932 Emigration, Tätigkeit als Sprachlehrer in Moskau; dort 1941 im Zusammenhang mit den großen ›Säuberungen‹ verhaftet. Walden schrieb Romane, Dramen, Gedichte und Essays. Bleibendes Verdienst hat er als Theoretiker der expressionistischen ›Wortkunst‹, deren unermüdlicher Propagator, Mittler und Förderer er war.

In: *Der Sturm* 9 (1918) S. 66 f. (D)

FRANZ WERFEL

10. 9. 1890 Prag – 27. 8. 1945 Beverly Hills (Kalifornien)

Entstammt wohlhabender Kaufmannsfamilie; nach Besuch des Gymnasiums kaufmännische Lehre in Hamburg, 1912 Lektor im

Leipziger Kurt Wolff Verlag, wo er beratend, anregend und schreibend wirkte; nach dem Krieg, den er als österreichischer Soldat mitmachte, lebte er in Wien; dort Heirat mit Alma Mahler, der Witwe des Komponisten; 1938 Flucht über Frankreich, Spanien und Portugal in die USA.

In: *Die Aktion.* 7. Jg. (1917) Nr. 1/2, Sp. 4–8. (D)

© S. Fischer Verlag, Frankfurt a. M.

BERNHARD ZIEGLER (Alfred Kurella)

2. 5. 1895 Brieg (Schlesien) – 12. 6. 1975 Berlin

Arztsohn, Studium an der Kunstgewerbeschule in München, Ausbildung als Maler und Graphiker, gründete 1918 die »Freie Sozialistische Jugend« in München, Mitglied der KPD und Mitbegründer der Kommunistischen Jugend-Internationale. Zwischen 1929 und 1932 vorwiegend in Berlin, Lehrer an der Marxistischen Arbeiterschule; Mitarbeit an der *Linkskurve,* der *Literatur der Weltrevolution* und der *Arbeiter-Illustrierten-Zeitung.* 1932–34 Sekretär des von Henri Barbusse und Romain Rolland geleiteten »Internationalen Komitees zum Kampf gegen Faschismus und Krieg«. Ab 1935 in Moskau, Mitarbeiter von Dimitroff, 1954 Rückkehr nach Deutschland, hoher Kulturpolitiker der DDR.

In: *Das Wort.* 3. Jg. (1938) H. 7. Neudruck: *Die Expressionismusdebatte.* Materialien zu einer marxistischen Realismuskonzeption. Hrsg. von Hans-Jürgen Schmitt. Frankfurt a. M.: Suhrkamp 1973. S. 245–247, 252 f., 255 f. (D)

© Sonja Kurella, Berlin.

Der Verlag Philipp Reclam jun. Stuttgart dankt für die Nachdruckgenehmigung den Rechteinhabern, die durch den Quellennachweis oder einen folgenden Copyrightvermerk bezeichnet sind. Für einige Autoren waren die Rechtsnachfolger nicht festzustellen. Hier ist der Verlag bereit, nach Anforderung rechtmäßige Ansprüche abzugelten.

Inhalt